KB261877

正統秘傳 四柱寶鑑

鶴舞 金栢滿 著

明文堂

序 言

宇宙의 天體는 끊임없이 돌고 歲月은 물결이 흘러가듯 쉬임없이 過去, 現在, 未來의 通三界에 흐르고 있다。

이 흐름은 晝夜를 거듭하는 連續이요 이 連續의 延長은 春夏秋冬의 四時가 된다。 이 四時는

또한 季節이 來하면 往하고 往하면 다시 來하는 進退를 거듭하며 循環을 바꾸지 아니하고 있다。

이 四時의 循環에 따라 萬物이 또한 生長盛衰를 거듭하고 있으니 즉 봄이 오면 生하고 여름이

오면 盛하며, 가을이 오면 衰하고, 겨울이 오면 死하며, 봄이 또 돌아오면 다시 生하는 盛衰의

原理를 되풀이하고 있다。 즉 이와 같이 四時의 循環과 萬物 盛衰의 原理를 가리켜 元亨利貞은 天

道之常이라 하는 것이다。

이 元亨利貞의 循環之理는 陰陽의 運行이요, 生長盛衰의 原理는 五氣의 造化作用에 依한 것이다、

이렇듯 宇宙間에 形象된 萬事 萬物은 陰陽 五行의 運行에 依한 元亨利貞의 天道에 順應하여 存

在하게 되며 人間 역시 그러하다。

前者와 같이 天道의 行함에 따라 人類歷史도 또한 循環之理를 거듭하며 흘러가고 있으니 즉

人類의 큰 물결도 生長病死를 거듭하는 延長이요, 歲月은 人類의 喜怒哀樂을 담뿍 싣고 흘러가고

또 흘러오면서 되풀이하고 있으며, 人類의 큰 물줄기의 한방울인 人間 個體, 個體의 人生行路도 기쁨과 슬픔과 즐거움과 괴로움과 희망과 절망, 幸福과 不幸 그리고 貧富, 貴賤, 善과 惡 등의 喜悲雙曲이 流轉하는 行路를 걷고 있다.

이렇듯이 人間의 個體와 全體의 人類역사가 흘러가고 있는 그 순간에도 그때 그때의 社會에서 때로는 찬란한 文化의 꽃이 피었다 하였으니 즉 興亡盛衰를 거듭하여 왔던 것이다.

이처럼 찬란한 文化의 갖가지 꽃들이 피는 가운데에도 색다른 한떨기 꽃이 四千여년전에 中國 中原에서 피었으니 그것은 전술한 바와 같이 人間의 個體的 또는 全體的인 運命問題를 陰陽 五行의 原理로써 解剖해 보려는 꽃이었다. 즉 東洋哲學의 精華인 易理哲學 그것이었다.

이 易理哲學은 五千餘年 前에 中國 古代聖賢 伏羲氏가 八卦法을 발명하여 인간의 운명을 판단하는 법을 밝혔는데 이에 이어서 각종 運命術이 進出하게 된데 연유한다. 그후 禹나라 殷나라 등에 이르러 河圖洛書를 비롯하여 周文王代에는, 周易이 공포됨으로써 易理學術界에 큰 進展을 보게 되었다. 이때부터 사람의 生年月日時를 基點해서 運命을 판단하는 四柱法이 발생하였는데 이 易理學術과 더불어 傳來하는 四柱推命學術은 옛날 五代聖賢들을 비롯하여 著名한 學者들이 探究하여 온 것으로 그중에서도 오늘날과 같이 體系的인 學術로 發展한 것은 淵海子平(徐公什) 以後부터 이다.

이 易理學術이 공포되기 전후하여 人生運命을 판단하는 여러 方術들 즉 五星術, 九星法, 氣學, 六壬 등이 있었으나 그중에서도 이 易理學術이 가장 意義가 깊은 學術로 되어 있다.

人間의 運命은 반드시 있는 것이니 運命을 豫知함으로써 凶非를 가려서 寫前에 橫路를 막고 方

向을 전환하여 希望을 달성케 함은 무엇보다도 가장 緊要한 일이 아닐 수 없다。人間의 運命
은 宿命이 아니요 可變할 수 있는 것이니 天命을 豫知함으로써 運命問題를 可變調整할 수 있는
것이다。本書는 옛 聖賢들이 唱導한 學術을 있는 그대로에 根據함과 同時에 筆者가 체험한 바를
아울러 서술하여 江湖諸賢에게 보내려 하는 바이니、讀者諸位에게 길잡이가 되어 주면 萬幸으로
생각하는 바이다。讀者諸賢의 靴撻을 바라면서!

丁未 盛夏

著　者　謹識

勸 獎 辭

運命哲學은 人類生活上 가장 貴重한 學問으로서 人生行路의 指針이 되는 것이다.

무릇 人間의 生死盛衰는 天理에 順應함이요, 天體는 天體의 過去, 現在, 未來 通三界하여 循環하는 元亨利貞의 原理인 것이다. 이 元亨利貞의 循環之理는 陰陽의 運行이요, 萬象의 生長盛衰는 五氣의 造化作用이니 宇宙 森羅萬象의 運程이 이에 依하지 않음이 없다. 따라서 人間 運命行路에 幸不幸、 貧富、 吉凶、 貴賤、 壽福이 各別함도 모두 陰陽五行의 造化作用에 依하여 定해지는 法이다.

그럼에도 不拘하고 從來의 斯書에는 誤解, 短見, 拙述이 許多하여 오히려 衆人을 迷惑함이 적지 아니하였다.

이제 篤學 熱誠之士인 鶴舞 金栢滿氏가 이 人間의 運命問題를 四柱推命學과 淵海子平에서 現代 易學에 이르기까지 東洋哲學의 精華인 易理哲學의 正統을 이어 多年間의 研究와 實證 體驗끝에 秘解로써 人生運程의 吉凶、 得失、 六親、 身命등을 細部的으로 正確하게 判斷解述한 「正統秘傳 四柱寶鑑」을 出刊하여 斯界의 拙書로 因한 謬妄、 迷惑등을 掃除케됨은 本人이 欣快히 여기는 바로서 江湖諸賢의 一讀있기를 勸하는 바이다.

戊申 初春

松亭 金 赫 濟 識

目　次

9

第一編　易理學의　基礎

第一章　易理學의　原理

第一節　三　元

一、우주란 무엇인가?

무릇 易理學을 연구하는 자는 우선 만물의 生成原理를 앎으로써 역리학의 理致를 解得하는 데에 편리 할 것이다。 따라서 여기에서 우선 宇宙의 定義와 만물의 생성 원리를 略述해 두고 자 한다。

이 宇宙의 원리는 원칙적으로 전부를 논해야 마땅하겠으나, 이에 대해서는 本人이 著述한 姓名 學術의 책자에서 약간 논해둔 바 있으므로 讀者들에게 一讀을 맡기고, 다시 後日에 宇宙觀과 人生觀、社會觀、死後觀에 대해서 별도로 저술하기로 하겠다。 우선 그러면 무엇을 가리켜 우주라고 하는가를 논한다면, 그것은 一言으로 無窮한 時間과 無限大한 空間의 總體를 宇宙라고 말할 수 있다。 즉 이것을 細論한다면, 宇宙의 「宇」란 것은 「上下四方曰宇」라 하는 것이니 天地를 말하는 것으로서 橫的으로 無限大한 空間과 더불어 空間에 이루어진 森羅萬象의 量的 形象을 總網羅해 서 宇라 하는 것이다。 그 다음에 宙는 「往古來今曰宙」라 하는 것이니, 이것은 무궁한 時間을 말

하는 것으로 무궁한 過去로부터 現在를 거쳐 무궁한 未來에로 時間的 흐름의 通三界를 말하는 것
이다。 通三界의 時間이란 局限된 時間이 아니요、 縱的으로 흐르는 時間을 초월한 永劫을 이루는
것이다。 이와 같이 縱的인 通三界를 宙라 한다。

따라서 宇宙란 橫的으로 無限大한 空間과 縱的으로 무궁한 通三界로 짜여져 있는 것을 총칭하
는 것이다。

二、 三元이란 무엇인가?

위에서는 宇宙의 構成을 논했다。 그러면 여기에서 논할 三元이란 무엇인가?

이 宇宙의 萬事萬物에는 生老病死하는 세 가지 根源이 있으니、 즉 宇宙에는 乾에 神功이 있고
坤에 德機가 있으며、 乾坤 사이에 五氣가 있다。

乾은 天이요、 坤은 地요、 氣는 天氣니 天氣란 宇宙의 精氣를 말함이요、 五氣란 天氣中에 있는 五
行의 氣를 말함이다。

神功이란 天의 創造的 資勢를 말함이요、 德機란 地의 生產的 바탕(質)의 惠澤을 이름하며、 五
氣란 五行의 氣運의 用을 말함이다。

天의 神功은 父道요 地德은 母道요 五氣는 五行의 氣運이니 天은 主가 되고、 地는 體(체)가 되
며 氣運은 用이 되는 것이다。 위와 같이 天의 神功과 地의 德機와 五氣의 氣運이 合成함으로써

萬物이 化生하게 되는 것이니、 이것이 萬物化生의 祖宗的 根源이 되는 것이다。 이 三者를 三元이라 한다。

이 三者의 道를 比喩한다면、 天의 神功은 風資요、 地의 德機는 부채(扇)요、 五氣의 氣運은 扇의 用이요、 扇에서 起出되는 風凉은 즉 萬物과 같은 것이다。

이와 같이 萬物化生은 資와 體와 用의 三者가 化生萬法의 妙理가 되는 것이다。 따라서 三元者는 天元、 地元、 人元이니、 干은 天元이 되고、 支는 地元이 되며 支中에 所藏되어 있는 것이 人元이 된다(여기에 人이라 함은 만물을 뜻한다)。

三元者의 天은 帝요、 帝는 主가 되는 것이요、 地는 體요 人元은 用이 되는 것이니 이것이 萬法의 宗이 된다 함이다。

또한 三元者中의 五氣란 五行의 氣이니 氣는 無時로 天地間에 흐르고 있다。 또한 五氣는 四時 進退를 거듭하며 흐르고 있다。 四時에는 各各 主宰가 있으니 春木、 夏火、 秋金、 冬水、 季土인 바이 五行의 各主는 各各 得時하면 旺(왕)하는 것이다。

卽 宇宙안의 森羅萬象의 長生盛衰는 이 萬法에서 脫解될 수 없는 것으로 天의 神功과 地德과 五行의 氣運에 따라 人間의 運程도 이 無限大한 宇宙안에서 連綿不斷 흘러 가고 또 흘러 오면서 興亡盛衰를 거듭하고 있는 것이다。

위에서 논한 것은 宇宙의 萬物이 이루어지는 根本 妙法을 이른 것이다。 이제부터 논하는 것은 易理學의 기초가 되는 제법칙이니、 初心者를 위해 基本부터 차례로 논하려 한다。

第二節　六甲法

一、十干과 十二支

역리학의 基本은 六甲이니、六甲法에서 陰陽、五行、數、方角、色 등의 각종이 산출되는 것이다。 이 六甲은 前述한 萬物化生의 萬法이 되는 三元의 天理 妙法을 摸索한 음양、五行、數 등의 代名詞이다。 무릇 사람의 四柱推命學은 天理妙法을 사람에 적용해서 운명의 길흉을 논하는 것이므로 生年月日時를 基點해서 六甲의 干支로 정하는 것이다。 천리묘법인 음양 五行 數의 대명사인 六甲은 위로는 하늘을 묘사한 天干(十干)이 있고、 아래로는 땅을 상징한 地支(十二支)가 있어서 상호 결합된 것이다。 十干과 十二支는 다음과 같다。

① 天干＝甲乙丙丁戊己庚辛壬癸(十干)
② 地支＝子丑寅卯辰巳午未申酉戌亥(十二支)

二、干支의 陰陽

위의 十干과 十二支는 다시 음양으로 갈라진다。 陰陽의 理致에 대해서는 다음에 말한다。 干支

의 음양은 다음과 같다.

① 天干음양 ＝ { 양―甲、丙、戊、庚、壬
음―乙、丁、己、辛、癸 }

② 地支음양 ＝ { 양―子、寅、辰、午、申、戌
음―丑、卯、巳、未、酉、亥 }

三、六十甲子

六十甲子는 陽干은 陽支와、그리고 陰干은 陰支와 서로 上下에 결합하여 六十개로 干支가 이루어진 것이다。六十甲子는 다음과 같다。

○ 六十甲子

甲午	甲申	甲戌	甲子
乙未	乙酉	乙亥	乙丑
丙申	丙戌	丙子	丙寅
丁酉	丁亥	丁丑	丁卯
戊戌	戊子	戊寅	戊辰
己亥	己丑	己卯	己巳
庚子	庚寅	庚辰	庚午
辛丑	辛卯	辛巳	辛未
壬寅	壬辰	壬午	壬申
癸卯	癸巳	癸未	癸酉

甲辰	甲寅
乙巳	乙卯
丙午	丙辰
丁未	丁巳
戊申	戊午
己酉	己未
庚戌	庚申
辛亥	辛酉
壬子	壬戌
癸丑	癸亥

四、干支의 五行

干과 支에는 各各 所有한 五行이 있다。干支 五行은 다음과 같다。

○天干五行

天干	甲乙	丙丁	戊己	庚辛	壬癸
五行	木	火	土	金	水

○地支五行

地支	寅卯	辰戌丑未	巳午	申酉	亥子
五行	木	土	火	金	水

五、干五行의 質

干支五行에는 음五行과 양五行이 있으니 이것은 음양에 속한 干支로 구분하면 되는데 陽干의 性質은 男性과 같은 것으로서 性質이 强하고 獨立的이며 死絕地에 이르더라도 絕處 逢生하여 自己의 困窮함을 나타내지않고 분투 노력하여 다른 勢力에 從하지 않는다. 陰干는 이와는 反對로 女性的이며 柔弱하여 獨立性이 없고 他勢力에 從勢한다. 그리고 여기에서 干의 五行質이란 비유하면 甲木은 大林과 같고 乙木은 草木과 같으며 丙火는 太陽의 精을 간직한 太旺한 火이고 丁火는 燈燭과 같은 火이다. 이와 같이 木、土、金、水、火 등 五行의 性質이 各各 다른 것으로 이것이 合冲生剋함에 따라 旺衰 吉凶하게 되는 것이다.

그 性質은 다음의 表와 같다.

甲木	大林(대림)
乙木	草木(초목)
丙火	太陽(태양)
丁火	燈燭(등촉)
戊土	城垣(성원)
己土	田園(전원)
庚金	劍戟(검극)
辛金	珠玉(주옥)
壬水	江湖(강호)
癸水	雨露(우로)

위의 五行質은 비유(比喩)한 것이다.

六、干支의　先後天數

干과　支에는　선천수(先天數)와　후천수(後天數)가　各各　있게　된다。　그것은　다음과　같다。

○ 干의　先後天數

天干	甲	乙	丙	丁	戊	己	庚	辛	壬	癸
先天數	九	八	七	六	五	九	八	七	六	五
後天數	三	八	七	二	五	百	九	四	一	六

地支의 先後天數												
地支	子	丑	寅	卯	辰	巳	午	未	申	酉	戌	亥
先天數	九	八	七	六	五	四	九	八	七	六	五	四
後天數	一	十	三	八	五	二	七	十	九	四	五	六

위의　干과　支의　先後天數를　暗記의　便宜上　다음과　같이　稱한다。

先天數＝甲己子午九、　乙庚丑未八、　丙辛寅申七、　丁壬卯酉六、　戊癸辰戌五、　巳亥四、

後天數＝甲寅三、乙卯八、丙午七、丁巳二、戊辰戌五、丑未十、己獨百、庚申九、辛酉四、壬子一、癸亥六、

七、干支의　方角

干과　支는　方角으로도　나눈다。

○ 干支의　方角表

中央	北方	西方	南方	東方
戊己辰戌丑未	壬癸亥子	庚辛申酉	丙丁巳午	甲乙寅卯

위의　方角은　正方과　間方을　合한　것이다。本來　正方과　間方은　各各　해당되는　干支가　있으나,　여기에서는　논할　필요가　없기　때문에　약한다。

天干에　方角과　後天數와　五行을　合하여　暗記하기에　편리한　합칭(合稱)이　있으니　다음과　같다。

○ 東方甲乙三八木、南方丙丁二七火、西方庚辛四九金、北方壬癸一六水、中央戊己五十土、

위의　理致는　東字를　破字하면、甲과　乙과　三과　八과　木이　합하여　成字된　것이니、東方은　木運

이므로 甲乙木이 東方이 되고、 三은 甲의 數요 八은 乙의 數이며、 甲乙은 五行으로 木이 된다。

南字역시 파자하면 南方丙丁二七火가 合成한 字이다。

八、 干支의 色

干支를 色으로 分類하면 다음과 같다。

甲乙寅卯	青
丙丁巳午	赤
戊辰丑 己戌未	黃
庚辛申酉	白
壬癸亥子	黑

九、 干支의 四節과 旺衰

干支는 春夏秋冬의 四節로 分類되며、 旺하고 衰하는 때가 있다。 例를 들면 甲乙寅卯의 干支가 春節일 경우 正、 二、 三月은 旺하고 十、 十一月에 生하며 四、 五、 六、 七、 八、 九月에는 衰하는 것으로 그것은 다음과 같이 분류된다。

○ 四節과 旺衰

	四季	旺	生	衰
甲乙寅卯	春	正、二、三月	十、十一、十二月	四、五、六、七、八、九月
丙丁巳午	夏	四、五、六月	正、二、三月	七、八、九、十、十一、十二月
庚辛申酉	秋	七、八、九月	三、六、九、十二月	正、二、四、五、十、十一月
壬癸亥子	冬	十、十一、十二月	七、八、九月	正、二、三、四、五、六月
戊己辰未丑戌	四季	三、六、九、十二月	四、五、六月	正、二、七、八、十、十一月

위의 旺衰法은 五行에서 다시 논하겠다。

以上에서 논한 바와 같이 六甲의 干支는 여러 종류로 분류된다。 위에서 논한 외에도 각종으로 분류、 변화되는 것이 많으니 이에 대해서는 다음에 논하려 한다。

第三節　陰陽과 五行

一、 陰陽의 原理

천지만물은 음양의 조화 이치로 인하여 화생하는 것이니 이것은 宇宙의 相對性原理로 되어 있는 것이다. 즉 음양의 道에서 陽은 父道요, 陰은 母道로서 음양이 교합함으로써 만물이 생하는 것이다. 또한 陽은 動的이요, 陰은 靜的이며, 陽은 剛하고, 陰은 柔하다. 또 상대성원리로서 만사에 큰 것이 있으면 작은 것이 있고, 높은 것이 있으면 낮은 것이 있으며, 먼 곳이 있으면 가까운 곳이 있으니 이는 모두 음양의 이치에 속하는 것이다. 이 「음양」에 대하여는 六甲의 干支에서 논하였다. 六甲의 干支 음양은 이 원리에서 나오게 된 것이다.

二、 五行의 原理

五行이란 金木水火土를 말한다. 천지의 만물이 五行의 氣로 화생하여 형성되었으니 干支의 五行은 이 원리를 논한 것이다.

위에서 논한 바와 같이 五行은 氣로는 五行의 五氣가 되고, 物形으로는 天에 五行星이 있고, 地에는 五行物이 있는 것이다.

사주추명학에는 이미 논한 바와 같이 天干에 음과 양의 十種 五行의 干이 있고, 地支에는 음과 양의 十二種 五行의 支가 있게 된다. 즉 干支의 陰五行 陽五行이 그것이다.

三、 五行의 相生相剋

五行에는 서로 和親하여 生하는 것과 서로 배척하여 剋하는 것이 있으니 다음과 같다.

（1）　相　生＝金生水、水生木、木生火、火生土(金은　水를　生하고、　水는　木을　生하고、　木은
火를　生하고、　火는　土를　生하는　것이다)

（2）　相　剋＝金剋木、木剋土、土剋水、水剋火、火剋金(金은　木을　극하고、　木은　土를　극하고、
土는　水를　극하고、　水는　火를　극하고、　火는　金을　극한다)

四、　五行의　旺衰

五行의　旺衰는　다음과　같다。

（1）　金＝가을에　가장　왕성하다。　四季土旺節、　辰戌丑未月에　土生金하므로　성한다。　여름에는
火剋金하므로　가장　쇠약해지고、　겨울에는　金生水하여　氣力이　流出되므로　쇠약해지며　봄
에도　쇠약해진다。

（2）　木＝봄의　寅卯辰月에　得氣하여　가장　왕성하고　겨울의　亥子丑月에도　水生木이　되므로
성한다。　여름의　巳午未月에는　火에게　그　기운을　빼앗기므로　쇠약해지고、　가을의　申酉戌
月에는　金의　극을　받으므로　가장　쇠약해진다。

（3）　水＝겨울의　亥子丑月에　가장　왕성하고、　가을의　申酉月에도　金生水하므로　성한다。　봄에는
木에　기운이　流出되므로　쇠하고、　여름과　四季土旺에는　가장　쇠해진다。

（4）　火＝여름의　巳午未月에　가장　왕성하고　봄에도　木生火하므로　성하나、　가을에는　쇠해지며、

겨울에는 가장 쇠약해진다.

(5) 土=辰戌丑未月에 가장 왕하고 여름에도 왕성하나、봄에는 木剋土하므로 가장 쇠약해지며、가을과 겨울에도 쇠약해진다.

五、五行의 屬宮과 성질

오행은 다음과 같이 구분된다.

五行	金	木	水	火	土
方角	西	東	北	南	中央
季節	秋	春	冬	夏	四季（季節의 四季）
一日中	夕	朝	夜	晝	日中天
氣	肅殺之氣	生氣	死氣	旺氣	頓
色	白	靑	黑	赤	黃
性質	義	仁	智	禮	信

天理의 五行에는 제각기의 屬宮과 性質을 가지고 있는데 例를 들면 五行 金은 方角으로는 西方、季節로는 秋節、時刻으로는 夕、氣로는 肅殺之氣、色으로는 白色、性質로는 義를 나타내는 것으

로 이것을 구분하면 위의 表와 같다。이것은 四柱看命上 重要하므로 잘 記憶해 둠이 좋다。

第四節　干支合冲

一、天干合

干支에는 서로 친화하여 合하는 것이 있고、서로 배척하여 冲하는 것이 있다。天干이 서로 친화하여 合하는 것은 다음과 같다。

○天干合表

天干	甲己	乙庚	丙辛	丁壬	戊癸
合	合	合	合	合	合

위와 같이 양간과 음간이 부부와 같이 서로 합하는 것이 다섯 가지이다。

다음은 이와 반대로 서로 배반하여 冲하는 것이다。

○ 天干相沖

天干	甲庚	乙辛	丙壬	丁癸	戊己
	冲	冲	冲	冲	冲

二、地支六合과 三合

위에서는 天干이 서로 合하는 것과 冲하는 것을 보았는데、地支도 그러한 것이 있으니、支合에는 六合과 三合이 있고、六合者는 二개의 支가 合하는 것이며、三合은 三개의 支가 合되는 것이다. 이 合에도 五氣의 理에 따라 合하여 吉할 때도 있지만 合함으로써 도리어 凶할 경우도 있는 것으로 이에 대하여는 앞으로 細論하겠다.

○ 地支六合

地支	子丑	寅亥	卯戌	辰酉	巳申	午未
	合	合	合	合	合	合

위의 六合은 서로 理氣가 상통되는 支와 支가 화합한 것이다.

○地支三合

地支	寅午戌	亥卯未	申子辰	巳酉丑
三合	合	合	合	合

三、地支冲

地支冲은 支合의 反對의 義로서 病苦、喪妻、別妻、破家、離鄉、訟訴、口舌等 主로 凶象을 나타내는 不吉한 作用을 하는 것이나 冲함으로써 도리어 吉하여 크게 發展하는 경우도 있다。

○地支冲表

地支	子午	丑未	寅申	卯酉	辰戌	巳亥
冲	冲	冲	冲	冲	冲

第五節　月干支및　節候와　時間法

一、月干支法과　節候法

本節에서는 四柱를 정하는데 필요한 每月의 간지와 節期및 時間法을 다음과 같이 표시한다。즉 어느 해에는 어느 달이 干支로 무슨 달인가、또는 매월의 절기는 무엇인가、시간은 몇시부터 몇시까지가 干支로 무슨 시간인가를 다음의 표로 표시한다。

○月干支와　節候早見表

月	절입일＼년간 節候	甲己年	乙庚年	丙辛年	丁壬年	戊癸年
一月	立春（입춘）	丙寅	戊寅	庚寅	壬寅	甲寅
二月	驚蟄（경칩）	丁卯	己卯	辛卯	癸卯	乙卯
三月	清明（청명）	戊辰	庚辰	壬辰	甲辰	丙辰
四月	立夏（입하）	己巳	辛巳	癸巳	乙巳	丁巳
五月	芒種（망종）	庚午	壬午	甲午	丙午	戊午
六月	小暑（소서）	辛未	癸未	乙未	丁未	己未
七月	立秋（입추）	壬申	甲申	丙申	戊申	庚申
八月	白露（백로）	癸酉	乙酉	丁酉	己酉	辛酉
九月	寒露（한로）	甲戌	丙戌	戊戌	庚戌	壬戌
十月	立冬（입동）	乙亥	丁亥	己亥	辛亥	癸亥
十一月	大雪（대설）	丙子	戊子	庚子	壬子	甲子
十二月	小寒（소한）	丁丑	己丑	辛丑	癸丑	乙丑

위의 조견표에서 보는 바와 같이 언제나 正月은 寅月이요、 二月은 卯月로서 地支의 순서대로 각월을 셈하는 것인데 每年의 天干에 甲과 己가 붙는 해는 그 해의 正月이 丙寅月이므로 丙寅月부터 차례로 干支와 月을 셈하는 것이다。 年干이 乙、 庚이면 乙年이나、 庚年의 正月은 戊寅月이다。 다음은 모두 이와 같은 방법으로 셈하는 것이다。 이 방법을 다음과 같이 暗記하면 편리하다。 즉 甲己之年에 丙寅頭하여、 甲年과 己年는 正月이 丙寅月이라는 것을 알게 된다。 다음에 乙庚之年에 戊寅頭、 丙辛之年에 庚寅頭、 丁壬之年에 壬寅頭 하여、 이와 같이 年千의 合年에 붙는 正月의 月建을 암기해 두면 즉각 어느 해의 어느 달은 월건이 무엇인가를 알게 된다。

이와 같은 방법을 遁月法이라 한다。 그 다음에 每月의 절기의 절입법이 있으니 조견표에서와 같이 正月의 절기는 立春인데、 이 절기가 드는 날부터가 완전한 正月이다。 이와 같이 매월의 절기가 들음으로써 완전한 그달의 구실을 하는 것이다。 만일 正月이라도 立春日이 지나지 않으면 正月節이 아니다。 사주를 정하는 법은 언제나 年과 月을 節入을 기준하는 것이다。 따라서 가령 음력으로 二月이라도 二月의 절입은 경칩인데 경칩이 지나지 않으면 二月로 月建을 정하지 않고 그 前月인 正月로 한다。 이것은 음력의 年月日을 표준하기 때문이다。 사주나 그밖의 모든 음양학은 음력을 표준한다。

二、 干支 時間法

다음은 시간을 算出하는 법이다。 이 시간법도 地支의 子丑寅卯…의 순으로 하되 옛날의 한시

간을 오늘날 시간의 두 시간씩 계산하고、子時는 오후 十一時부터 다음날 오전 一時 전까지로 하여 계산하면 된다。다음과 같이 시간을 표시한다。

子時＝ 오후 十一時부터 오전 一時전까지
卯時＝ 오전 五時부터 오전 七時전까지
午時＝ 오전 十一時부터 오후 一時전까지
酉時＝ 오후 五時부터 오후 七時전까지

丑時＝ 오전 一時부터 오전 三時전까지
辰時＝ 오전 七時부터 오전 九時전까지
未時＝ 오후 一時부터 오후 三時전까지
戌時＝ 오후 七時부터 오후 九時전까지

寅時＝ 오전 三時부터 오전 五時전까지
巳時＝ 오전 九時부터 오전 十一時전까지
申時＝ 오후 三時부터 오후 五時전까지
亥時＝ 오후 九時부터 오후 十一時전까지

三、遁日法(定時法)

위에서 十二支의 시간법을 알았다。이 시간법을 다시 어느 날、어느 시는 干支로 무슨 시인가를 아는 법을 다음과 같이 표시한다。

○ 定時法 早見表

時	日
	甲己日에
子時	甲子時
丑時	乙丑
寅時	丙寅
卯時	丁卯
辰時	戊辰
巳時	己巳
午時	庚午
未時	辛未
申時	壬申
酉時	癸酉
戌時	甲戌
亥時	乙亥

日	子	丑	寅	卯	辰	巳	午	未	申	酉	戌	亥
乙庚日에	丙子	丁丑	戊寅	己卯	庚辰	辛巳	壬午	癸未	甲申	乙酉	丙戌	丁亥
丙辛日에	戊子	己丑	庚寅	辛卯	壬辰	癸巳	甲午	乙未	丙申	丁酉	戊戌	己亥
丁壬日에	庚子	辛丑	壬寅	癸卯	甲辰	乙巳	丙午	丁未	戊申	己酉	庚戌	辛亥
戊癸日에	壬子	癸丑	甲寅	乙卯	丙辰	丁巳	戊午	己未	庚申	辛酉	壬戌	癸亥

甲己夜半에　生甲子、乙庚夜半에　生丙子、丙辛夜半에　生戊子、丁壬夜半에　生庚子、戊癸夜半에　生壬子로　암기하면　甲과　己가　붙는　干日의　日辰에　子時면　甲子時、또는　己日의　丑時면　乙時라는　것을　즉각　알게　된다。例를　들어서　丙辛日의　丑時면、丙辛夜半에　生戊子인　고로　戊子、다음이　己丑이니　己丑時라는　것을　알게　된다。

夜子時　明子時란　말이　쓰이기도　하니　이는　夜子時라고　하면　午後　零時前까지요　明子時는　零時後부터　翌日로　보니　例를　들면　夜子時로　甲子日　出生人이면　丙子時라하고　明子時로　甲子日　出生人이면　甲子時라고　보는　것이다。

第二章 四柱의 原理와 基本

第一節 四柱를 定하는 法

前章에서는 易理學의 四柱推命學을 探究하는데 필요한 基礎知識을 논했다.

本章에서는 四柱를 정하는 기본법에서부터 原理에 대해서 논하겠다.

사주추명학은 사람의 生年月日時를 基點으로해서 干支의 음양과 五行과 位置, 그리고 諸星殺 등에 이르기까지 相互作用에 의하여 일어나는 운명을 탐지하는 것이다.

따라서 우선 다음과 같이 四柱 정하는 법을 논해 둔다.

一、年柱를 정하는 法

生年、生月、生日、生時의 네 기둥을 사주라고 하는 것이니, 生年의 干支를 年柱라 하고, 生月의 干支를 月柱라 하며, 生日의 干支를 日柱、生時의 干支를 時柱라고 한다. 이와 같이 干支의 네 기둥의 여덟 글자를 가리켜 四柱八字라고 하는 것이다.

그러면 年柱의 干支는 어떻게 정하는가?

연주를 정할 때에는 그 사람이 干支로 무슨 해에 탄생하였는가를 알아서 그 生年의 干支를 연주로 하는데, 그것을 알려면 萬歲曆이 있으면 편리하나 만세력이 없을 때는, 當年의 干支에서부터 六甲의 干支를 生年까지 거꾸로 셈하면 된다. 가령 금년이 서기 一九六七년의 丁未年인데 금년에 二三세라면 丁未년에서부터 시작하여 二三세까지의 干支를 丁未、丙午、乙巳의 逆數로 셈하면 丁未年에 二十三세인 사람은 乙酉年에 탄생하였음을 알 수 있으며, 年代로는 서기 一九四五年生이 된다. 따라서 年柱를 乙酉로 정한다. 그런데 여기에서 한 가지 알아야 할 것은 사주를 정하는 법은 언제나 節氣가 완전히 들어야만 그 절기를 기준하여 연월일시를 정하는 것이므로 그해에 탄생하였더라도 그해의 절기가 들기 전에 또는 그해의 절기가 지나가고 딴 해의 절기가 들었을 때에 탄생한 해를 연주로 하지 않고 入節한 해의 干支를 연주로 한다.

예를 들면 甲申년 一九四四年 十二月 二十四日生이라면 甲申年의 十二月 二十二日에 乙酉年의 正月節인 立春이 들어 있으므로 즉 乙酉年 正月 立春日 後인 고로 甲申年이 年柱가 되지 않고 乙酉가 年柱로 되는 것이다.

이것은 음력으로 新年과 舊年의 절기 구별을 正月 一日로 하는 것이 아니라 立春을 기준하기 때문이다.

여기에 또 한 가지 알아야 할것은 입춘일에 낳았다 하더라도 立春의 節入 時刻까지 따져서 절입시각 전이면 前年의 干支를 택하고、절입시각이 지나서 탄생하였다면 절입년의 干支를 택하여야 한다.

二、 月柱를 정하는 法

生月의 干支를 月柱로 정하는 것인데, 전장 五節에서 月干支 절후에 대해 논한 것과 같이 매월의 절입일을 기준으로 정하는 것이다. 즉 생월이 二月이라도 二月 절입인 경칩 전이면 그 전달인 正月의 干支를 月柱로 정하고 二月에 三月節인 청명이 지나서 出生하였으면 三月의 干支를 月柱로 정한다. 예를 들면 一九四七년 丁亥年 二月 十三日生이라면 二月의 절입인 경칩은 二月 二十四日이며, 생일은 경칩 前日인 고로 二月의 干支인 癸卯가 月柱로 되는 것이 아니라, 그 前月인 正月의 干支 壬寅을 月柱로 定한다. 이와 같이 月柱도 柱年와 같은 방법으로 節入日을 기준하여 정하는 것이다.

그리고 만세력을 사용해야 할 것인데 만일 만세력이 없을 경우에 月建의 干支를 알려면 앞에서 말한 바 있는 遁月法을 응용하면 된다.

三、 日柱를 정하는 法

日柱를 정하는 것은 生日의 日辰 干支를 정하는 것인데, 여기에 한 가지 알아야 할 것은 子時

를 기준하는 것이다。가령 五日(甲子) 오후 十一時 三十分에 탄생하였다면、오후 十一時부터는 子時가 되므로、五日의 干支인 甲子日이 日柱가 되는 것이 아니라、다음 날의 日辰인 乙丑日이 日柱가 되는 것이다。

이와 같이 日柱는 子時의 시각을 기준해서 생일의 日辰干支를 日柱로 정한다。

四、時柱를 정하는 法

時柱는 출생한 시간을 時柱로 정한다。이것은 前述한 바 있는 遁時法과 時刻表를 참조할 것이다。가령 甲子日 오전 三時 十分에 탄생하였다면、前日 오후 十一時부터 당일 오전 一時까지가 子時이고、오전 一時부터 오전 三時까지는 丑時이며、三時를 넘으면 寅時가 되므로、甲子日의 寅時는 甲己夜半에 生甲子이므로 甲子時부터 셈하면 丙寅時가 된다。그러므로 時柱는 丙寅으로 정한다。

이상과 같이 四柱 네 기둥을 정하는 것인데、여기에 다음 몇 가지 예를 들어 본다。

〈例 一〉 서기 一九五六年 음력 一月 二十五日 午前 三時 三十分生 男子의 경우。

이 해는 생년 干支가 丙申년이다。그러므로 年柱는 丙申이 되고、생월은 一月 二十五日이나、이 해의 一月 二十三日에 二月節인 경칩이 입절했다。생일이 二月節 경칩의 입절 후인 二十五日이므로 月柱는 一月인 庚寅月로 정하는 것이 아니라、二月인 辛卯月 干支를 月柱로 정한다。다

음은 日柱인데、一月 二十一日의 日辰이 己巳이므로 己巳에서 五日까지를 셈하면 二十五日의 日

辰은 癸酉日이 된다。따라서 日柱는 癸酉로 정한다。다음은 時柱인데、癸酉日 午前 三時 三十分

生이므로 오전 三時부터 五時까지는 寅時가 되고 癸酉日의 寅時는 戊癸夜半에 生壬子하여、壬子

에서 癸丑、甲寅이 되는 고로 甲寅時로 정한다。그리하여 다음과 같이 四柱가 정하여 진다。

年柱＝丙申

月柱＝辛卯

日柱＝癸酉

時柱＝甲寅

＜例、二＞ 서기 一九五五년 十二月 二十四日 午前 五時 三十分生(음력)의 경우、

年柱＝丙申　月柱＝庚寅　日柱＝壬寅　時柱＝癸卯

이 四柱는 乙未年生이나、이해의 十二月 二十四日 壬時 正一刻에 다음해인 丙申年 一月절인

立春이 入節하였고 生月 生日 生時가 十二月 二十四日 卯時로서 입춘의 入節이 지난 時刻이므

로 丙申年 一月節에 출생한 것으로 된다。따라서 乙未年生일지라도 乙未가 年柱가 되지 않고 새

해인 丙申年이 年柱가 되고、庚寅月이 月柱가 된다。그리고 日柱는 乙未年 十二月 二十四日의 日

辰을 그대로 쓰게 되는 것이다。時柱는 壬寅日辰의 卯時인 고로 癸卯時가 時柱로 되는 것이다。

이와 같이 절입을 기준하여 四柱를 정하는 것이다。

五、大運을 정하는 法

위에서 사주의 네 기둥이 정하여지는 법을 알았다. 사주의 네 기둥은 先天的 운명이 어떠한 것

인가의 器局이 되는 것이다. 여기에서 논하는 대운은 기국에 의한 운명이 언제 어떻게 운영되는

가의 작용을 정하는 것이다. (사주는 대운의 길운을 만나야 길해진다.)

이 대운을 정하는 법은 생월의 干支를 기준으로 하는 것인데 사주의 年干이 陽인 남자와 연간

이 陰인 女子는 생월에서 順行하며, 이와 반대되는 경우 즉, 연간이 陰인 남자와 연간이 陽인 여

자는 逆行한다. 陽男陰女의 年干 사주는, 가령 생년이 甲子年이고 생월이 丁卯月이라면 丁卯月에

이어서 戊辰, 己巳, 庚午의 순으로 진행된다. 이것을 陽男陰女는 順運이라 한다. 또 연간이 陰男

陽女로 역행하는 대운은 가령 乙丑年 二月생이라면, 己卯에 이어서, 戊寅, 丁丑, 丙子로 거꾸로

진행된다. 이것을 陰男陽女는 역운이라 한다. 다시 예를 든다면 다음과 같다.

〈例、一〉甲子年 三月生 男子의 경우의 대운은 순행이므로, 生月 戊辰에 이어서 대운은 己巳、

庚午、辛未의 순으로 된다.

〈例、二〉 己丑年 三月生 女子의 대운은 순행이므로、生月 庚辰에 이어서 대운은 辛巳、壬午

癸未、甲申으로 진행한다。

〈例、三〉乙丑年 三月生 男子의 대운은 역행이므로 生月 庚辰에 이어서 대운은 己卯、戊寅、

丁丑、丙子로 역행하여 진행된다.

＜例、四＞　甲子年 三月生 女子의 대운은 역행이므로 生月 戊辰에 이어서 대운은 丁卯、丙寅

乙丑、甲子로 역행하여 진행한다.

이와 같이 陽男陰女의 順運의 대운과 陰男陽女의 逆運의 대운을 정하는 것인데、 이와 같이 정해

진 대운은 십년마다 한번씩 갈아 든다. 이 대운에는 길한 운과 흉한 운이 있게 되는것이니、 운

명의 길과 흉의 작용은 이 대운과 더불어 작용된다. 따라서 대운이 좋아야 길하게 된다.

이 대운이 몇살에 갈아 드는가를 산출하는 방법은 다음과 같다. 대운이 몇살에 갈아 드는가는

行運歲數를 計算하여야 하는 것인데、 이 계산법은 생일에서 생월의 절입일까지를 계산해서 산출

하는 것이다. 이것도 양남 음녀의 순운과、 음남 양녀의 역운이 다르게 된다. 즉 年干이 陽인 男

子와 陰인 女子(순운)는 그 생일 날자부터 다음달의 節入날자까지를 日數를 계산하여 三分한다. 이

것을 양남 음녀는 未來節이라고 한다. (양남 음녀는 앞으로 닥쳐오는 절기를 택한다)

이와 반대로 음남 양녀(역운)는 그 생일 날자부터 그 달의 절입 날자까지를 계산하여 三分한다.

이것을 음남 양녀는 過去節이라고 한다. (이것은 지난 절기를 택한다)

이와 같이 순운은 미래절로 일수를 계산하고、 역운은 과거절로 일수를 계산하여 그 일수에서

一日을 빼고、 뺀 수를 三分하여 正數를 얻어서 그 정수를 쓰는 것인데、 만일 정수를 얻지 못할

때에는 하루가 남으면 그것을 빼고、 二日이 남으면 三分한 수에 一을 더 가산한다. 즉 一捨二入

하는 것이다.

가령 일수가 四日이면 행운 세수는 1이 되고, 일수가 五日이면 행운 세수는 二가 된다. 행운

세수의 계산법을 公式으로 표시하면 다음과 같다.

(1) 생일날에서 절입날까지의 수＝二六日이라면, 26−1＝25……절입일까지 계산하면 1日을

뺀다. 25÷3＝8……餘 1……1은 捨하고, 行運 歲數는 八이다. (만일 二가 남으면 二入하므로 정

수 8+1＝9……행운 세수가 된다.)

(2) 제二의 공식 〇 총일수 五日이면 5−1＝4…절입을 뺀 것, 〇 4÷3＝1…餘 1… 남은 1

은 버리고 정수 1이 행운세수가 되고 (二가 남으면 1+1＝2로 하여 二가 행운 세수가 된다.)

이와 같이 계산하여 행운 세수 九면九세, 十九세, 二十九세로, 十年마다 대운이 같아 든다.

그러면 다음에 사주와 大運의 例를 들어 본다.

〇 西紀 一九三八年 戊寅年 一月 二十二日 午前 十時 三十分生(음력) 男子

		大運	年齡
年柱	戊寅	乙卯	四세
月柱	甲寅	丙辰	一四세
日柱	甲申	丁巳	二四세
時柱	己巳	戊午	三四세
		己未	四四세
		庚申	五四세

이 사주는 순운이므로 대운은 月柱 干支의 甲寅에 이어서 乙卯, 丙辰, 丁巳의 순으로 진행하

고 행운세수는 생일이 1月 二十二日이므로 二十二日부터 다음달인 二月절입의 경칩일까지는 日

數가 十四日이다. 양남음녀는 미래절을 쓰므로 생월의 正月 다음달의 二月절 경칩일까지를 계산

하게 된다。따라서 생일에서 경칩일까지의 일수가 十四日인데、十四日에서 一日을 빼고 나머지 十三日을 三分하면 정수가 四가 되고、一이 남은 것은 一捨二入法으로 一을 버린다。그러므로 정수인 四가 행운세수가 된다。따라서 大運은 四세에 들어서 十四세에 다시 갈아 든다。이렇게 하여 二十四세 三十四세의 순으로 대운은 변하게 되는 것이다。

○己卯年 一月 十一日 丑時生(음력) 女子、

		大運	年齡
年柱	己卯	丁卯	二세
月柱	丙寅	戊辰	一二세
日柱	丁酉	己巳	二二세
時柱	辛丑	庚午	三二세
		辛未	四二세
		壬申	五二세

이 사주는 순운이므로 대운은 月柱인 丙寅에 이어서 丁卯、戊辰、己巳의 순으로 진행한다。행운세수는 미래절 이다。生日날에서 부터 다음달 절입일인 경칩일까지의 일수가 六日이므로 (경칩은 正月 十六日이다) 六에서 절입일 一日을 빼면 五日이 남는데、五日을 三分하여 二가 남는 것을 一捨 二入法에 의하여 정수 一에다 一을 더 加하여 二가 되는 수를 행운세수로 한다。따라서 대운은 二세에 들고、十二세、二十二세、三十二세 등으로 십년마다 갈아 든다。

○丁丑年 二月 十一日 寅時生(음력) 男子

年柱——丁丑
月柱——癸卯
日柱——己酉
時柱——丙寅

大運　年齡
壬寅　四세
辛丑　一四세
庚子　二四세
己亥　三四세
戊戌　四四세
丁酉　五四세

이 사주는 역운이므로 대운은 月柱의 癸卯에 이어서 壬寅, 辛丑, 庚子등으로 逆行하여 진행한다。行運歲數는, 음남 양녀(역운)는 過去節을 잡는다。생월인 二月절의 경칩은 一月 二十四日인데 경칩일에서 생일날까지의 일수는 十三日이다。十三日에서 一日을 뺀 十二日을 三分하면 正數가 四가 된다。따라서 행운 세수는 四가 되며 四세, 十四세, 二十四세 등으로 대운이 갈아 들게 된다。

女子의 역운의 대운과 행운 세수도 이와 같은 방법으로 계산하면 되는 것이다。

이상과 같이 본절에서는 사주를 정하는 법과 대운의 행운 세수를 산출하는 방법까지 논했다。

이로써 사주는 완전히 정해진 것이다。

六、 대운(행운)과 年運 및 月運

지금까지 四柱 네 기둥의 八字와 대운 정하는 법을 논했다。

사람의 부귀 빈천은 사주 팔자에 있으나 그 운이 언제 오느냐 하는 것은 대운과 연운에 있는 것이다。 즉 四柱八字 자체는 크게 富貴할 格局일찌라도 대운(행운)이 불길하면 평범하게 지내게 되며、四柱器局에 적어도 大運이 吉하면 그 기국에 따르는 성공을 하게 되는 것이다。따라서 운명은 행운과 연운을 잘 만나야 성공하게 되는 것이다。

연운과 월운의 길흉법은 다음 章에서 논하게 되므로 여기서는 약하고、대운의 작용이 어떠한 것인가는 앞으로 사주를 풀어 나가는 절에서 자주 설명해 나가게 되므로 여기서는 대운의 정하는 법을 위에서 논한 바와 같이 해득 하여야 한다。그리고 대운을 행운、또는 運程 등의 여러가지 술어로 사용하게 되므로 앞으로 논하는 술어에 유의하기 바란다。

第二節　諸合冲과 星殺作用

一、干合五行

사주를 풀기 전에 干과 支가 合되어서 다른 五行으로 변하여 작용되는 것과 諸星殺의 작용을 알아야 하기 때문에 여기에서는 그것을 논한다。

○ 干合五行

甲과 己가 合하여 본래의 五行을 떠나서 다른 五行으로 변하는 동시에 작용을 달리한다。다음 간과 지에서 합되어 다른 오행으로 변하는 것은 다음과 같다。

과 같이 표시한다.

○ 甲과 己의 合은 土로 변하여 正中之合이 된다. 가령 生年月日時의 干에서 甲과 己가 나란히 있을 때는 干合되어 土의 五行으로 변하면서 그 운명의 작용이 달라진다. 그 운명의 작용은 다음 과 같다.

一、甲己合의 작용＝사주에 이 干合이 있으면 남과 타협을 잘 하여 모든 사람의 존경을 받으며 자기의 직분을 잘 지킨다. 마음도 이해성이 많으나, 간혹 피가 있어서 자기 분수를 배반하는 사람 도 있다. 또한 甲日生으로서 己의 合이 있는 사람 가운데 간혹 信義는 있어도, 지능이 발달치 못 한 자가 있는 수가 있다.

○ 乙과 庚의 合은 金이 된다. 이것을 仁義之合이라고 한다.

二、乙庚合의 작용＝사주에 이 干合이 있는 자는 성격이 굳세고, 용감하며, 義理心이 많다.

○ 丙과 辛의 合은 水가 된다. 이것을 威嚴之合이라고 한다.

三、丙辛合의 작용＝사람됨이 威嚴이 있어 보이나 성질이 냉정하고, 편굴적이다. 사주의 日干 에 丙이 있고 辛과 合한 자는 지혜가 있고 피를 잘 쓴다.

○ 丁과 壬의 合은 木이 된다. 이것을 仁壽之合이라고 한다.

四、丁壬合의 작용＝사주에 丁壬合이 있는 者는 성질이 예민하여 감정적인 경향이 만고 질투심 이 많으며, 好色家로서 만일 사주 속에 桃花殺이 있으면 남녀간에 음란하여 패가하는 수가 있

다。 일생 중에 半生은 吉하나 半生은 凶하다。

○ 戊와 癸의 合은 火가 된다。 이것을 無情之合이라고 한다。

五、 戊癸合의 작용＝사주에 이 合이 있는 자는 성질이 박정하여 남자일 경우 결혼 운이 좋지 않다。 남녀간에 용모는 아름답다。

○ 干合五行의 早見表

干 合 五行	合의 質義	日干과 合한 경우
甲己合　土	中正之合	1、日干 甲의 合은 지능이 부족하다。 2、日干 己의 合은 신의가 없고 음성이 탁하다。
乙庚合　金	仁義之合	1、日干 乙의 合은 예의가 없고 결단성이 없다。 2、日干 庚의 合은 자비심이 없다。
丙辛合　水	威嚴之合	1、日干 丙의 合은 禮儀가 없다。 2、日干 辛의 合은 포부가 작다。
丁壬合　木	仁壽之合	1、日干 丁의 合은 마음이 좁고 질투가 많다。 2、日干 壬의 合은 信義가 없다。
戊癸合　火	無情之合	1、日干 戊의 合은 총명하나 무정하다。 2、日干 癸의 合은 지능이 不足하고 질투가 많다。

二、 六合과 三合五行

地支에서 六合되는 것과 三合되는 것이 있어서 合됨으로써 다른 五行으로 변하는 동시에、 그 작용이 달라진다. 그것은 다음과 같다.

○ 支의 六合 早見表

支合	子丑合	寅亥合	卯戌合	辰酉合	巳申合	午未合
五行	土	木	火	金	水	변치 않는다

사주의 支에 年支와 月支, 또는 月支와 日支, 日支와 時支 등이 六合되면 위의 표와 같이 다른 오행으로 변하여 사주 속에 흉성이 있으면 더욱 흉해지고, 또 길성이 있으면 더욱 길해지는 것과 또는, 凶이 吉로 변하는 것과, 길이 흉으로 변하는 것들의 작용을 한다.

○ 三合五行 早見表

支三合	申子辰	寅午戌	巳酉丑	亥卯未
五行	水	火	金	木

이와 같이 세개의 支가 合하여 다른 五行으로 변한다.

사주에 가령 水가 많아야 吉할 때는 申子辰 三合이 있으면 더욱 길해지고 만일 水가 너무 많아서 흉할 때 이것이 있으면 더욱 흉해진다.

위와 같이 사주는 干과 支、 또는 干과 干、 支와 支 사이에 여러가지로 변화작용을 하는 것이 있으므로 이에 따라 운명의 작용도 달라지게 되는 것이다。 다음은 각 殺의 작용을 알아야 한다。 그것은 다음과 같이 각각 표시된다。

三、 冲의 作用法

이 冲法에 대해서는 前章에서 논한 바 있으나、 여기에서 다시 그 작용을 세부적으로 논하겠다。 충이란 오행이 서로 剋하여 파피되는 것이다。 즉 서로 마주쳐서 부숴지는 것과 같은 것을 말한다。 충은 다음의 여섯 가지가 있다。

○ 子—午冲=子는 午를 충한다。

○ 丑—未冲=丑은 未를 충한다。

○ 寅—申冲=寅은 申을 충한다。

○ 卯—酉冲=卯는 酉를 충한다。

○ 辰—戌冲=辰은 戌을 충한다。

○ 巳—亥冲=巳는 亥을 충한다。

만일 사주에 위와 같은 충이 있으면 다음과 같은 운명의 작용을 한다。

一、 年支와 月支가 서로 충하면 離鄕客地하여 살게 된다。

二、 日支와 時支가 충되면 妻子를 剋하거나 자식과 화목치 못하다。

三、 月支를 다른 支가 충하면 부모와 別居하게 된다。

四、 月支와 日支 또는 年支와 時支가 서로 충하면 終身病에 걸리기 쉽고 또는 성질이 흉악하다。

五、 日支와 年支가 충하면 부모에 불효하다。

六、 흉성이 공망이 되었을 때、 공망을 충하면 더욱 흉해지고、 吉성이 공망일 때에 공망을 충하면 길로 변한다。

七、 天干이 같은데 地支가 서로 충할 때는、 祖業을 유지하기 어렵고 평생 마음의 근심이 많다。

八、 子와 午가 충할 때는、 一身이 편치 않다。

九、 丑과 未가 충하면、 일에 막힘이 많다。

十、 寅과 申이 충하면 애정이 많다。

十一、 卯와 酉가 충하면 근심 걱정이 많고、 親友간의 우애가 없다。

十二、 女子가 사주에 干合이 있고、 日支가 冲하면 평생에 고생이 많다。

十三、 女子가 日支와 時支에 辰戌冲이 있으면、 고독하여 家庭運이 불길하다。

四、 刑의 作用法

이 刑殺은 역시 극해 배반하는 작용을 하는 흉살이다. 刑은 다음과 같다.

（1） 寅—巳、 巳—申、 申—寅＝寅은 巳를 형하고、 巳는 申을 형하며、 申은 寅을 형한다. 이 刑을 持勢之刑이라 한다.

（2） 未—丑、 丑—戌、 戌—未＝未는 丑을 형하고、 丑은 戌을 형하며、 戌은 未를 형한다. 이와 같은 형을 無恩之刑이라 한다.

（3） 卯—子、 子—卯＝卯는 子를 형하고、 子는 卯를 형한다. 즉 日支가 卯이고 月支가 子이면、 日支가 月支를 형하게 된다. 이 刑을 無禮之刑이라 한다.

（4） 辰—辰、 酉—酉、 午—午、 亥—亥＝서로 支가 같은 것은 刑이 된다. 이것을 自刑이라 한다.

사주 속에 위와 같은 刑들이 있으면、 다음과 같은 운명의 작용을 한다.

（1） 寅巳申의 持勢之刑이 사주에 있으면 자기의 세력 다툼으로 일에 좌절됨이 많다. 사주에 만일 帝旺이나 建祿 등이 있으면 果敢性이 있어서 吉하나、 그밖의 絕、 死 등이 같이 있으면、 災殃이 많다. 특히 여자는 가정운이 不吉하다.

（2） 未戌丑의 無恩之刑이 사주에 있으면 은혜를 망각하고 또는 은혜를 배반하여 원수로 대

(3) 子卯의 無禮之刑이 사주에 있으면 예의를 망각하고 성질이 냉혹하여 하인과 화합함이 없으며 처자간에 화목치 못하다. 十二 운성에 死、또는 絕이 있으면 더욱 그러하다.

(4) 辰—辰、午—午、酉—酉、亥—亥의 自刑이 있으면 성질이 명랑치 못하고 독립심이 없다. 무슨 일이든 龍頭蛇尾格으로 하나도 성사하지 못한다。만일 이 살이 있고、死、絕 등의 흉성이 있으면、불구가 되기 쉽다。또한 時柱에 自刑이 있으면 자식이 병약하다。

五、破

이 破살은 파산한다는 뜻의 살이다。파는 다음과 같다.

〇 寅—亥、辰—丑、戌—未、子—酉、午—卯、申—巳、

이와 같이 寅은 亥를 파하고、辰은 丑을 파한다。만일 사주에 寅亥를 파하면 조실부모하고、月支와 日支가 파되면 처궁이 불리하고、日支를 파하면 처자의 인연이 박하다.

六、害

害는 극해하는 것인데、극보다 약한 성질의 운성을 발휘한다。해는 다음과 같다.

○ 子—未、丑—未、寅—巳、卯—辰、申—亥、酉—戌、

一、사주에 寅과 巳의 害가 있으면 불구자가 되는 수가 있다.

二、酉日 戌時生은 귀머거리 벙어리가 되는 수가 있다.

三、日支와 時支에 害가 있으면 晩年에 질병이 많다.

위에서 논한 冲、刑、破、害는 그 하나만으로 운성이 발휘되는 것이 아니라 어디까지나 다른 凶星과 합하여 작용되는 것이니, 살성 하나만으로 판단하여서는 아니된다. 앞으로도 여러가지의 殺星들이 나오게 되는데, 사주는 어디까지나 그 기국의 운명과 諸殺星의 吉凶을 대조하여 운명을 판단하는 것이다. 다음은 길성과 흉성의 작용을 알아야 하므로 그것을 논한다.

第三節　吉星과 凶星의 作用

一、空亡法

六十甲子의 각 旬中에 支가 二개씩 들어 있지 아니한 것이 있다. 이것을 공망이라 한다. 즉, 干과 支를 甲子、乙丑、丙寅으로 조합하다 보면, 天干의 十位까지 진행한 끝에 두 개씩의 支가 남는다. 그 이유로는 干은 十개이고, 支는 十二개이므로 十干과 十지를 조합하면 이 사이에 두 개씩 들지 않는 支가 空亡이 되는 것이다. 그것을 다음과 같이 표시한다.

一、甲子旬中에　戊亥가　空이요,

二、甲戌旬中에　申酉가　空이요,

三、甲申旬中에　午未가　空이요,

四、甲午旬中에　辰巳가　空이요,

五、甲辰旬中에　寅卯가　空이요,

六、甲寅旬中에　子丑이　空이　된다.

이와 같이 각 순중에 支가 二개씩 들어있지 아니한 것이 있다. 이것을 空亡이라 하는 것인데,

位는 있어도 祿이 없는 것이라 한다.

二、天乙貴人法

사주에 천을귀인이 있으면 주위 환경에 도와주는 자가 많아서 매사에 성공하기 어렵지 않다. 이 귀인법을 表出하는 법은 사주의 日干을 기준하는 것인데, 다음과 같이 귀인법이 있게 된다. 즉 甲戊庚에 牛羊이 貴人이 된다. 사주의 日干이 甲이나 戊, 또는 庚인 경우에 牛와 羊이 귀인이 되는 것인데 牛는 丑이요, 羊은 未를 말하는 것이다. 이 법을 다음과 같이 표시한다.

○ 天乙貴人表

甲戊庚에 牛羊이 (牛는 丑, 羊은 未이다)貴人이요,

乙己에 鼠猴卿(鼠는 子요、猴는 申이다)이 貴人이요、

丙丁에 猪鷄位(猪는 亥요、鷄는 酉이다)가 貴人이요、

壬癸에 蛇兎藏(蛇는 巳요、兎는 卯이다)이 貴人이요、

六辛에 逢馬虎(馬는 午요、虎는 寅이다)가 貴人이다.

이와 같은 술어를 암기하면 조견 표를 보지 않아도 알 수 있다。다음과 같이 조견표로 표시

한다。

○ 天乙貴人 早見表

日干	甲戊庚	乙己	丙丁	壬癸	辛
귀인	丑未	子申	亥酉	巳卯	午寅

사주에 천을귀인이 있으면 다음과 같은 작용이 있다.

(1) 총명하며 지혜가 많고 흉이 길로 변한다.

(2) 건록、제왕 등과 같이 있으면 평생에 복이 많고、관운도 좋다。그러나 공망이 있으면 길이 감소되며、死나 絕 등이 같이 있으면 복이 없다.

(3) 귀인을 冲、刑、破、害 등이 범하면 평생에 困苦함이 많다.

(4) 귀인과 건록이 같이 있으면、총명하여 글을 잘 하며 관록을 얻게 된다.

（5）귀인과 길성이 합되거나, 귀인 있는 천간과 干合되면 출세가 빠르고 사회적 信望이 있어서 존경을 받으며 평생에 형벌을 받지 아니한다.

（6）괴강과 같이 있으면 事理에 밝아서 世人의 존경을 받으며 성질도 쾌활하여 意氣男兒가 된다.

（7）귀인과 건록이 있고 驛馬가 冲을 당하면, 출세하여 명성을 떨친다.

三、 天德貴人과 月德貴人

이 天、月 二德이 사주에 있으면, 천을귀인과 같이 助我者가 많으며 길한 사주는 더욱 길해지며 흉을 減少한다.

○ 天德貴人 早見表

日支	寅	卯	辰	巳	午	未	申	酉	戌	亥	子	丑
天德	丁	申	壬	辛	亥	甲	癸	寅	酉	乙	己	庚

○ 月德貴人　早見表

月支	申子辰	寅午戌	巳酉丑	亥卯未
月德	壬	丙	庚	甲

이 二德이 사주에 있으면、여자는 賢母 良妻가 된다。

四、建　祿

이 건록이란 것은 正祿이라고도 하는 것인데、福祿을 말한다。즉 官祿、衣食의 祿 등으로서 사주에 이 녹이 있어서 왕하면 복록이 많으며 출세에 吉하다。건록의 표출법은 다음과 같다。

○甲祿이 在寅인데、사주의 日干이 甲이고 支에 寅이 있으면、寅이 건록이 된다。이 방법을 다음과 같은 술어로 표시한다。(이것은 암기에 편리하다。)

○甲祿이 在寅이요、
○乙祿이 在卯요、
○丙戊祿이 在巳요、
○丁己祿이 在午요、

○ 庚祿이 在申이요、
○ 辛祿이 在酉요、
○ 壬祿이 在亥요、
○ 癸祿이 在子이다。

○ 建祿早見表

日干	甲	乙	丙	戊	丁	己	庚	辛	壬	癸
祿	寅	卯	巳	巳	午	午	申	酉	亥	子

五、暗祿

이 암록도 역시 복록을 말하는 것으로서 남이 모르는 숨은 복록이 있음을 암시한다。 사주에 암록이 있으면 항상 귀인이 도와주며、 재물이 평생에 풍족하고 성질도 온후하며 영리하다。 다음과 같이 표시한다。

日干	甲	乙	丙	丁	戊	己	庚	辛	壬	癸
暗祿	亥	戌	申	未	申	未	巳	辰	寅	丑

六. 驛　馬

이 역마가 사주에서 吉神에 해당되면, 비약적으로 발전하여 매사가 순조로울 뿐 아니라 건록과 상충하면 더욱 출세하여 名振四海한다. 반면에 역마가 凶神에 해당되면 평생에 분주 다사하여 곤고하다. 이것을 표출하는 방법은 主로 日支를 중심하나, 때로는 年支를 중심하여 표출 할 때도 있다.

○ **驛馬早見表**

日支	申子辰	寅午戌	巳酉丑	亥卯未
驛馬	寅	申	亥	巳

○ 역마가 일지에 해당되고, 흉신이며, 충을 당하면 항상 분주히 돌아 다닌다.

○ 역마와 正財가 같이 있으면 어진 아내를 얻는다.

○ 역마가 다른 지와 합되면 발전이 더디다.

○ 역마가 空亡을 당하면 거주지가 안정치 못하다.

七、金　輿

이 금여가 사주에 있으면 남녀간에 좋은 배우자를 만나서 행복하게 지낸다。이것이 時柱에 이으면 평생에 親近者들의 도움을 받고 자손도 번창하며 편안히 지낸다。또한 이 금여살은 성질이 온후하며 용모가 단정하여 화애한 인품을 가진다。또는 재주가 있으며 世人의 존경을 받는다。

○ 金輿早見表

日干	甲	乙	丙	丁	戊	己	庚	辛	壬	癸
金輿	辰	巳	未	申	未	申	戌	亥	丑	寅

八、將　星

사주에 장성이 있으면 文武를 겸하는 벼슬에 출세하며 관운이 吉하다。장성과 편관이 같이 있으면, 武官 또는 법관으로서 큰 성공을 하며, 財星과 같이 있으면 국가의 재정을 장악한다。그러나 여자는 孤寡가 된다。

○ 將星早見表

日支	將星
申子辰	子
寅午戌	午
巳酉丑	酉
亥卯未	卯

九、文 昌 星

이 문창성은 공망, 충, 또는 합이 되지 아니하고 길신인 **경우**에는 글을 잘 하고 총명하며 지혜가 있다. 사주 속의 흉성을 길로 변화하여 흉을 제거한다.

○ 文昌星早見表

日干	文昌星
甲	巳
乙	午
丙	申
丁	酉
戊	申
己	酉
庚	亥
辛	子
壬	寅
癸	卯

一〇、華　蓋

이 화개성이 사주에 있으면 총명하고 지혜가 있으며 文章이 뛰어난다. 이 화개가 印綬와 같이 있으면 큰 학자가 된다. 그리고 일반적으로 예술계등에 발전한다.

이 양인살은 剛暴을 나타내며 형벌을 맡은 살이다. 이 살이 사주에 있으면 곤액과 장애가 많다.

二、陽 刃

○ 陽刃早見表

日干	甲	乙	丙	丁	戊	己	庚	辛	壬	癸
陽刃	卯	辰	午	未	午	未	酉	戌	子	丑

○ 사주의 年支에 양인이 있으면 祖業을 파산한다.

○ 時支에 양인이 있으면 晩年에 災禍가 있고 처자에 불길하다.

○ 겁재 또는 상관과 같이 양인이 있으면 만년에 큰 재난을 만난다.

○ 사주에 양인이 많이 있으면 벙어리 또는 장님이 되는 수가 있으며, 남자는 처궁이 불리하고 여자는 음란하여 망신을 당한다.

一二、桃花殺

도화살을 咸池 또는 敗神이라고도 한다。이 살은 남녀를 불문하고 好色家로서 음란하여 주색으로 패가하는 수가 많다。이 살이 공망을 당하면 길하다。또는 도화가 正官과 같이 있으면 복록이 있으나 偏官과 같이 있으면 복이 없다。

〇 桃花殺早見表

日支또는年支	申子辰	寅午戌	巳酉丑	亥卯未
桃花殺	酉	卯	午	子

一三、孤神、寡宿

이 고신과 과숙살은 남녀간에 부부 이별살로서 부부운이 불길한 살이다。

○ 孤神寡宿早見表

年支	孤神	寡宿
子	寅	戌
丑	寅	戌
寅	巳	丑
卯	巳	丑
辰	巳	丑
巳	申	辰
午	申	辰
未	申	辰
申	亥	未
酉	亥	未
戌	亥	未
亥	寅	戌

○ 남자의 사주에 고신이 있으면 처를 해하고 여자 사주에 과숙이 있으면 과부가 된다.

○ 화개와 과숙살이 같이 있으면 독신으로 늙는다. (중이 될 팔자다)

一四、魁　罡

괴강살은 모든 길흉을 극단으로 작용하는 것으로서 사람을 제압하는 강렬한 살이다. 따라서 大富、大貴、極貧、災殃、荒暴、殺傷、嚴格、聰明 등의 극단으로 흐른다.

괴강은 다음의 네가지이다.

庚辰、壬辰、戊戌、庚戌。

○ 사주의 干支에 이와 같은 것이 있는 것을 괴강이라 한다.

○ 사주에 괴강이 여러개 있으면 크게 발달하여 大富貴한다. 그러나 女子는 이 살이 있으면 고집이 세고 과부가 된다.

○ 남자는 성질이 결백하고 理論을 잘 한다。

○ 日柱가 庚戌 또는 庚辰이고、 正官및 偏官이 있으면 극도로 貧窮하다。 또는 日柱가 戊戌 또는 壬辰이고、 正財 및 偏財가 있으면 극빈한 수가 있다

第三章　六神法

第一節　四柱의　區劃과　六神表出法

지금까지 前章에서 논한 것은 사주를 정하는 법과 운명작용에 부수되는 諸星殺에 대한 기초지식이었다. 제성살법은 單式判斷法에 지나지 않는다. 本章에서 논하려는 것은 사주의 天干 地支에서 일어나는 원칙적인 세부적 작용과 사주의 기국의 深淺, 구획 등을 대조하여 운명상 작용하는 각분야를 분석 판단하는 것이다. 그러면 우선 사주상으로 어떠한 부문이 어떠한 관계로 작용하는가의 구획을 다음과 같이 논한다.

一、各柱의　區劃

○ 年柱=이 연주가 표시하는 운명의 작용은 일평생을 통한 운명이며 對人關係로는 尊上 즉 부모、조상 등을 표시하는 位置이다.

○ 月柱=成年 후의 운명에 작용하는 것이며 대인관계로는 형제 자매 및 동료 등을 표시하는

위치이다.

○ 日柱＝일주의 日干만은 자기(己身)로서 이 日干을 중심으로 각주와 대조하는 것이며 日柱는 主로 日支만을 대상하는 것인데 일주의 地支가 표시하는 운명작용은 청년시대와 결혼관계 및 배우자의 일신 관계를 보는 것이다.

○ 時柱＝주로 幼年時代와 晩年時代의 운명과 財運 또는 건강 등을 보며, 대인관계로는 子孫 관계를 보는 위치이다. 원칙적으로 세밀히 분석한다면 年干을 父親 또는 祖父로 보고 年支를 母親 또는 祖母로 보는 것이며, 月干을 兄弟로 보고 月支를 형수(형의 처 또는 제수)로 본다. 이 月의 干支를 때로는 부모의 위치로 보는 경우도 있다. 日柱의 日干은 자기의 己身으로 보고 日支는 자기의 처로 보는 위치이며 時柱의 時干을 子息으로 보고 時支를 子婦로 보게 되는 것이다. 그리고 年柱를 때로는 초년 운으로 보는 수도 있다. 위와 같은 구획은 어디까지나 그 해당되는 위치일 뿐이고 앞으로 논하려는 六神의 작용에 있어서는 대인관계 또는 年代가 달라지게 된다. 따라서 이 구획 관계는 운명작용의 한 기준으로 분류할 뿐이다. 그러므로 앞으로 논하는 六神에 표시되는 대인관계와 운명관계는 구획과 더불어 참작하여 판단하지 않으면 안 되는 것이다.

二、 六神表出法

1、 六神이란 무엇인가?

그러면 여기서 논할 육신이란 무엇인가? 사주는 전술한 바와 같이 음양과 五行의 상호작용으로 알어나는 운명작용을 분석하는 것이므로 아 육신이란 것은 日干을 기준하여 各柱의 干과 地의 상생, 상극, 음양 등으로 표시되는 것을 말한다. 日干을 기준하여 日干과 天干을 대조하여 표시하는 육신을 天星이라하고, 日干과 地支를 대조하여 표시하는 육신을 地星이라고도 한다. 육신에는 다음과 같은 것이 있다.

六神=比肩, 劫財, 食神, 傷官, 偏財, 正財, 偏官, 正官, 偏印, 印綬의 十神을 말하는 것이다. 이 十神을 왜 六神이라 칭하는가 하면 그것은 五行上 비견, 접재는 日干과 同宮으로서 格을 이루지 못하고, 편재와 정재 및 편인 인수는 편, 정이 서로 작용을 같이하므로 財星과 印星으로 통일하여 위와 같이 여섯가지로 분류하여 六神이라 하는 것이다.

이 六神의 意味와 작용은 다음에 설명하기로하고, 우선 여기서는 위와 같은 육신을 어떻게 표출하는 것인가에 대하여 그 표출방법을 다음과 같이 논한다.

2.　天星　六神表出法

○ 六神表出法

사주는 언제나 日干이 기준이 되는 고로 日干과 각 天干을 대조하여 표출하는데, 이 天干을 天星이라 한다. 천성과 대조하여 표출하면 다음과 같다.

一, 비견=日干과 五行이 같고 음양도 같은 것,

二, 접재=日干과 五行은 같으나 음양이 다른 것,

三、식신＝日干이 생하는 것으로 음양이 같은 것

四、상관＝日干이 생하는 것으로 음양이 다른것,

五、편재＝日干이 극하는 것으로 음양이 같은것,

六、정재＝日干이 극하는 것으로 음양이 다른것,

七、편관＝日干을 극하는 것으로 음양이 같은 것,

八、정관＝日干을 극하는 것으로 음양이 다른 것,

九、편인＝日干을 생하는 것으로 음양이 같은 것,

十、인수＝日干을 생하는 것으로 음양이 다른 것,

이상과 같이 日干을 기준으로 하여 각 천성과 대조하여 표시되는 것을 六神이라 한다。 이 방법을 다시 예를 들어 표시하면, 甲을 日干으로 하여 다음과 같이 六神을 찾아 본다。

日干 甲과 甲＝음양과 五行이 같으므로 비견이다。

日干 甲과 乙＝五行은 같으나 음양이 다르므로 겁재이다。

日干 甲과 丙＝日干五行이 丙을 생하며 음양이 같으므로 식신이다。

日干 甲과 丁＝日干이 生하나 음양이 다르므로 상관이다。

日干 甲과 戊＝日干이 戊를 극하며 음양이 같으므로 편재이다。

日干 甲과 己＝日干이 극하며 음양이 다르므로 정재이다。

日干 甲과 庚＝日干을 庚이 극하며 음양이 같은 것이므로 편관이다。

日干 甲과 辛＝日干을 극하며 음양이 다르므로 정관이다.

日干 甲과 壬＝日干을 壬이 生하며 음양이 같으므로 편인이 된다.

日干 甲과 癸＝日干을 生하며 음양이 다르므로 인수이다.

3、 六神表出 要約의 例

위와 같은 六神法을 요약해서 예를 들면 다음과 같이 된다. 즉 日干을 我로 하고, 다른 干을 他로 정하여 대조하여서 표출해 보면,

○ 我生者孫＝ 내가 낳은 자는 자손이요 (식신, 상관이 된다)

○ 生我者父母＝나를 낳은 자는 부모요 (편인, 인수가 된다)

○ 我剋者妻財＝내가 극하는 자는 처재요 (편재, 및 정재가 된다)

○ 剋我者官鬼＝나를 극하는 자는 관귀요 (편관과 정관이 된다)

○ 比和者兄弟＝나와 같은 자는 형제이다. (비견, 겁재가 된다)

이상이 六神을 요약한 표출 방법 이다.

○ 六神表出早見表

日干 ＼ 육신	甲	乙	丙	丁	戊	己	庚	辛	壬	癸
甲	비견	겁재	식신	상관	편재	정재	편관	정관	편인	인수

이상에서 논한 육신을 사주조직에서 직접 찾아 보는 예를 다음과 같이 들어 본다.

⟨例⟩ 丙申年 一月 二十一日 丑時生(음력)男子

상관 庚寅
인수 丙申

大運 年齡
(식신)辛卯 　二세
(정재)壬辰 一二세
(편재)癸巳 二二세

대운의 육신표출도 위와 같은 방법이다.

癸	壬	辛	庚	己	戊	丁	丙	乙
癸	壬	辛	庚	己	戊	丁	丙	乙
壬	癸	庚	辛	戊	己	丙	丁	甲
乙	甲	癸	壬	辛	庚	己	戊	丁
甲	乙	壬	癸	庚	辛	戊	己	丙
丁	丙	乙	甲	癸	壬	辛	庚	己
丙	丁	甲	乙	壬	癸	庚	辛	戊
己	戊	丁	丙	乙	甲	癸	壬	辛
戊	己	丙	丁	甲	乙	壬	癸	庚
辛	庚	己	戊	丁	丙	乙	甲	癸
庚	辛	戊	己	丙	丁	甲	乙	壬

편관　乙丑

己巳

（정관）甲午 三二세
（편관）乙未 四二세
（인수）丙申 五二세

4、 地星의 六神表出法

앞에서는 日干을 기준하여 天干의 육신을 표출하였다. 즉 天星에서 육신을 찾아본 것이다.

여기에서는 각 地支와 대조하여 찾아보는 육신 즉 地星의 육신을 논하겠다.

이 地星의 육신표출법은 天星에서 표출하는 방법과 같이 日干을 기준하여 음양과 오행의 상생

상극관계로써 표출하는 것은 동일하나, 천성에서와 다른 점은 地支를 天干으로 고쳐서 표출하는

점이다. 六神은 어디까지나 干과 干을 대조하여 표출하는 것인데, 그러면 어찌하여 支를 干으로

고쳐야 하느냐 하는 이유는 즉 支 속에도 각 地支마다 干의 理氣가 들어 있기 때문이다. 그것

은 땅 속에도 하늘의 기운이 있다는 것이기 때문이다.

따라서 支 속에 干을 保有하고 있는 것을 支藏干이라 하는데 이것은 支가 干을 간직하고 있다

는 뜻이다.

○ 支藏干法

그러면 지장간법은 어떠한 것인가?

地支에는 各支마다 二개 내지 四개까지의 干을 보유하고 있으며, 이 干은 支의 五行과 더불어

계절에 따라 그 五行이 旺하고 衰하는 것이다. 一年中 三百六十日間에 各干 五行이 七十二日間씩 旺하는데 그 旺하는 기간이 계절에 따라 다르게 된다. 이 기간과 계절을 干 五行에 따라 분류하면 餘氣, 中氣, 正氣로 나뉘어지게 된다. 이와 같이 三分한 中의 餘氣란 것은 前支의 五行과 동일한 干五行의 氣가 支의 節期는 변하였더라도 아직도 남아서 前支의 影響下에 있는 것을 나타낸 것이고, 中氣란 것은 餘氣와 正氣 사이에 있는 氣로서 그 月支가 三合하여 다른 五行으로 변한 三合五行의 氣를 나타낸 것이며, 正氣란 것은 그 月支가 보유하고 있는 五行과 동일한 干五行을 나타낸 것이다.

이와 같이 支가 보유한 干을 지장간이라 하고, 그 支 속에 보유된 干五行의 區間을 藏干分野라고 한다. 支와 干의 區分과 干五行의 旺生의 日數를 分割한 지장간분야를 다음과 같이 표시한다.

○ 支藏干分野表

月支	餘氣	旺生日數	中氣	旺生日數	正氣	旺生日數
寅月	戊(土)	戊丙共히 十二日	丙(火)	戊丙共히 十二日	甲(木)	十八日
卯月	甲(木)	六日			乙(木)	二十四日
辰月	乙(木)	九日	癸(水)	三日	戊(土)	十八日

月	餘氣	日	中氣	日	正氣	日
巳月	戊(土)	丙戊共히 十八日	庚(金)	十二日	丙(火)	丙戊共히 十八日
午月	丙(火)	六日			丁(火)	二十四日
未月	丁(火)	九日	乙(木)	三日	己(土)	十八日
申月	己(土)	戊壬共生	壬(水)	戊壬共生 十二日	庚(金)	十八日
酉月	庚(金)	六日			辛(金)	二十四日
戌月	辛(金)	九日	丁(火)	三日	戊(土)	十八日
亥月	戊(土)	戊壬同旺	甲(木)	十二日	壬(水)	十八日
子月	壬(水)	六日			癸(水)	二十四日
丑月	癸(水)	九日	辛(金)	三日	己(土)	十八日

이와 같이 支가 干을 二개 이상 四개까지 보유하고 있다. 그러면 어느 干을 택하여야 하느냐가 문제이다.

이것은 그 前支의 餘氣가 있을 때에 출생한 者는、 餘氣의 干을 택하고 正氣가 있을 때에 탄생한 자는 정기의 干을 택해야 마땅하겠으나、 餘氣보다 정기의 영향기간이 많으므로 정기의 干을 택하는 것이 타당하다. 이에 대해서는 論者 간에 의견이 구구하나 보편적으로 정기를 많이 택하고 있다. 따라서 本書에서도 정기를 택하게 된다.

餘氣、中氣는 看命時에 참작 대조하여야 한다.

그러면 다음과 같이 天星과 地星의 육신 표출법을 사주 조직으로써 표출하여 표시한다.

○ 四柱로서의 天星、地星 六神表出法

(천성)	인수	상관		편관
(간지)	丙申	庚寅	己巳	乙丑
(장간)	(庚)	(甲)	(丙)	(己)
(지성)	상관	정관	인수	비견

이와 같이 六神을 장간에서 표출한다. 즉 支를 干으로 고쳐서 표출한다.

第二節　六神의　運性

一、印　綬

위에서는 六神을 표출하는 방법을 논했다. 여기에서는 표출된 六神이 무엇이며 어떠한 운성의 작용을 하는가를 논하게 된다. 육신의 하나인 인수는 어떠한 것인가는 다음과 같다.

○ 인수는 대인관계에서 남자에게는 어머니 또는 장모로 되고 女子에게는 어머니와 사촌 형제들로 보며, 또한 남녀 다같이 손자로 보기도 한다. 이것은 전술한 바 있는 사주의 구획관계에서 여러가지로 판단하는 것이다.

인수의 運質은 재산의 풍부, 壽福의 대길, 건강, 사업의 흥왕, 생활의 행복 등의 吉祥을 의미하는 것으로 성격도 온후 단정하고 자비심이 있으며 인의를 알고 사람됨이 총명하여 지혜와 학문의 출중함을 나타내는 특성이 있다. 또한 종교와 도덕을 重信하며 군자적 대인의 인품을 소유한다.

○ 인수는 어머니를 의미하므로 사주에 인수가 너무 많으면 어머니가 많은 것을 의미하게 되므로 유모 또는 서모가 있다는 것을 의미하게 된다.

○ 인수가 연간에 있고 초년 대운이 길하면 부모 덕이 많은 자손이다.

○ 月支 또는 月干에 인수가 있고, 형, 충, 파, 해 되지 않으면 총명하여 문장으로 이름을 떨친다. 또한 인품이 고상하다. 만일 사주에 관살이 겸해 있으면 부귀한다. (관살이란 편관, 정관을 말하는 것이다) 편관은 七殺이라고도 하므로 정관과 편관을 통칭할 때에는 관살이라 한다.

○ 인수가 時柱에 있으면 재주가 있고, 자식 복이 있으며 또 사주에 인수가 있고 관살이 없으면 예술로 이름을 떨친다.

○ 年干에 인수, 月干에 겹재가 있고, 인수와 衰病死 등이 같이 있으면 아우가 재산을 상속한다.

○ 사주에 인수가 너무 많으면 남자는 처와 이별하며 자식이 적거나 불효하고、여자는 어머니와 이별한다。

○ 사주에 인수가 있고 정재가 많으면、일에 실패가 많고 어머니와도 일찍 이별하며、만일 재운을 만나면 凶死한다。

○ 인수와 식신이 同住하거나 편재와 같이 있으면、사업이 번창하고 가정도 원만하며 타인의 존경을 받는다。

○ 비견과 인수가 같이 있거나、겁재와 인수가 같이 있으면 형제간의 덕이 없다。또한 신왕사주에 인수가 너무 많으면 빈곤하고 자식이 적다。

○ 여자의 사주에 인수와 상관과 양인이 같이 있으면、남편 또는 자식의 덕이 없다。

○ 신왕사주에 인수가 왕성하면 주색을 좋아하고、인수와 사、절、묘、병 등이 같이 있으면 부모 덕이 없다。

○ 여자 사주에 인수가 있고 정재가 너무 많으면、화류계에 들어 가거나 음란하다。

○ 여자 사주에 인수가 많으면、일찍 과부가 되고 자식 덕도 없다。

○ 인수가 건록과 같이 있으면 부모 덕이 좋은 자요、인수와 제왕이 동주하면 부친이 데릴사위이다。

○ 여자 사주에 관성이 약하고 인수가 왕성하면 남편 덕이 없다。

○ 인수와 목욕이 동주하면 어머니가 과부로 늙고、인수와 관대가 같이 있으면 부잣집의 고손

으로 태어났다.

○ 인수와 將星이 같이 있으면 훌륭한 부모를 가졌다.

○ 인수와 관성이 같이 있으면 여자는 남편과 자식 복이 많고, 남자는 이름을 떨친다.

○ 사주에 편인이나 양인이 같이 있으면, 심신이 허약하거나 과단성이 없다.

○ 인수와 상관이 같이 있으면, 어머니와 사이가 나쁘다.

二、偏 印

편인도 어머니를 의미하나 주로 서모 또는 계모, 유모, 등으로 보며 또는 이모로도 본다.

이 편인의 운성은 파피의 운질로서 파재, 이별, 병란, 고독, 박명, 色難 등의 福과 壽를 해치는 흉운으로 작용한다. 성질도 변덕성과 권태증이 많아서 매사가 용두사미격 이다.

사주에 편인이 있는 사람은 의사, 학자, 예술가, 배우 등의 편업에 종사하면 발전한다.

○ 사주에 편인이 많으면 재난이 많고 早別父母하며, 처자와도 인연이 박약하다.

○ 여자 사주에 식신이 있고 편인이 많으면, 산액이 있고 자식에게 해로우며, 만일 천성과 지성이 모두 편인이거나 상관과 같이 있으면, 남편과 자식의 인연이 없다.

○ 사주에 편인이 쇠, 병, 사, 절, 묘 등과 같이 있으면, 홀어머니와 이별하며 고생이 많고, 편인에 제왕이 같이 있으면 계모로 인하여 고생이 많다.

○ 사주의 연주에 편인과 養이 같이 있으면、계모의 손에 자라며 祖業을 파한다。

○ 편인이 편관과 식신을 만나면、재물에 速成速敗하여 성패가 많다。

○ 月支에 편인이 있고、식신이 있으면 신체가 허약하다。月支에 편인이 있는 사람은 이발사、운명가、배우、의사、예술가 등의 편업에 발전한다。직업으로는 학자나 의사에 적합하다。

○ 건록과 편인이 같이 있으면、부귀한 집에 태어나 十三세를 전후해서 부친과 이별하며 廢家한다。

○ 편인과 목욕이 같이 있으면 계모에게 양육되며、편인과 장생이 같이 있으면 親母와 인연이 없다。

○ 陰日生으로 편인과 관대가 같이 있으면 계모 또는 의모의 손에 양육되고、陽日生이면 조별부친한다。

○ 편인과 겁재가 같이 있으면 남에게 피해를 당하며、편인과 비견이 같이 있으면 계모가 있거나 또는 양자가 된다。

○ 日支에 편인이 있으면 결혼운이 나쁘며、식신이 사주에 있으면 어려서 젖이 부족하다。

○ 사주에 인수와 편인이 있으면 두 가지 직업을 갖는다。

○ 사주에 재성과 관살이 있고 편인이 있으면 부귀한다。

三、正 財

정재는 대인관계로는 남자는 妻、女子는 媤母로 보며、또는 伯父、백모로도 본다。

운질로는 재산、명예、복록 또는 사업의 흥왕 등의 길상을 나타낸다。

○ 사주에 정재와 식신이 있으면 가정이 행복하게 되나、만일 겁재가 있으면 흉으로 변한다。

○ 사주에 정재가 너무 많고 身弱하면、빈천하고 또 처가 엄격하며、여색으로 손재하기 쉽다。
또한 어머니와 일찍 이별한다。

○ 月支에 정재가 있으면 사회적으로 인망이 높으며、성격도 온후 단정 하다。

○ 年月柱에 정재 정관이 있으면 부모가 부귀하였으며、年干에 정재가 있으면 祖父母가 부귀
하였다。

○ 日支 또는 月干에 정재가 있으면、처덕이 있고 근면하다。또는 정재와 정관이 가까이 있거
나、정재와 식신이 가까이 있어도 현처를 얻어 처덕이 많다。

○ 干에 정관이 있고 支에 정재가 있으면 고귀하게 되며、정재는 支에 있는 것이 좋고、더우기
月支에 있는 것이 제일 길하다。日支나 時支에 있는 것도 좋다。또 月支에 있으면 명문집의 딸과
결혼한다。

○ 사주의 정재가 공망되면 처덕이 없고、정재와 겁재가 같이 있으면、부친덕이 없으며 빈곤하

다. 만일 인수와 같이 있으면 소망을 이루기 어렵다.

○ 女子 사주에 정재와 인수가 많으면 음란하여 화류계로 흐르기 쉽다.

○ 女子 사주에 정재가 많으면 빈천하고, 정재와 정관, 인수가 있으면, 재물은 많으나 색정가 이다.

○ 정재에 도화살, 목욕 등이 같이 있으면 처가 부정하고, 정재에 절, 묘, 쇠 등 이 같이 있으면 처가 어리석거나 허약하며 再嫁한다.

○ 정재가 時干에 있으면 처자가 길한데, 성질이 급하고 자수성가한다.

○ 정재는 賢妻를 얻으며, 의협심이 있으며, 대중의사를 존중하고, 공명정대하다.

○ 신왕사주에 정재가 있으면 처첩과 더불어 享樂을 누리나, 신약이면 부귀한 집에서 빈천하게 사는 격이 된다.

四、偏　財

편재는 남녀간에 아버지로 보고, 또는 남자는 첩과 처의 형제, 여자는 시모로도 본다. 대개 남자는 처, 첩으로 보는바 위치에 따라 다르게 된다. 시주에 있으면 손자로 보는 수도 있다.

편재의 운질은 성격이 청렴결백하고, 재물의 출납이 심하여 속성 속패한다. 대개 잘 벌기도 하고 잘 쓰기도 하여 재복은 있으나 그 대신 재화가 많다.

○ 사주에 편재가 너무 많으면, 첩을 많이 얻는 수가 있다。

○ 年干과 年支에 모두 편재가 있으면 양자로 가는 수가 있고, 연주에 편재가 있으면 祖業을 물려 받는다。

○ 사주에 편재가 많으면 타향에서 성공하며, 또는 양자로 가는 수가 있다。

○ 편재가 月柱에 있고 時柱에 겁재가 있으면, 처음은 부귀하나 晚年에는 빈천하기 쉽고, 편재는 月柱에 있는 것이 좋다。

○ 사주 중에 겁재 또는 비견이 있고 편재가 時干에 있으면 패가 상처한다。

○ 편재가 왕성하고 신왕이면 사업에 대성하며, 또는 편재가 왕성하고 天月 二德이 있으면 명망 있는 부모를 모시며 복록이 많다。

○ 여자 사주에 편재가 많으면 재복이 없고 衰와 같이 있으면 남편과 일찍 사별한다。

○ 편재와 비견이 연주에 같이 있으면 부친이 객사하고, 공망되면 부친 또는 처덕이 없다。 또한 편재와 묘가 같이 있으면, 조별 부친한다。

○ 편재와 비견이 같이 있거나 또는 편관이 같이 있으면 女難을 당하고, 부친 덕이 없다。 또한 天干과 支가 모두 편재면, 처덕이 많다。

五、正　官

정관은 남자는 주로, 자식과 조카들로 보고 때로는 관록으로도 보며, 여자는 정식 남편 또는

祖母로도 본다. 대개 여자로서는 정식 결혼한 남편으로 많이 본다. 그리고 벼슬로는 행정관으로 본다. 운질의 특성으로는 家系가 정통이며, 인품이 단정하고, 지혜와 재주가 있으며, 자비심이 많고, 사회에 명망이 있는 등의 길상을 나타낸다. 그러나 정관이 너무 많으면 곤궁하고, 여자는 여러번 改嫁하게 된다.

○ 사주에 정관이 하나만 있으면 길하고, 너무 많으면 빈곤과 재난을 당한다. 정관, 정재 또는 편재가 있으면 대길해지나, 상관이 있으면 흉해진다.

○ 여자 사주에 정관과 도화가 같이 있으면 남편이 온순하고, 정관과 인수가 많으면 공방살이를 한다.

○ 정관이 합되면 다정하고, 정관과 역마가 같이 있으면 移動이 많다.

○ 여자 사주에 정관이 많으면 과부가 되거나 기생이 되고, 목욕과 같이 있으면 남편이 바람을 피운다. 또는 묘, 절, 사 등이 같이 있으면 남편의 덕이 없다.

○ 사주에 정관과 장생이 같이 있으면, 훌륭한 남편을 얻으며, 또는 정관과 재성이 있거나 기에 천월 二덕이 있으면, 남편 덕이 좋다.

○ 정관과 인수가 같이 있으면 명예를 얻고, 장생과 같이 있으면 지식이 많다.

○ 사주에 정관이 있으면 인품이 단정하고 명랑하며, 時柱에 정관이 있으면 효자를 두며 만년에 복이 많다.

○ 정관이 年柱에 있으면, 장남 또는 가족의 후계자가 되며, 초년부터 발달한다.

○ 정관이 月支에 있고 인수가 있으면 부귀한데、正官大運을 만나면 大貴하게 된다、만일 日支에 정관이 있으면、재주가 있고 자수성가하며 현처를 얻는다。또한 月柱에 정관이 있으면 차남으로서 평생에 고생이 많다。

六、偏官

편관은、대인관계에 있어서 남자는 자식、조부、사촌형제 등으로 보며、여자는 再嫁의 남편、또는 남편의 형제 등으로 보며、벼슬로는 武官 또는 司法官으로도 본다。

이 편관은 七殺이라고 하는 것이다。운질로는 權力、俠氣、橫暴、頑剛、性急、孤獨 등의 흉성이 내포되어 있으나、식신 등의 吉星이 있으면 大貴大富 또는 무관 등으로 頭目의 위치를 차지한다。

○ 사주에 편관과 식신이 있고 신왕이면 대귀 대부하는데 만일 신약에 식신이 너무 많으면 도리어 빈곤하다。또 時柱에 편관이 있으면、성질이 강인하고 자식이 늦다。

○ 편관이 月柱에 羊刃과 같이 있으면、일찍 모친과 이별하고、연주에 편관이 있으면 長男이면 부모에게 불리하다。

○ 日支에 편관이 있으면 총명하나 성질이 급하고 편관과 묘가 같이 있으면 근심이 많다。

○ 여자 사주에 편관과 장생이 같이 있으면 남편 덕이 있고、묘와 같이 있으면 상부(喪夫)하

며 또는 戊午、丙午、壬子生에 편관이 있으면、역시 남편과 이별하든가 또는 첩이 된다。

○ 여자 사주에 편관과 정관이 많으면、여러번 개가하거나 화류계에 들어 간다。

○ 편관과 괴강、양인이 같이 있으면、무관으로서 크게 성공한다。또한 편관과 인수가 旺하면 문관이요、편관이 성하면 무관으로 크게 출세한다。

○ 인수와 편관이 같이 있으면 큰 성공을 하며、뭇사람의 두목이 된다。

○ 편관과 편재가 같이 있으면 부친 덕이 없고、편관과 편인이 같이 있으면 타향 또는 외국으로 간다。

七、食　神

식신은 대인관계에서 남자는 조카、손자 또는 장인、장모로 보나、대개 자식으로 보는 것이 원칙이다。또한 부하로도 본다。여자는 자식、손자 등으로 본다。

운성의 특성은 衣食住、家産、福祿、俸祿 등의 풍만함을 나타내는 吉星인데、성질이 明朗하고、호색가이며、신체가 豐肥하고、仁德이 있다。

○ 사주에 식신이 너무 많으면 신체가 허약하고 부모 또는 자식 덕이 없으며、여자는 과부가 되거나 화류계로 흐르기 쉽다。

○ 사주에 식신이 있고、日支에 정관이 있거나、月支 또는 時支에 건록이 있으면 大貴 大富

한다.

○ 식신이 月支에 있으면 명랑하며, 신체가 비대하고, 日支에 있으면, 현처를 얻는다.

○ 편인이 식신을 극하면, 곤고 또는 단명하고, 여자는 空房살이 하거나 산액이 있다.

○ 식신이 있고 편인이 많으면 굶어죽거나, 또 時柱에 식신과 편인이 같이 있으면, 어려서 젖이 부족하다.

○ 식신에 사, 절, 묘, 병, 목욕 등이 있으면 剋子하고, 식신이 형충되면 어머니와 이별한다.

○ 여자 사주의 時柱에 건록, 제왕 등이 같이 있으면, 자식이 크게 富貴하고, 남자는 비견, 겁재 등이 식신을 생왕하면, 부귀한다.

○ 年干에 식신이 있고 支에 비견이 있으면 경제적으로 윤택하고, 귀인의 도움을 받는다.

○ 식신, 겁재, 편인이 같이 있으면 단명하고, 식신과 편관이 같이 있으면 고생이 많고, 편인이 있으면 큰 재액을 당한다.

○ 식신과 재성이 있고 신왕이면, 뭇사람의 사랑을 받아 성공하며, 또는 식신과 편관이 있고 羊刃을 만나면 큰 인물이 된다.

八、傷官

상관은 남자는 조부모로 보고, 여자는 자식으로 본다.

운질은 방해、경쟁、소송、반대、실권、교만 등의 흉조를 나타내는 흉성이다.

사주에 상관이 많으면 자식을 극해하고、사주에 인수、편인 등이 있으면 흉조는 감소된다.

○ 상관은 재주가 있고 예술적 소질이 있으며 음악 등을 즐긴다.

○ 사주에 상관만 있고 인수가 없으면 욕심이 많고、정관이 없으면 재주는 있으나 교만하고、財가 없으면 빈천하다.

○ 年干과 年支에 상관이 같이 있으면 단명하고、연간에 상관이 있으면 부모 덕이 없고、연월주에 상관이 있으면 부모 처자의 인연이 없으며 빈천하다.

○ 사주에 상관이 많고 재성이 없으면 부부의 인연이 박하고、상관과 편인이 같이 있으면 남편과 자식 복이 없다.

○ 여자 사주에 상관과 양인이 日支에 같이 있으면 남편이 橫死하고、年柱에 상관이 있으면 산액이 있다.

○ 年柱에 상관이 있고 月柱에 재성이 있으면 복록이 있고、연주와 시주에 상관이 있으면 剋子한다.

○ 時柱에 상관이 있으면 자손에 불길하고、상관과 양인이 같이 있으면 부친이 해롭고、남의 집의 종노릇을 한다.

九、比肩

비견은 형제、자매、친구、조카、등으로 본다。운질로는 分散、離別、爭鬪、誹謗、獨行、孤獨 등을 나타내는 흉성이다。

○ 사주에 비견이 많으면、평생에 고생이 많고、형제、남편、처덕이 없으며 이별한다。

○ 年干 또는 月干에 비견이 있으면 형제가 있고、時干에 있으면 양자를 둔다。

○ 비견이 공망、형、충、파、해 되면 부모、처자、남편의 덕이 없고 이별한다。

○ 비견과 겁재가 같이 있으면、손재、부부간의 이별 등의 흉조가 있다。또는 비견이 묘、사、절、목욕 등과 같이 있으면 형제와 일찍 死別한다。

○ 여자 사주에 비견이 많으면 색정이 많고、비견이 강하고 관살이 약하면 부부 애정이 없다。

○ 사주의 모두가 비견이고、재성이 하나만 있으면 거지가 된다。

一〇、劫　財

겁재는 비견과 같이 형제、이복 형제、조카 등으로 본다。운질도 비견과 같으며、특히 쟁투와 교만성이 강한 흉성을 나타낸다。

○ 사주에 겁재가 많으면, 부부간에 이별수가 많고, 형제, 친우간에도 불화한다.

○ 사주의 一柱에 干과 支가 모두 겁재면 조실부모한다. 또는 사주에 겁재가 있으면 異腹兄弟가 있다.

○ 겁재와 상관과 양인이 같이 있으면 刑獄 또는 재화, 變死하거나 단명하고, 時柱에 겁재와 상관이 같이 있으면 극자한다.

○ 사주가 비견 겁재로 되어 있고 재성이 하나만 있으면, 거지가 되고 만약 재운을 만나면 사망한다.

第三節　十二運星

위에서는 육신의 십종에 대해서 그 운명의 작용력을 말했다. 여기에서 論하려는 십二運星도 육신과 함께 작용하는 것을 논할것이나, 여기에서는 그 표출법과 의미만를 略述하겠다.

이 十二運星이란 즉 胞、胎、養、生의 法이니 사람이 출생할 때 부터 죽을 때까지의 理致를 비유해서 天理順還의 이치를 논한 것이다. 즉 사람이 어머니 뱃속에 임신되는 것을 胞胎라하여 이에서부터 나서 자라나며, 늙어서 병들고 죽어서 장사 지내는 순서로 만물의 生長盛衰하는 天理順還의 理致를 비유한 것이다. 十二運星은 다음과 같다.

○ 포(胞)、태(胎)、양(養)、생(生)、욕(浴)、대(帶)、관(冠)、왕(旺)、쇠(衰)、병(病)、사(死)、묘(墓)、(묘를 장(葬)으로도 칭하고, 포를 절(絕)이라고도 한다) 이것을 다시 다른 명칭으로 하면 다음과 같다.

장생(長生)、목욕(沐浴)、관대(冠帶)、건록(建祿)、제왕(帝旺)、쇠(衰)、병(病)、사(死)、묘(墓)、절(絕)、태(胎)、양(養)으로 부른다.

○ 十二運星早見表

운성 \ 생일	甲	乙	丙戊	丁己	庚	辛
장생	亥	午	寅	酉	巳	子
목욕	子	巳	卯	申	午	亥
관대	丑	辰	辰	未	未	戌
건록	寅	卯	巳	午	申	酉
제왕	卯	寅	午	巳	酉	申
쇠	辰	丑	未	辰	戌	未
병	巳	子	申	卯	亥	午
사	午	亥	酉	寅	子	巳
묘	未	戌	戌	丑	丑	辰
절	申	酉	亥	子	寅	卯
태	酉	申	子	亥	卯	寅
양	戌	未	丑	戌	辰	丑

壬	申	酉	戌	亥	子	丑	寅	卯	辰	巳	午	未
癸	卯	寅	丑	子	亥	戌	酉	申	未	午	巳	辰

이와 같이 十二運星의 표출은 생일의 天干을 기준하는데 때로는 年月時 등의 天干에서 地支를 대조할 때도 있다.

이 十二運星을 사주에서 예시하면 다음과 같다.

〈例一〉
辛酉──死
壬辰──冠帶
丙寅──長生
壬辰──冠帶

〈例二〉
己卯──沐浴
丙子──胎
丙子──胎
丁酉──死

第四章　用神과　格局法

第一節　用神法

前章에서는 육신의 표출법과 十二運星의 표출법, 그리고 육신의 十종이 十二운성과 더불어 어떠한 운명의 작용을 하는가를 논했다. 본장에서 논할것은 용신과 격국인데, 이 용신과 격국은 사주를 푸는데 있어서 가장 중요한 부문이다. 용신과 격국을 모르고서는 사주의 운명작용을 풀 수 없는 것이다. 前述한바와 같이 제합, 제성살 및 육신과 十二운성은 五行의 간접적 작용에 의한 단식 판단법에 지나지 않는다. 本章에서 논하는 용신과 격국은 五行의 직접적인 조화여부에 의하여 그 작용하는 것으로써 운명의 길흉을 판단하게 되는 것이다. 사주는 五行의 調和 여하로 吉과 凶이 작용되는 것이니 즉 五行이 不足해도 아니되고 너무 많아도 안되는 것이다. 따라서 五行의 조화가 잘 이루어지면, 길운을 초래하게 되고, 부조화하게 되면 흉운의 운명을 당하게 된다. 따라서 여기에 논하는 용신과 격국은 그 조화여부를 분석하는 열쇠가 되는 것이다. 그러면 우선 용신이란 무엇인가?

사주에서는 日干이 중심이니 이 日干이 너무 강해도 못 쓰고, 너무 약해도 못 쓰는 것으로 약하면 日干을 生助하는 자가 용신이 되고, 또 日干이 너무 왕성하면 그 왕성한 기운을 流出시키든가 또는 제극해서 조화시키는 자가 용신이 된다。 또는 사주가 너무 냉습하든가 너무 건조해도 못쓰는 데、냉습을 溫暖케 하는 자 또는 건조한 것을 濕하게 하는 자가 용신이 된다。 따라서 이 용신을 찾는 법은 그 사주의 격국에 따라서 다르게 되는데 용신을 찾는 방법은 다음과 같이 여러가지로 분류되어 있다。 우선 그러기 위해서는 사주의 日干이 강한가 약한가를 알아봐야 하는데、다음과 같이 그 강약 관계를 논한다。

一、 身弱과 身強

이 신약이란 日干(日干을 日主라고도 함)의 五行이 쇠약한 것을 말한다。 日主가 쇠약한 것을 身弱四柱라 한다。 신약이 되면 빈천、병약、단명 등의 흉운을 당하게 되며、만일 日主가 너무강왕하면 身強이라 하여 파산、쟁투、剋妻子하게 되는 것은 다음과 같다。

이와 같은 신약、신강을 어떻게 분별하느냐 하는 것이다。

(1) 出生한 生月(生月을 月令이라고 함)이 日主(日干)의 五行이 旺한 季節인가、또는 쇠약해지는 달인가를 살핀다。

假令 日主가 甲木日이면 五行의 旺衰法에 의하여 正二月 木旺之節이나 또는 亥子月의 동절에는 旺하고、여름과 가을에는 木이 쇠약해지는 때이므로 쇠한다。

(2) 日主의 五行을 사주상(다른 五行이)生助해 주는 자가 많으면 신왕이고, (다른 五行이)日干을 剋害 또는 그 기운을 流洩시키는 자가 많으면 신약이다.

(3) 日主가 지장간 속에 五行의 동기를 만나면、通根하였다 하여 강해진다.

(4) 日干이 장생、제왕、건록 등의 十二운성을 만나면 得氣하여 강해지고 병、사、절 등을 만나면 失氣하여 약해진다.

(5) 日主를 생조하는 자가 있을 때에 생조자의 힘이 干과 支에 따라 다르게 되는 것인데、干은 支의 三분의 一의 힘이 있고、支는 干의 三배의 힘이 있다. 따라서 干 셋의 힘과 支 하나의 힘이 같다. 그러므로 생조자의 힘을 살펴야 한다.

위와 같은 방법으로 신약, 신강을 분별하여야 한다. 그러면 용신과 격국을 찾는 법을 논하기 전에 신약 신강의 분별법을 다음과 같이 例示한다.

甲子
乙亥
己卯
乙亥

이 사주는 水가 왕하는 月令의 己土이고、干과 支에 득기한 四개의 木이 日主를 극하고、支의 卯는 三合하여 다시 木으로 변해서 日主를 공격하고 있다. 支의 三水가 역시 日主의 기운을 극하고 있으므로 日主를 剋害하는 자가 많아서 신약이 된다.

丙午
丁卯

이 사주는 庚金이 五月 火旺에 쇠약한데 거기에 더하여 干의 丙丁火가 透出하고、支의 午巳火가 卯木의 힘을 받음으로써 극왕한 五개의 火가 庚金을 공격하고 있다.

庚午　辛巳

庚金은 無根이며、時干에 一點의 辛金이 卯木을 누르고 왕성한 火氣를 流出시켜야 하는데、辛金 역시 巳火의 극을 받아 무력해졌다。따라서 신약이 된다。

戊申　辛酉　乙丑　辛巳

이 사주는 金旺月令에 乙木이 쇠약하다。더우기 干支에 四面楚歌格으로 모두가 敵뿐이요、日主를 生助하는 자는 하나도 없다。따라서 日主는 극히 쇠약하여 신약 사주가 된다。

甲子　丁卯　甲子　甲子

이 사주는 卯月 木旺月令에 日主가 왕성한데 干支에 甲卯의 同氣가 三개 있고 다시 三개의 子水가 生하므로 日主가 태왕한 신강사주이다。

癸未　甲寅　乙亥　己卯

이 사주는 寅月이 日主인 乙木의 旺하는 달이고、干支에 甲寅卯와 亥卯未 寅亥合의 木인 同氣가 많으며、日支 亥水가 또한 日主를 直生하여 日主가 태왕한 신강사주이다。

辛亥
丁酉
甲寅
丁卯

이 사주는 日主 甲木이 쇠하는 月令이고、日主를 극해하는 辛酉 二金이 있으며、日主를 유출시키는 二개의 丁火가 있고、日主를 생조하는 二개의 寅卯木이 있으며 亥水가 一개뿐이어서 신약인 것 같이 보이나、日主를 극해하는 자는 干에 많고、日主를 생조하는 자는 支에 많으므로 신강사주이다。

위와 같이 신강과 신약은 日主를 생조하는 자와 극해하는 자 또는 月令 등을 봐서 그 세력의 강약으로 분별하는 것이다。

이상 논한데서 우선 신약、신강의 분별을 알았다。그러면 위에서 논한 바 있는 용신은 어떻게 분별하는가를 다음과 같이 논하려 한다。

二、用神

위에서 논한 바와 같이 용신은 사주의 五行과 음양을 조화시키는데 필요로 하는 육신을 말한다。즉 日主가 약하면 이를 生助해 주는 육신이 용신이 되고、日主가 너무 강하면 그 기운을 流洩시키는 육신이 용신이 되고、寒冷하면 暖和시키는 육신이 용신이 된다。따라서 용신은 그 사주의 격에 따라서 각각 다르게 된다。이에 대해서는 다음 章에서 간명하면서 설명하기로 하고 우선 여기에서는 다음과 같이 그 방법을 하나씩 논하기로 한다。

一、抑扶＝日主를 생조해주는 육신이 많아서 日主가 신왕해지면 이 기운을 制剋 또는 漏出시키

는 육신이 용신이요, 日主가 약하면 日主를 생조하는 육신이 용신이 된다。

이 억부법이란 五行上 서로 生扶하는 것과 또는 서로 抑制하는 것을 뜻한다。

다음과 같이 사주로써 例를 들어 본다。

丁卯 이 사주는 五月 火旺 月令에 출생한 庚金이다。庚金이 쇠약한데 또 干支에 왕기를
丙午 띤 丙丁午火가 庚金을 공격하고 있어 더욱 신약해졌다。그러나 다행히도 時干의 一
庚午 點 己土와 午火의 지장간에 丁己가 並透하고 있어서 時干의 己土와 합세하여 왕성
己卯 한 火를 漏出시킴으로써 庚金을 돕고 있다。따라서 己土가 用神이 되는 것이다。

丙子 이 사주는 年支의 子水와 月干 癸水의 同氣가 있고 日支 申金이 日主를 直生하며
壬辰 支에 申子辰 三合이 水局을 이루어 日主가 旺하다。따라서 신왕인데 이 日主의 기
壬申 운을 漏出시키는 것이 용신이 된다。즉 火木이 있어야 하는데 時柱에 乙木과 巳火가
乙巳 있어서 日主의 기운을 유출시키고 있다。그러므로 乙木巳火가 용신이 되는 것이다。

二、專旺＝전왕이란 사주의 육신 五行이 전부 또는 대부분이 일색 오행으로 편중되어 그 세력
이 서로 내왕해서 억제할 수 없을 때는 그 세력에 따르는 육신이 용신이 된다。이런 것은 從格、
外格 化格 등에 속하는 것이다。

사주로 예를 들면 다음과 같다。

癸卯
乙卯
甲寅
乙亥

이 사주는 木과 水의 二색으로 이루어져서 그 세력을 꺾을 육신이 없다. 이런 종류를 전왕이라 한다. 이런 사주는 그 세력에 따르는 木水의 대운을 만나야 대길해진다. 그러므로 이 사주는 水木이 용신이 된다.

三、調候 ＝ 사주에도 조후관계를 논하는 것이 있다. 즉 五行이 寒, 冷, 温, 또는 煖, 燥한 五行으로 四柱八字가 이루어진 것이 있다. 이것을 조후 사주라고 하는데, 이런 조후 사주는 냉습한 사주면 이를 温暖케 하는 五行의 火木이 용신이 되고, 건조한 사주는 한습한 오행의 水, 金이 용신이 된다. 따라서 그러한 대운을 만나야 길하게 되는 것이다. 이런 종류의 사주를 다음과 같이 표시한다.

辛丑
辛丑
癸丑
癸丑

이 사주는 冷한 辛金과、癸水丑土의 濕土로 八字가 이루어졌다. 따라서 이런 종류를 冷濕 사주라고 한다. 이런 사주는 한습한 기를 温暖케 하는 火木이 용신이 된다. 그러므로 東南方의 木火 대운을 만나야 大吉해진다.

辛丑
辛丑

이 사주 또한 冷金인 辛金과 濕土인 丑土로써 이루어졌다. 따라서 이 사주는 냉습하다. 그러나 日支에 一點의 寅木이 있어서 봄 기운을 약간 띠고 있다. 따라서 용

壬寅
辛丑

신은 寅木이다.

丁巳
丙午
丁未
丙午

이 사주는 丙丁午巳火와, 燥土인 未土로써 이루어져 있어서 심히 乾燥하다. 따라서 水金土가 용신이 된다. 이런 종류의 사주를 暖燥한 사주라고 한다. 이와 같이 사주에도 조후가 있다.

四, 病弱＝병약이란 사주의 日主를 생조해 주는 육신을 극해하는 육신이 있게 되면 이것이 사주의 병이다. 따라서 생조하는 육신을 파극하는 자를 다시 다른 육신이 억제할때 그 육신이 용신이 된다.

이런 類型의 사주를 병약 사주라고 한다.

五, 通關＝통관이란 사주의 육신이 兩大勢力을 이루어서 그 세력이 같을 때에 그 양대 세력을 중간에서 疎通시키는 육신이 용신이 된다. 즉 양대 세력을 조화시켜야 하는 법으로 가령, 양대 세력 중에서 관살이 왕하고 日主가 약할 때, 인수가 있어서 관살의 기운을 유출시키면 日主를 생조해주는 것인데, 이런 때에 印綬가 용신이 된다. 또한 日主가 강하고 재성이 가벼울 때에 食傷으로 통관시켜야 하므로 식상이 용신이 된다. 이런 종류의 사주를 통관사주라고 한다. 다음과 같이 사주로 표시한다.

大運

財庚	丁	丁	己
子(煞)	巳	卯(印)	未
庚申 65	辛酉 55	壬戌 45	癸亥 35

이 사주는 月令에 印綬가 있고, 財가 투출되어 있고, 인수와 財가 交叉되어 있다. 따라서 양대세력이 비등한데, 여기에 필요한 육신은 子水 관살이다. 이 관살이 재와 인수의 양자 사이에 있어서 金生水 水生木하여 두 기운을 소통 연결시켜 일주를 생조하며 비겁을 누르고 있다. 따라서 이 사주는 子水 관살이 용신이 되는 것이다. 이 사주의 대운이 子癸亥壬의 二十年간 水運으로 행운되어 있으므로 주인공은 二十년간 대운으로 大貴하게 된다.

六、源流

源流 = 원류란 사주의 五行이 서로 상생하며 그 상생함이 쉬지 않는 즉 生化不息하여 五行이 周流無滯한 것을 말한다. 사주는 이렇게 막힘이 없어야 吉하다. 대개 사주의 五行이 서로 상극, 또는 塞滯(색체라는 것은 막힘을 말함)함이 보통이다. 이 원류란 이와 반대로 五行이 막힘이 없이 어디로든지 물이 흘러가듯 하는 것인데, 이런 사주는 평생에 壽福이 무궁하다. 다음과 같이 사주로 예시한다.

大運

甲	己	丙	甲
子	丑	寅	子
壬申 54	辛未 44	庚午 34	己巳 24

이 사주는 淸國의 宰相, 劉鏞의 사주이다. 이 사주의 干支를 보면 水生木, 木生火, 火生土로 상생되어서 막힘이 없이 順流하여 있다. 이 사주의 日支 丑은 金水를 간직하고 있으므로 金生水, 水生木으로 되기 때문에 원류가 어디나 끊어지지 않고 있다. 또한 大運도 水生木하여 왔다가 가면 다시 東南 木火地를 얻으며, 金生水, 水生木하여

大吉한 사주가 된다. 따라서 一生에 太平宰相으로 지낸 사주이다. 이 사주는 官이 용신이다.

이와 같이 사주를 푸는 데 있어서는 용신이 가장 중한 것이며, 용신이 무엇인가 또는 용신을 어떻게 찾는가의 요령을 대략 말했다. 그런데 사주에는 용신과 喜神과 체가 있는데, 이 용신과 희신과 체를 잘 분별함으로써 길흉을 풀게 된다. 그러기 위해서는 오행과 천간 지지의 작용과 원리를 충분히 파악하여야 용신, 희신, 격국의 체를 분간하는데 편리하겠으므로 다시 오행에서 부터 天干 地支의 작용과 원리를 다음과 같이 논하기로 한다.

第五章　干支論

第一節　天干論

一、五行의 理氣

五行의 理는 會合하여 刑冲하는 것과 生하지 않고 順한 것이 있으며, 剋하여 거슬리는 것과 회합하여 길하게 되거나 흉하게 되는 것이 있다。또한 생함을 應하는 자를 응하여 순하는 것과 극을 응하는 자에 극하여 순하는 자가 있으며 生剋을 모두 응하지 않는 자가 있으니 생극을 응하는 자는 순한 것이며 생극을 응하지 않는 자는 逆하는 것이다。

五行의 理는, 위와 같이 順逆의 理를 말함이요, 氣者는 四時의 氣인데, 四時의 氣가 더했다 덜했다 하는 것이 곧 四時의 氣相이다。五行의 氣는 항상 천지간의 四時에 유행하며 진퇴、乘除하면서 만물의 생성노쇠의 작용을 하는 것이다。따라서 사람의 사주도 이 五行의 理氣로서 干支가 配合되어 그 강약 順和의 작용에 따라 길흉이 작용되는 것이다。이 五行의 기가 사주에 미약해도 用할 자가 있고、강해도 用하지 못할 자가 있으니 오직 사주는 干支에 五行의 조화를 이루어 中和되어 있음을 重하게 여긴다。그러면 五行의 작용이 干支에 있어서 어떻게 운명을 좌우하는가?

또는 五行中에서도、 그 성질이 각각 어떠한 운질을 갖고 있는가를 다음과 같이 干과 支에서 논하여 사주팔자의 작용과 길흉을 논하려 한다.

二、天 干 論

1、五陽에 丙、五陰에 癸의 역할

干의 五陽에는 丙이 으뜸이요、 五陰에는 癸가 중요하다。 五行의 각 성질의 用別을 譬喩(비유)해보면 다음과 같다。

○甲은 大林과 같은 것이요、 乙은 草木과 같은 것이며、 丙은 태양의 精을 간직한 태양의 火이고、 丁은 燈燭(등촉)의 火요、 戊는 城垣(성원)이며 己는 田園의 土이다。 庚은 劍戟(검극)이요、 辛은 珠玉과 같은 것이다。 壬은 江湖요、 癸는 雨露가 된다。 이와 같이 동일한 五行에도 그 用質이 다르다。

丙은 태양의 火인데、 빛(光)과 熱로써 形成된 것이 丁火가 된다。 癸는 비(雨)와 이슬(露)의 水이니 雨露의 濕潤(습윤)한 것이 氣로 화하여 다시 江湖가 된 것이 壬水이다。 丙丁은 八卦 중의 離卦에 속하며 陰體가 陽을 用하는 격이다。 壬癸는 坎卦에 속하며、 陽體가 陰을 用하는 것이 된다。 甲木은 陽和한 氣와 生長하는 힘이 있고、 이 發揚하는 質에 依하여 초목의 싹을 키워 이루어진 것이 乙木이다。 甲木은 巽卦에 속하고、 乙木은 震卦에 속한다。

庚金은 肅殺之氣로서 收劍의 힘이 있으며 성질이 剛健하다。 이 庚金의 힘으로 珠玉과 같은 物

質을 낳는 것이 辛金이다。卦로는 乾에 속하고 辛金은 兌卦에 속한다。

戊土는 陽土로서 艮卦에 속하며、木火의 陽燥를 겸한 높고、굳고、마른 흙(燥土)이다。己土는 坤卦에 속하며、金水를 겸한 陰濕의 氣를 간직(蓄藏)한 土이다。이와 같이 金木土 各二와 水火 各一로써 後天八卦가 成立되는 것인데、그 主體的인 것은 水火이다。위와 같이 五行의 氣가 天地間을 周流하면서 一切萬物의 原質이 되며 順逆乘除를 거듭하여 四時에 流行하고 있다。

2、陽干과 陰干의 작용

十干은 五行의 代名詞이다。甲乙은 同一한 木이요、丙丁은 同一한 火이다。그러나 그 성질이 陰과 陽에 따라서 다르게 된다。즉 强干은 성질이 强하고、특히 독립적인 성질을 갖고 있으며 本氣가 休囚死絕의 地에 이르지 아니하면 他에 복종하지 아니한다。혹 死絕地에 이르더라도 인수를 만나면 相生되어 絕處逢生하게 되며、역시 남에게 따르지 아니한다。비록 재관의 무리가 강하여 본신(本身)이 약해지더라도 다른 오행의 생조(生助)함이 있으면 喜生하면서 원래의 근성을 버리지 아니한다。또한 陽干은 男性과 같은 것으로서 비록 친우가 환경이 부귀하더라도、능히 자기의 곤궁을 固守하며 빈곤함을 낙으로 삼고、노력분투하여 다른 세력에 따르지 아니한다。즉 남의 세력에 눌리거나 그 세력에 따르지 않으며、남의 종노릇을 하여 남의 富를 위해서 일하지 아니한다。

그러나 陰干은 이와는 반대이다。즉 陰干은 그 성질이 柔弱하고 女性的이어서 독립성이 없다。

四柱에 관살의 세력이 강하면 그 세력에 따르고、財가 많아서 강하면 그 세력에 따르며 자기의 本質을 버리고 다른 세력에 시집을 간다。즉 자기가 自存할 능력이 없으면 남의 세력에 따라가서 남의 富에 편승하여 자기자신 부자로 화해 버린다。이것은 自存力이 없을 때 그렇게 하고 자기가 月令에 뿌리를 박고 있을 때에는 남의 세력에 따르더라도、無情宜하게 된다。이와 같이 陽干과 陰干의 성질은 판이하게 되는 것이다。즉 陽干은 남의 종노릇을 하지 아니하나、陰干은 자기가 생존 불가능 할 때는 남의 세력에 따르며 남의 부와 화합하여 자기를 부자로 만드는 것이다。이와 같이 陽干은 자존 독립성이 있는 반면에、陰干은 자존 독립성이 없고、양간은 성질이 강한 반면에 陰干은 성질이 유약하다。

이러한 陽干의 독립성과 陰干의 從勢性을 다음과 같이 四柱로 표시한다。

辛	庚	庚	己
卯	寅	午	卯

大運					
己	戊	丁	丙	乙	甲
丑	子	亥	戌	酉	申
3	13	23	33	43	53

이 사주의 日主 庚金은 月令 寅月에 몸이 絕地에 臨하였다。(臨身絕地)비록 比肩이 있으나 四柱가 無根이다。그러나 午中에 己土가 있어서 透出되고 寅中의 戊土가 長生되며 時干의 己土가 생조해 주므로 絕處逢生되었다。또한 大運이 扶身之地이므로 喜運이다。여기에 乙酉 運과 交入함에 大成하였다。

丁	丙	庚	己	大運
卯	午	午	卯	

乙巳	甲辰	癸卯	壬寅	辛丑	庚子
4	14	24	34	44	54

이 사주는 五月生의 庚金이다。몸이 패지에 이르렀다(身臨敗地)。干에 丙丁이 透出되고、支에 午卯를 聚하였으며、庚金은 뿌리가 없다。따라서 木火 세력은 왕성하다。그러나 庚金陽干은 沐浴之鄕에 있어서 바야흐로 生氣를 띠고 있다。따라서 從殺치 않는다。四柱에 水가 있어서 火를 制壓하여야 하는데、水가 없어서 심히 偏枯되어 있다。그러나 다행히도 午中에 丁己가 아울러 투출되어 己土로 하여금 火氣를 漏出시키게 하여 庚金을 돕고 있다。여기에 다시 좋은 것은 大運이 水運에 있으므로 土生金、金生水하여 喜運의 地를 걷고 있다。따라서 辛丑 庚子 大運 二十年 간에 商界에서 有名한 人物이 되었다。

壬	丁	己	乙	大運
寅	未	卯	亥	

戊申	己酉	庚戌	辛亥	壬子	癸丑
1	11	21	31	41	51

이 사주는 日主 己土가 六月生이라、土가 직접 旺하는 때이고、月令에 뿌리를 박았다(通根)。그러나 地支가 亥卯未 三合하여 木局을 이루고、干에 乙木이 투출되어 있으며、丁壬合하여 木局을 이루어 木의 세력이 盛하다。그러므로 己土는 자기의 사명을 버리고 남의 그 왕성한 세력에 좇게(從勢) 되었다。따라서 자기가 그 세력에 따라 부귀하게 되는 것인데 大運이 中年 以後에 乙亥、辛亥運을 만나 大貴하게 되었다。

위에서 例를 든 것과 같이 陽干은 不從勢하고 陰干은 從勢하여 自富하게 된다.

다음은 다시 天干의 各性質을 세부적으로 논한다.

3、甲木參天

甲木은 參天의 勢가 있다 하여 甲木參天의 勢라 한다.

甲木은 純陽의 木이 되고、參天의 勢가 있으며、즉 火의 脫胎를 要하며、春에 金을 不容하고、秋에 土를 不容하며、火가 작열(灼熱)함에 乘龍하고、水가 蕩함에 騎虎하며、地潤하고 天和함에 千古에 植立하게 되는 것이다.

初春에 生하면 木이 약간 寒氣를 띠므로 得火하면 發榮하고、仲春에 生하면 旺함이 極勢하므로、그 기운을 漏出시켜야 적당하다. 그러므로 소위 火를 脫胎함을 요하는 것이다.

初春에는 나무의 싹이 연약하므로 金으로 克함이 不宜하고、仲春에는 衰金으로 旺木을 극하면 木은 군고 金은 衰缺하므로 春에 金을 不容하는 것이다.

甲木이 秋에 生하면 木氣는 休囚하고 金은 當令(때를 月令에 만나 旺함을 뜻함)하고、土는 金을 生하게 되어 虛해지므로 木을 培하여도 뿌리가 서지 않는다. 그러므로 土를 不容하게 된다.

龍은 辰이다. 金支에 巳午未 혹은 寅午戌이 있고 丙丁이 干에 透出하면 그 火氣를 漏出시키지 아니하면 木이 불타 버리게 된다. 이런 경우에 甲이 辰位에 있으면、辰이 濕하게 하므로 능히

培木하며 火氣를 漏出시킨다。또한 虎는 寅인데 金支에 亥子丑 또는 申子辰이 있고、干에 壬癸가 透出되어 있으면、水가 많아서 木이 水浮(물에 나무가 뜨게 됨을 말함)하게 되므로 이런 때에는 甲木이 寅의 位置에 있음이 마땅하게 된다。寅은 木의 祿地가 되고、火土를 간직(藏火土)하였으므로 능히 水勢를 빨아들여 제지할 수 있기 때문에 甲木이 坐寅하면 水에 浮할 염려가 없게 된다。따라서 火燥에 坐辰하고、水泛에 坐寅하면、地潤되고 金木 木土 不相剋하며 天和하여 길하게 되는 것이다。

4、乙木柔弱

乙木＝乙木雖柔、封羊解牛、懷丁抱丙、跨鳳乘猴、虛濕之地、騎馬亦憂、藤蘿繫甲、可春可秋。

〈註解〉羊은 未요、牛는 丑인데、乙木은 비록 柔弱하나 丑未月에 生하면 未는 木庫가 되고、丑은 濕土가 되는 고로 可히 乙木을 심어서 뿌리가 根固하여지므로 柔土를 制壓하고도 남음이 있다。또한 鳳은 酉요、猴는 申인데、申酉月에 生하였을지라도 干에 丙丁火가 透出하여 있으면 金旺함을 두려워하지 않는다 함이다。또한 馬는 午인데、亥子月에 生하면、水旺木浮(水가 많으면 나무가 뜬다는 뜻)함이니 비록 支에 午가 있다 하더라도 역시 막기 어려우나、만일 天干에 甲木、또는 支에 寅木이 있으면、藤蘿繫甲이라하여 春秋夏冬 四季에 모두 折伐을 당할 염려가 없다는 것이다。

5、丙火猛烈

丙火＝丙火猛烈、欺霜侮雪、能煆庚金、從辛反怯、土衆生慈、水猖顯節、虎馬犬鄕、甲來成滅。

〈註解〉 丙은 五陽의 으뜸이다。丙은 太陽之精이요、純陽之性으로서 눈(雪)과、서리(霜)를 녹여버리며 水가 극함을 두려워하지 않는다。庚金이 비록 頑剛하더라도 능히 녹여서 단련할 수 있으며、辛金은 본래 약한데 丙辛合되어 더욱 약해진다。壬水를 보면(見壬水)、陽이 陽을 만나는 것이므로 대항의 세력(對抗之勢)을 이루며、癸水를 보면 霜雪의 날도 봄과 같은 것이다。그러므로 水의 극함을 두려워하지 않는 것이며 그 剛强한 성질이 약간 나아짐(愈)을 보게 된다。또 土를 보면、火烈로써 土를 건조시키므로 그 기운이 盡滅하게 된다。그러므로 土가 능히 火를 어둡게 한다。그러나 己土를 보면 오히려 可하고 戊土를 보는 것을 더욱 꺼린다(忌戊土)。그리고 생자자(生慈者)는 그 威猛性을 없은 자이다。즉 같은 土일지라도 己土는 生慈하는 것이다。그리고 顯節者는 그 陽剛의 節을 나타낸 자이며、虎馬犬鄕은 寅午戌인데 全支의 寅午戌에 또 甲이 透出하면 火旺이 無節이어서、自焚하는 것이다。

6、丁火不窮

丁火＝丁火柔中、內性昭融、抱己而孝、合壬而忠、旺而不烈、衰而不窮、如有嫡母、可秋可冬。

〈註解〉 丁火는 離火인데、內로는 陰으로서 外로 陽化한다。고로 柔中이라 한다。內性昭融은 즉 柔中 二字의 註解이다。乙은 丁의 母인데 丁이 乙을 보호하고 있다。또는 辛金을 써서 乙木을 傷

하지 않는다。(그것은 丙火가 甲木을 능히 태우는 것 과는 다르다) 또 壬은 丁의 임금(君)이다。

그러나 壬은 戊를 두려워하기는 하나 丁과 壬이 합하면, 능히 戊土를 써서 壬水를 傷하지 못한다。

그러나 甲己合土는 壬水를 극한다。辛金合丙하면, 그 本性을 능히 변하고 甲己合土는 甲從己化

(甲이 己로 化한 것을 말함)하는데 辛金合丙은 丙이 그 威를 失함이다。또한 丁火는 비록 旺時를

당하여도 불꽃이 빛나지 못하며 쉬이 衰해진다。그러나 衰해도 歇滅하지는 않으며 (酉는 火의 死

地가 되므로 丁으로 長生한다) 干에 甲乙이 투출되면, 秋에 生하였더라도 金을 두려워하지 않으

며、支에 寅卯를 간직(藏)하였으면、겨울에 水가 旺하여도 水를 꺼리지 않는다(不忌水)。

7、戊土固重

戊土＝戊土固重、旣中且正、靜翕動闢、萬物司命、水潤物生、土燥物病、若在艮坤、怕冲宜靜。

〈註解〉固重 兩字는 戊土의 성질을 形容하는데 가장 족한 것이니、春夏의 氣가 動하여 열리

면 土氣의 힘이 발생하고、秋冬의 氣가 靜하면 거두어 간직(收藏)하는 성질이다。그러므로 만물

의 司命이 된다。戊土는 높고 군으므로 春夏에 生하면 마땅히 水潤하여야 만물이 발생한다。燥土

(조토는 흙이 마르는 것)하면 만물이 枯渴하는 것이다。秋冬에 生하면 마땅히 火暖하여야 만물이

化成하고、濕하면 物이 病하게 되는 것이다。

艮坤은 寅申인데 土가 四隅에 寄하고 寅申에 寄하여 生하며、巳亥에 寄祿하는 고로 艮坤에 位

하게 되는 것이다。靜함을 喜하고 冲함을 忌하며 四生의 地는 모두 冲剋을 忌하는 것이다。

8、己 土 卑 濕

己土＝己土卑濕、中正蓄藏、不愁木盛、不畏水狂、火少水晦、金多金光、苦要物旺、宜助宜幇。

〈**註解**〉戊己는 다 같이 中正의 土가 되나、戊土는 固重하고 己土는 蓄藏한다。戊土는 높으며、己土는 낮고 습하다。이것이 戊와 己가 다른 점이다。

비습한 己土는 능히 나무 뿌리를 북돋울 수 있으며、물을 덮어 막을 수 있다。甲을 見하면 合하여 有情한 고로 木이 성함을 근심하지 않는다。見水하면 능히 받아들여 간직하는 고로 水가 狂旺해도 두려워하지 않으며、火를 능히 漏出시키므로 火를 어둡게 하고、또는 능히 潤金、生金하므로 金多金光하는 것이니、이런 것이 모두 己土를 妙用하게 되는 것이다。다만 滋生萬物코자 하면、丙火가 그 비습한 氣를 없애고 戊土가 그 生長力을 도우면、바야흐로 成長이 旺盛함에 足하다。

9、庚 金 帶 殺

庚金＝庚金帶殺、剛健爲最、得水而清、得火而鋭、土潤則生、土乾則脆、能贏甲兄、輸於乙妹。

〈**註解**〉庚金은 三秋의 肅殺之氣로서 성질이 강건하며 甲丙戊壬 各陽과 더불어 같이 아니한다。壬水를 得하면 水洩하여 그 성질이 강건하고 氣流가 맑아지며 得丁火하면 단련되어 (冶)、그 성질이 강하며 銳利하여진다。夏春에 生하여 丑辰의 濕土를 만나면 旺生하고、戌未의 燥土를 만나면 능히 흙을 부스러뜨린다。甲木이 비록 강하나 능히 伐折하며、乙木이 비록 柔하나 合하면

有情하다。

10、辛金軟弱

辛金＝辛金軟弱、温潤而清、畏土之多、樂水之盈、能扶社稷、能救生靈、熱則喜母、寒則喜丁。

〈註解〉 辛金은 清潤한 질이니 三秋에는 곧 温和한 氣이다。戊土가 太多하면、학수매금(涸水埋金)하며 壬水가 有餘하면、윤토설금(潤土洩金)한다。辛은 甲의 임금(君)이 되며、丙은 또 辛의 임금이 된다。丙火는 능히 甲木을 태우므로 辛合丙하여 水로 化하면 剋함이 轉하여 生함이 되니 어찌 사직을 돕고 生靈을 救하지 않으리요。夏의 火가 多할 때에 生하면 己土가 有한즉、火를 막고 生金하며、冬의 水旺에 生하면 丁火가 有한즉、水를 暖하여 金을 養하므로 喜가 되는 것이다。

11、壬水通河

壬水＝壬水通河、能洩金氣、剛中之德、周流不滯、通根透癸、冲天奔地、化則有情、從則相濟。

〈註解〉 通河者는 天河이다。壬水는 申에서 長生하고 申은 곧 坤位에 있으며 天河之口는 申에서 生하므로 壬水가 되는 것이다。壬水는 西方의 숙살의 氣를 능히 루출시킴으로써 周流不滯하게 되는 것이니 이것이 강한 가운데도 德이 된다는 것이다。申子辰이 있으면 水가 투출되어 더욱 水盛하게 되는데 비록 戊土가 있다해도 이를 막을 수 없고、만일 剛制하면 도리어 충격되어 우환이 되는 것이다。모름지기 木으로써 이를 流洩시키는 것이 可하고、丁과 合한 木은 또 능히 火를 生하며 有情하게 된다。巳午未月에 生한 四柱는 火土가 다 같이 왕하므로 金生水로서 별로 서로 도움이 없다。火가 干에 투출하여 왕하면 從火하고、土가 透干하여 왕하면 從土하여 調和潤澤하고 서로 相濟하는 功이 있다。

12、癸 水 至 弱

癸水＝癸水至弱、達於天津、得龍而運、功化斯神、不愁火土、不論庚辛、合戊見火、化象斯眞。

＜註解＞ 癸水는 순음수로서 그 발원이 長流하나、그 성질이 고요하고 약하다。五陰은 모두 癸에 이른다。支에 辰이 있으면 氣化하여 原神이 투출되는 것이므로 火土를 근심치 않으나、성질이 약하므로 火土가 많을 때는 그에 따르고、庚辛者를 流洩시키지 못하여 金이 많으면 도리어 탁해진다。戊癸合火하면 戊土가 燥厚하고、四柱에 丙辰이 있으면 化神을 인출한다。

第二節　地　支　論

一、支는　靜하다

陽干動且强、速達顯災祥、陰支靜且專、否泰每經年。

〈註解〉 子午寅申辰戌을 陽支라 하고、丑未卯酉巳亥를 陰支라 한다。이 음양支의 성질이 不同한 것이다。干과 支를 통틀어서 논하면 干은 陽이 되고 支는 天이 되고 支는 地가 되는 것이다。天干은 動함이 强하고、支는 오로지 靜한 것이며、干은 성질이 단순하나 支는 성질이 복잡하다。干은 밖으로 그 한가지의 질을 나타내어 길흉의 작용을 하므로 간단하나 支는 그 속에 길흉의 暗神을 간직하여 얼핏 보아서는 그 화복을 판단하기 어렵다。干은 一姓이나 支는 干을 여러개 간직하고 있으며 歲運을 引動하지 않는다。經年者란 세운의 相催를 말하는 것이다。

二、支戰은 重하다

天戰猶自可、地戰急如火。

〈註解〉 天干相戰이란 서로 冲하는 것을 말함이니 즉 甲이 庚을 보면 冲하고、乙과 辛이 서로 冲하며、丙과 壬이 冲하며、丁見癸면 冲하는 것 등이다。

甲庚、乙辛의 戰에 壬癸가 있으면 和하게 되고 丙壬 丁癸의 戰에 甲乙이 있으면 화하게 된다。만일 和解의 神이 없을 때는 다른 干으로 制止하면 역시 救하게 된다。即 甲木日主에 庚金七殺이 있으면、丙火로써 제지 화해하는 것과 같은 것이다。地戰이라는 것은 寅申相冲、巳亥相冲、子午相冲、卯酉相冲 등의 四冲을 말한다。

天干의 剋戰이 地支의 順靜함을 得하면 無礙하나、地支相冲은 天干의 힘으로는 막기 어렵다。

支는 干의 뿌리(根)가 되고, 干은 支의 싹(苗)이 되는 것이다. 따라서 싹에 결함이 있어도 뿌리는 손상되지 않으므로 이로써 가히 쓸 수 있으되, 뿌리를 뽑으면 싹이 극해되어 마르게 되는 것이므로 天干冲戰은 地支가 모여서 合力하면, 그 싸움을 말릴 수 있으되, 地支冲戰은 干으로써는 말릴 수 없는 것이다. 따라서 干戰은 輕한 것이며, 地支戰은 重한 것이다.

위와 같은 干과 支의 干戰 支戰의 力量의 차이를 다음과 같이 사주로써 표시해 본다.

庚午	乙酉	庚子	壬午

大運					
丙戌 3	丁亥 13	戊子 23	己丑 33	庚寅 43	辛卯 53

이 사주는 天干에 乙과 庚이 相戰하고 있다. 地支에서도 子午相冲戰을 하고 있다. 午와 酉는 相破되어 戰局은 복잡하다. 이 사주의 전쟁은 비록 官刃格이 되나, 印綬인 土로써 和戰시킴이 마땅한데, 土는 干에서 日主를 돕는 동시에 乙庚戰을 말리고, 支에서는 子午의 양기운을 막아서 싸움을 막을 수 있다. 따라서 이 사주의 주인공은 戊子 己丑 土의 大運 二十年間은 그 권세가 혁혁하다. 寅運에는 비록 劣勢하나, 冲이 없으므로 그 권세를 유지할 수 있었으며, 卯運에 이르러서는 卯酉相冲 등의 四冲이 일어나므로 氷山이 무너지는 격으로서 賜死를 당하고 말았다.

위와 같이 干戰, 支戰이 있을 때는, 그 冲戰을 和解시키는 大運 또는 다른 干支가 있어야 吉해지며 다시 싸우게 될 때는 흉하다.

```
          戊   丙   丙   癸
          子   午   辰   未

   庚   辛   壬   癸   甲   乙   大
   戌   亥   子   丑   寅   卯   運
   59   49   39   29   19    9
```

이 사주는 日主가 刃에 坐하고 癸殺을 제지하는 殺刃格이다。역시 印綬가 있어야 喜和한데、가장 忌하는 것은 冲剋이다。天干에 癸丙이 相冲相剋하나 경중에 관계가 없고、地支에 子午相冲戰이 일어나서、실은 殺身의 기틀이 伏하여 있다。乙卯、甲寅運으로 일찌기 早達하였고、癸丑十年은 刃旺殺强하므로 重兵權을 손에 장악하여 國家의 干城이 되었으며、壬子運의 甲子年에는 壬子가 冲刃하므로 敗戰하여 戰死하고 말았다。

三、支合의 可不可

合有宜不宜、合多不爲奇。

〈註解〉 干支가 多合하면 有情하고 精氣가 단결되어 吉한 것이 되나、혹은 合해서 吉한 것과 凶한 것이 있다 함이다。干五合과 支三合、六合 外에 다시 暗合이 있으니、즉 子巳相合(戊癸)、寅丑未合(甲己)、卯辛相合(乙庚)、辰戌子合(戊癸)、己丑相合(丙辛戊癸)、午亥相合(甲己丁壬) 등이 모두 이러한 것이다。特合에 마땅한 것과 마땅치 않은 것이 있으니、즉 冬에 生한 木은 丙이 透出하면 寒木이 陽을 바라는 것인데、만일 辛이 있어서 丙辛合되면 丙이 쓸모가 없어지며、또 干이 丁이고 支가 午면、水가 暖하고 金이 溫해지므로 壬과 더불어 亥를 보면 丁壬合되어 丁의 힘을 失하게 되어 쓸모가 없게 된다。이와 같은 合되는 것은 마땅치 않다。또는 干支相合하여 有

情함이 太過해지면、뜻이 멀어지므로 쓸모가 없게 되는 것이다。즉 甲木이 己土財와 合하면 財星

이 자기의 아름다움을 固守하는데、거기에 다시 子丑이 內外에서 加合하면 妾이 있게 되므로 그

뜻이 멀어져서 쓸모가 없게 된다。이와 같이 合이 많으면 마땅치 않다。

四、支의 四生地와 四墓地

生方怕動庫宜開、敗地逢冲仔細推。

△註解▽ 寅申巳亥를 四生之地 또는 生方이라 한다。이것은 冲動을 꺼린다(忌冲動)。辰戌丑未

를 四墓之地라 하는데、이는 冲剋을 꺼리지 않는다(不忌冲忌)。또는 冲을 喜하지도 않는다。子午

卯酉를 四敗之地라 하는데、이는 충극을 喜한다。冲하면 갈라지기 때문이다。위의 四生之地로서

寅宮에 丙戌이면 바야흐로 싹(萌)을 트는 고로、이를 冲剋함을 忌한다。木이 비록 臨官하여도 이

는 때에 따라 다르게 된다。

大地에 봄이 돌아오면 초목이 싹을 발하여 왕하기 시작하는데、이때는 마땅히 陽和하여야 함이

니、이것은 疾風暴雨를 꺼린다。春木이 뿌리가 깊이 박혀야 하는 바、陽地가 宜하고 陰地는 不宜

하며、水를 많이 만나는 것을 두려워한다。이를 제극하려면 金을 用하여야 한다。

五、庫　者

庫者는 辰戌丑未인데 本氣가 土이다。이 土를 用할 때 辰戌冲、丑未冲 등의 冲을 만나면、문

제가 이루어지지 않는다。 만일 金水木火를 用할 때、 이 金水木火는 辰戌丑未의 餘氣가 되므로、墓中의 이 餘氣가 장차 絶氣에 미칠(及) 때에는 그 本力이 미약하므로 쓸모가 없어지며、 氣가 天干에 透出되지 않으면 不可用하게 된다。 그러나 原局(四柱)에 需要의 神이 있으면、 墓庫內에 간직한 것을 取하여 用神를 삼는다。 가령 金水喜官은 戌未中에 간직한 一點의 丁火官星이 喜官이 된다。 또는 木火에 印綬를 喜할 때는、 辰丑中에 간직(藏)한 癸水가 喜印이 된다。 이런 종류를 庫神이라 하는데、 만일 冲되면 敗한다。 또는 柱에 兩匹한 用神이 있을 때 庫地運을 만나면 그 氣가 閉塞하여진다。 이것을 用神入墓라 한다。 가령 財官이 用神일 때、 財官墓庫地의 行運을 만나는 것 등을 行運墓庫地라 한다。 또한 食傷用神에 食傷行運墓庫地일 때는、 이런 종류가 場合될 때、 未의 冲을 만나면 福이 된다。

子午卯酉의 一神專旺之地일 때는 喜한 것과 忌한 것이 있으니、 喜者를 冲함을 忌하고 忌者를 冲하면 吉하다。 또한 冲할 것 같으면서 冲하지 않는 것이 있으니 즉 壬子의 水는 北方坎宮에 應하고、 丙午의 火는 南方의 離宮에 實한 것이니、 丙午가 壬子를 得하여도 不破하고、 丁巳가 癸亥를 得하여도 冲하지 않는다。 이것은 水火旣濟의 근원이 되기 때문이다。 이런 것은 婦夫 배합이 있음이다。

庚申辛酉는 西方의 兌宮에 應하고、 甲寅乙卯는 東方之震의 象이다。 그러므로 甲寅이 庚申을 得하여도 刑되지 아니하며、 乙卯가 辛酉를 得하여도 鬼가 되지 아니한다。 이것은 木女金夫의 正體이기 때문이다。

戌辰、戌戌의　土는　魁罡이　相會한　것이요、己丑、己未는　天乙貴神의　形體를　具備한　것이니　忠

貞의　位를　지킴이며、항상　動靜하는　것이다。이것이　四維의　眞土가　된다。

六、支冲은　重하다

支神只以冲爲重、刑與穿兮動不動。

∧註解▽　支에　변화함이　있으니、會合하는　것과　刑冲하는　것이　있다。天干에　七相剋을　만나는

것을　七殺이라　하고、地支에　七冲이　되는　것을　역시　七殺이라고　한다。

三刑者란　子卯相刑、寅巳申相刑、丑戌未相刑　등을　말한다。또는　刑에　다시　自刑이　있으니、自

刑者는　辰이　辰을　마주　보는　것(辰—辰)과、酉가　酉를　만나는　것(酉—酉)등이다。

三刑中에　寅巳申은　劇이　되고、寅申은　本屬이　相冲하는　것이다。巳와　亥를　보면　이것은　四冲을

全備한　것이다。四柱에　寅巳申三刑이　있으면　不貴하고、刑冲이　있으면　貴氣를　손상하는　것이다。

子卯相刑은　本屬이　相生인데　어찌　相刑이　되느냐　하는　것은　子中에　癸水를　내포하고　있으며、卯

中에　乙木이　있어서、濕함이　중첩하고　陰이　濃厚하여　그　生氣를　도리어　손상하기　때문이다。

또한　子午卯酉는　四正位인데　子午相冲、卯酉相冲을　만나는　것이므로　역시　敗地가　되는　것이다。

위와　같이　刑冲害　三者中에　冲이　重하고　刑、害는　輕한　것이며、三刑이　冲을　만나면　福이　되는

것이다。예를　들면　寅巳申　三刑이　亥를　보면　巳亥冲되므로　吉한　것이다。그런데　三刑을　有用할

때가　있으니　三刑有氣에　日主剛强하면　得用하는　것이다。

위와 같은 예를 다음의 사주로 例示한다。

	庚	壬	乙	癸
	子	戌	丑	未

| 大運 | 甲子 2 | 癸亥 12 | 壬戌 22 | 辛酉 32 | 庚申 42 | 己未 52 |

이 사주는 時에 子刃을 만나고、劫印이 아울러 투출(並透)되었으므로 日主가 剛强하다。이 日主가 土旺節에 生하였고 丑戌未가 모두있어 三刑有氣하다。殺刃으로써 用神을 삼는데、早年 水運에는 孤苦 하였으나、戌運에 이르러 一躍都督이 되었다。그러나 近 五年이 지나서 丙辰年에 이르러 戌辛 兩運이 交脫할 때에、三刑이 冲을 만나 失敗 下野하고 病死하였다。

	壬	乙	壬	乙
	寅	巳	午	巳

| 大運 | 丙午 10 | 丁未 20 | 戊申 30 | 己酉 40 | 庚戌 50 | 辛亥 60 |

이 사주는 從財格인데、三刑得用이다(三刑이 用神)。따라서 貴하며 制軍하였다。

이 사주는 寅巳申 三刑에 丙火의 當旺氣를 用하였는데、申이 없으므로 도리어 貴格이 된다。만일 申이 있으면 火金水의 氣를 同時에 並用하기 不能하기 때문이다。

七、暗冲暗會

暗冲暗會尤爲喜、我冲彼冲皆冲起。

《註解》　前述한 것은 明冲 明會인데、여기에서 논하는 것은 暗冲 暗會이다。刑冲 破害에는 冲이 重하고 三會六合에는 會가 重하다。暗冲暗會란 刑冲破害를 包括한 것을 말한다。즉 暗會暗冲은 支속에 暗藏되어 있는 것과 會 또는 冲하는 것을 말한다。만약 原局(원국이란 四柱의 局을 말함)이 冲會이면 明冲會가 되고、歲運이 冲會이면 暗冲會가 된다。즉 세운에 갖고 있는 것과 原局과 연관하여서 內包되어 있는 것인데、그 形이 보이지 않는 것이 暗會이다。만일 天干이 相同하고、干支에 聯珠하여 吉神이 暗藏이면、그 힘이 甚大한데 이 吉神이 拱實(공실은 合實함을 뜻함)하면 더욱 喜하게 되는 것이다。我沖彼沖은 我에 喜神이 되며 彼에 忌神이 되는 것이다。그런데 그 實은 역시 我彼를 莫論하고 무릇 冲하면 반드시 動하게 되는 것이니、動하면 喜와 忌를 보게 되는 것이다。다음과 같이 例를 들어 본다。

乙	甲	己	己
亥	申	卯	亥

大運					
丁丑	丙子	乙亥	甲戌	癸酉	壬申
16	26	36	46	56	66

이 사주는 月令에 陽刃이 있고 日主가 旺하다。따라서 申金七殺로써 刃을 制剋하므로 申金이 用神이 된다。申中의 庚金은 卯中의 乙木과 暗合하였다。正符로서는、甲과 乙은 妹가 되고 庚은 妻가 되는데、乙庚暗合함으로써 凶이 吉兆로 되었다。그러므로 申剋卯는 大貴의 兆로서 더욱 喜하게 되는 것이다。고로 乙亥十年은 雲程에 直上하였고、申運에 이르러 文武最高官階에 올랐다。(程雲直上이란 벼슬에 登科함을 뜻함) 그러나 戌運에 逝世하였다。

大運

庚辰	癸未　39
己卯	甲申　49
丙申	乙酉　59
戊戌	丙戌　69

이 사주 역시 申卯暗合이다。또한 申暗冲寅인데、寅은 寅卯辰의 東方을 이루었다。戌暗會寅은 丙火로서 꽃혀있고、丙申 戊戌은 丁酉를 가운데 끼고 있어서 聯珠拱貴되어 있다。따라서 大貴의 徵兆이다。印綬가 用神이 되는데、行運 癸未는 印綬와 會局하였으므로 最高官에 오르고、甲運에 東山再起하여 北方政治의 中心이 되었고、申運에 病으로 逝世하였다。

八、旺冲衰冲

旺者冲衰衰者拔、衰神冲旺旺者發。

〈註解〉 旺衰는 全局의 氣勢에 이르러 왕하고 쇠함을 말함이다。冲者는 子와 午가 冲되는 것인데、原局에 寅卯巳未戌의 神이 많은고로 午는 旺함이 되고、子는 衰함이 된다。丑의 神이 많은즉 子는 旺함이 되고 午는 衰함이 된다。衰者의 喜神을 冲去하면、禍가 되고 衰者의 忌神을 冲去하면 吉하게 되며 旺者의 喜神을 冲한즉、吉을 發함이 되고、旺者의 忌神을 冲하면 禍를 發하게 되는 것이다。따라서 原局의 忌喜神을 잘 가려야 하나니、즉 忌神일 때 吉運이 와서 冲하면 吉하게 되고、喜神이 된 者를 凶運이 와서 冲함을 꺼린다。

다음과 같이 사주의 例를 들어 본다。

大運	丁未	丙午	乙巳	甲辰	丁亥	己酉	庚子	丁巳
	11	21	31	41				

이 사주는 己酉로써 結局되어 있다. 丁火가 透出하여 旺金을 다스려서 그릇을 만들고 있다. 그러므로 官星이 用神이다. 忌하는 것은 子亥傷官이 金의 秀氣를 流洩시키는 것이다. 그러나 다행히도 支의 子亥가 丁火를 傷하지 못하는 것은 運中의 丙午가 子를 冲去하고 있기 때문이다. 그러므로 壬午, 癸未의 年運에 연거푸 벼슬에 오르게 되었다. 乙巳運에는 巳亥冲하므로 亥水가 冲去되어 大貴하였다.

大運	庚寅	己丑	戊子	丁亥	戊戌	丙申	甲午	辛未
	36	46	56	66				

이 사주는 炎上成格이다. 戊土가 秀氣를 流洩시키고, 午戌會局하나 丙은 申位에 臨하였으며 申은 丙을 약화시키고 있다. 따라서 炎上格은 火가 왕성하여야 하는데, 戊와 申이 丙을 약화시키므로 氣勢가 不足이다. 그러므로 이 사주는 申이 病인데, 申 또한 쇠약하다. 寅運에 이르러 申金을 冲去하고 寅午戌 三合會局을 이루어 旺하였고 衰申을 冲하였다. 衰者를 뽑아버림으로써 旺者가 發하게 되었다. 따라서 一躍 出世한 것이다. 이 사주에서 衰神의 申金은 忌神이 되므로, 冲去하여 吉하게 된다. 이 사주의 또 한가지는 原局에서 寅을 볼 수 있으나 寅中에 所藏된 甲丙戊가 일제히 干에 투출되어 있다. 따라서 一寅子에 虛神을 籠罩(롱조)한 것이다. (籠罩란 장롱 속에 잡아두었다는 뜻) 이 사주의 格局이 奇特하게 된 것은 여기에 있는 것이다. 寅運이 冲申함으로써 福이 來한 것이다. 그리

고 子運도 冲午하므로 福이 되는 것인데、明暗彼我을 不論하고 冲하면 動하며、動하면 喜와 忌를

보게 되는 것이니 吉凶의 차는 이런 것이다。

위에서 논한 바와 같이 干과 支의 성질과 작용이 어떠한 것인가 또는 사주에서 어떻게 변해가

고 있는가를 알았다。위에서 논한 것은 干과 支를 각각 분석한 것이다。이상에서 논한 干支의 음

양론은 陰陽學의 原文을 註解하면서 논한 것이므로 述語中에 어려움이 많을 줄로 믿는다。그러나

하나 하나 분석해 나가면 可히 짐작할 수 있는 문제이다。四柱推命學은 이 음양오행의 原理를 깨

단지 못하면 탐구하기 힘든 것이다。

第三節 干 支 總 論

一、陰 陽 順 逆

위에서 논한 干과 支를 여기에서 다시 종합해서 전반에 걸쳐 그 세부적인 면을 논한다。

陰陽順逆之說、洛書流行之用、其理信有之也、其法不可執一。

〈註解〉 음양의 순과 역(順逆)은 天干을 이름이요。洛書九宮은 地支를 이름이다。五氣流行은

十二宮으로써 歲時(歲時란 年 月 日 時 등의 四時節의 歲月을 뜻함)를 이루었다。

陽이 極하면 陰이 生하고、陰이 極하면 陽이 生한다。이렇게 動했다 靜했다 함이 圓과 같이 끝

없이 반복되고 있다。 이것이 陰陽의 動靜原理이다。

天干의 甲乙은 一木이요、 丙丁은 一火요、 庚辛은 一金이요、 壬癸는 一水이다。 마치 木은 亥에 生하여 亥子丑寅의 四宮을 거쳐 長生의 宮에 臨한다。 生長의 걸음에 따라 陽이 되고、 卯에 이르러 生長의 힘을 정지한다。 旺함이 極하면 장차 衰하게 되니、 衰하면 病이 되고、 病이 되면 死하게 되므로 거두는 걸음에 따라 陰이 된다。 午에 이르러 死하며 木이 비록 死하더라도 오히려 餘氣를 보존하고 있다。 그러므로 未는 木의 墓가 된다。

墓者는 마치 太陽이 地平線 아래에 떨어지면서 廻光이 返照하는 것과 같은 것이다。 申에 이르러서 絕이 된다。 萬物은 처음과 끝이 없으며、 돌연히 生하는 것이 아니라 반드시 빚어지는 (醞釀) 때가 있는 것이다。 木氣가 이미 끊어진(絕) 후에 또다시 점차로 잉육(孕育)되며 또 점점 장양 (長養)하게 되니、 酉戌은 곧 木氣가 醞釀(온양은 만물이 빚어짐을 뜻함)되는 時이며、 온양된 것이 다시 亥에 이르러 生하게 된다。 그러므로 未申酉戌은 同木氣의 休囚의 時가 되는 것인데、 未申은 陰의 餘가 되는 屬陰이요、 酉戌은 陽의 初가 되는 屬陽이다。

內經五運에 가로대、 謹候其時、 氣可餘氣라 하였다。 六氣는 四年으로써 一周가 되고、 十二宮을 分하여 三期로 된다。 一、 五、 九에 歲氣가 會同하고 二、 六、 十과 三、 七、 十一과 四、 八、 十二 역시 歲氣가 會同한다。 이 三合한 바로부터 起함이 된다。

다시 木으로써 논하면、 亥에서부터 寅에 이르기까지 一期、 卯에서부터 未에 이르기까지 一期、 未에서부터 亥에 이르기까지 半陰半陽 역시 一期가 된다。 이 三期의 六氣로써 일고(起) 마치고

(訖)하며 時刻이 相同하게 된다。따라서 名曰、三合會局이라 하는 것이다。이로 말미암아 五氣流行을 미루어 用한 것이 곧 十二支藏을 用하게 되는 것이다。따라서 亥는 木의 始生이 되고、寅卯辰 東方은 木氣가 主旺하는 때(時)가 된다。고로 모두 木을 간직(藏木)하며、長生至臨宮은 屬陽인 故로 所藏甲木이 되고、卯辰은 屬陰인 故로 所藏乙木이 되며 未는 木氣의 餘가 된다。

이와 더불어 亥卯는 歲氣가 會同하므로 역시 藏木하며、이 藏木이 屬陰인 故로 所藏乙木되는 것이다。이 木氣와 같이 金水火도 可히 類推할 것이다。위에서 논한 理致는 곧 地支藏用의 理致가 되는 것이다。

○ 土는 中央에 居하며、四隅에 寄하니、四隅者는 艮、巽、坤、乾이다。艮은 丑寅이요、巽은 辰巳요、坤은 未申이요、乾은 戌亥이다。

土는 無時로 旺하지 않고(土無時不旺)、木은 土 아니면 生하지 못하며(木無土不生)、金은 土가 없으면 간직치 못하고(金無土不藏)、水火는 土가 없으면 있지 못한다(水火無土不載)。四時中에 土는 항상(無時無刻) 流行하지 않음이니 고로、生寅祿巳하고 生申祿亥하며、生祿屬陽인 고로 寅申巳亥는 同藏戊土하고、巳에 祿인즉 午에 旺하며、旺은 屬陰인 고로、午에 己土를 藏하였다。火가 旺한즉 土의 氣가 燥하여 用顯하고 水가 旺한 즉 土의 氣가 虛하여 用息된다。

亥子之土는 名은 存하나、實은 亡하여 버려서 不用하게 되며(棄置不用)、만물을 간직한다。土는 또한 四隅에 寄하며 所寄의 宮에 따라 陰陽으로 分한다。고로 辰戌이 戊土가 되고、丑未가 己土가 된다。三合之局에는 木火金水가 있고 土局이 없는 것이니 바로 土는 中央에 居하는 연고이다。

二、干　支　相　剋

故天地順遂而精粹者昌、天地乖悖而混亂者亡、不論有根無根、俱要天覆地載。

＜註解＞ 天地者는 天干地支를 말 함이다。順遂者는 體와 用이 配合함에 적당하며、相生하여 有情하고 生하여 어그러지지 않는 者를 말 함이다。

精粹者는 氣勢 단결하여 四柱를 서로 보호하고 유정한 것을 말한다。格局의 高低 貧富 貴賤은 위와 같은 두 가지가 전부의 열쇠가 되는 것이다。

乖悖(괴패)는 이와 반대 즉 어그러져 혼란한 것이다。

干支配合은 다른데 있지 않고 生、剋、制、化、會、合、刑、冲의 八法으로 配合하여 格局을 이룬 것이다。이 干支配合에는 順遂한 자、精粹한 자、乖悖한 자、混亂한 자 등이 있어서 모두 같지 않은 것이다。干支配合이 順遂精粹(순수정수는 干支가 서로 相生되고 극함이 없음을 뜻함)한즉 淸한 것이며、이것은 無刑의 것으로서 정신이 스스로 됨을 말한 것이다。이것을 사주가 맑은 것이라 한다。사주는 淸하여야 기국이 크며 吉한 것이다。

乖悖混亂(이것은 干支가 서로 상극되어 어그러진 것을 뜻함)하면 濁한 것이니、四柱가 탁한 것이다。사주가 탁하면 흉한 것이니、기국이 낮은 것이며 탁하면 맑아져야 吉하게 된다。

子平眞詮에는、四柱干支의 有力、無力、有情、無情으로써 格局의 高低를 分한다 하였다。有力 有情은 順遂精粹한 자요、無力無情은 곧 乖悖混亂한 자이다。

四柱의 同一한 貴格에도 貴의 高低가 있고、同一한 富格에도 大小가 있으며、同一한 貧賤格도

이와 같이 차이가 있는 것이다。이것은 그 四柱八字 가운데에 분별의 열쇠가 있는 것이다。

이른바 順遂精粹者는 반드시 通根祿旺한 것이 아니요、印綬로써 相生한 것이다。四柱가 生剋하

더라도 配合中和되어 冲을 應하는 者를 冲하고、應合者를 合하면 또한 順遂精粹라 하나니、干支

의 有根 無根을 不論하고 다만 上下 有情하여 配合이 適宜하면 이것이 好八字이다。四柱가

天覆地載는 이른바 上下 有情한 것이다。다음의 文句는 順遂精粹의 義를 논술한 것이다。

一、天道能容（이것은 干支 相生을 뜻함）

　　地德能載（이것은 支장 간을 말함）

二、陽乘陽位（이것은 四柱가 全部 陽으로 된 것을 말함）

　　陰乘陰位（이것은 四柱가 전부 陰으로 된 것을 뜻함）

三、地生天（이것은 支가 干을 生하는 것을 말함）

　　天合地（이것은 干이 支와 合生한 것을 말함）

四、殺印相生（이것은 관살이 인수를 接 相生하는 것을 뜻함 직）

五、情和氣協（이것은 干支와 干支가 서로 生合하여 유정하고 협력하는 것을 뜻함）

六、始其所始（이것은 干支가 시작한데서 같이 시작된 것을 뜻함）

　　終其所終（이것은 干支가 끝나는 것이 같은 것을 말함）

위에서 논한 것을 다음과 같이 사주로 표시한다.

```
癸 甲 乙 己
未 寅 亥 卯
```

이 사주는 曲直仁壽格이다. 地支의 亥卯未 전부가 生月 寅을 生하고 있으며, 時干에 투출된 己土는 甲木이 制止하여 인수를 傷하지 못한다. 따라서 水木相生하여 純粹의 格이 된다. 印이 透하므로 行金運의 官殺이 印綬를 生하여 金氣가 木으로 化하고, 官印의 格이 되어 封候를 相拜하는 것이니 金運은 균형을 이루고 있는 것이다.

```
乙 己 乙 癸
丑 卯 亥 未
```

이것도 역시 曲直仁壽格이다. 亥卯未 전부가 二月의 月令을 생하고 있다. 丑支年을 만나매 丑은 辛金을 藏하여 木旺氣를 逆하고 있으므로 약간의 흠집을 면키어렵다. 月干 己土는 乙木이 비록 능히 제지할 수 있으나, 甲木의 力이 有하여 及함만 못하다. 水木의 氣는 비록 순수하나, 전자의 사주만 못하다.

```
丁 丙 己 己
丑 午 酉 丑
```

이 사주는 火金으로 相成하였다. 따라서 富格이다. 酉丑이 會局하고, 己土가 生財하며, 傷官을 끌어 당기므로 財를 다투지 못한다. 그러므로 이 사주는 順遂하며 精粹하다.

丁丑
丁未
丁酉
丁未

이 사주 역시、火金相成한 富格이다。그러나 酉丑이 會局하여 식상을 끌어 당긴것

이 없으므로 金은 生意가 없고、酉丑之間은 未土로써 隔하였으며、未는 火의 餘氣

가 되어 生合하지 못하고、또 冲破金局하였다。天干에는 丁火로 一色이요、財星이

透出치 못하였다。時柱 丁未는 火土가 능히 生金치 못하므로 뒤를 이을 수 없게

되었다。따라서 八字는 純精하나 精神을 欠하였으므로 같은 富格이라도 이와 같이

高低가 있는 것이다。

三、天全一氣

天全一氣、不可使地德莫之載、地全三物、不可使天道莫之容。

〈註解〉 全天一氣는 天干四字가 서로 같은 것을 말함이니 즉 四甲、四乙과 같은 것이다。不可

使地德莫之載는、이른바 干이 支에 通根해야 하는 것이다。

地全三物이란、支中에 所藏된 人元 즉 支藏干 三개의 數를 말한 것이다。이것은 干으로써 支를

用함이 되고、支로써 干의 뿌리가 되는 것인데、天全一氣는 氣勢가 純一한 것 같으나 支에 뿌리

（根）가 없으면 貴함이 足하지 못하다。

地支 속에 子午卯酉의 四專旺地는 各藏 一干인데、이것을 除外하고 寅申巳亥、辰戌丑未의 八宮

은 三干을 藏干하였으니 이것을 從多數라고 말 한다。고로 三物은 支中에 所藏된 것이 비록 財官

印의 三寄가 되더라도 天干에 透出치 않으면 그 用이 不顯이다。天干所透하고、모두 支下에 通根

하며、支藏干이 모두 天干에 露出되어 있으면 氣勢가 自然順遂한 것이다。四柱는 역시 精純하여
야 한다。

위에서 논한 것은 天覆地載의 配合을 총론한 것이니、이는 오로지 干이 透出한 것 즉 支藏한
것의 六種을 보는 법을 가르친 것이다。

四、陽 乘 陽 位

陽乘陽位陽氣昌、最要行程安順、陰乘陰位陰氣盛、還須通路光享。

＜註解＞ 干과 支가 서로 결합하는 것은 陽干은 陽支、陰干은 陰支와 결합하게 되는 것이 一定
한 것인데、陽干과 陽支、그리고 陰干과 陰支가 어느 것인가는 전술한 바 있다。여기에서 논하는
陽乘陽位 陰乘陰位란 것은 四柱가 전부 陽干支로 이룬 것을 陽乘陽位라 하고、四柱干支가 全部
陰干支로 이루어진 것을 陰乘陰位라 한다。

그런데 六陽位中에도 唯獨 子寅은 純陽位가 되고、六陰位中에도 유독 未酉亥가 純陰位가 된다。
만일 四柱八字가 純陽으로서 支가 모두 子寅으로 되거나、或은 四柱가 純陰으로서 支가 모두 未
酉亥의 一種으로 되면 純精粹의 氣이다。例를 들면 이것은 袁世凱의 四柱인데 己未、癸酉、丁巳、
丁未의 四柱가 全陰이다。그러나 이것은 八字가 精氣 一氣로 되지 못했다。그러나 이 사주는 干
支配合이 相生되고、運程이 결함을 보구(補救)하였으며、年月이 喜用되는 것이다。

陽乘陽位는 陽氣가 太盛한즉、枯燥되고、陰乘陰位는 陰氣가 太盛하여、寒濕해지니 氣勢가 偏

枯하여 乖悖、混亂하다。따라서 陽盛 局中에 一點의 濕潤氣가 있어야 하며、陰盛局中에 一點의 陽和한 氣가 있어야 하는데、行運之地가 그러한 吉神이면 自然히 수복이 무궁하고、不然이면 原局이 無根이므로 비록 行順運일지라도 福澤이 旺하지 못하다。다음과 같이 위의 例를 들어본다。

四柱(年·月·日·時): 甲戌　甲寅　甲戌　甲戌
大運: 乙亥 5　丙子 15　丁丑 25　戊寅 35

이 사주는 天干一氣요、四柱가 全陽으로서 陽乘陽位이다。꺼리는 것은 陽氣가 너무 昌旺하여서 木이 마르고 있는 것이다。비록 北方運行이 안둔(安屯)하는 땅이나 原局에 습기가 없으므로 복택이 不足하다。그러므로 名譽만 있고 利祿의 享受가 없었다。戊寅運의 丙辰年에 嘔血死하였다。이 사주는 中國의 革命家 黃克强의 사주이다。

四柱(年·月·日): 甲申　庚午　戊戌
大運: 辛未 7　壬申 17　癸酉 27

이 사주는 純陽이요、陽乘陽位로서 戊戌이 魁罡이고、午戌會局한 火는 丙火에 투출되어 火土가 燥烈하다。그러나 여기에 喜한 것은 年支 申宮인데、庚金이 祿을 얻고、또 長生의 水를 간직(藏)하여 潤土生金하고 있다。고로 喜用할 것은 年支 申金이다。그러므로 早年의 運程이 極美하다。壬申 癸酉에 극성하였다。그런데 時支의 辰宮이 역시 장계水(藏癸水)하였으나 日支와 相冲하여 없음만 같지 못하게 되었고、喜의 用神을 損傷하였다。大運의 戌에 이르리 辰宮을 並冲하여 死亡하

丙辰
甲戌　37

고 말았다。 이것은 다시 논하면 辰戌丑未의 四土가 朋冲(붕충은 벗을 충함을 말함) 한 것은 無妨할지라도 소장 된 喜用을 冲하여 破損된 것이 不吉하다。

四柱: 己酉　辛未　乙未　己卯
大運: 庚午(9)　己巳(19)　戊辰(29)　丁卯(39)

이 사주는 陰乘陰位이다。 旺한 財는 殺을 生하고 있다。 未에 藏된 丁火의 餘氣는 透出치 못하였고、 體用이 지나간(經歷) 地支이다。 그리고 年支는 辛金의 祿旺이 되어、 幼年에 公子로서 양양하였다。 月日의 未宮은 燥土이므로 生金치 못하며 丁火는 또 殺을 제극치 못한다。 運程의 재당(財黨)과 殺은 身을 공격하고 있다。 따라서 岐路에서 방황하는 一落千丈격이 되었다。 그러나 日支는 卯未合局하여 得祿하고、 運程의 丁卯 丙寅運에 身을 돕고、 적살(敵殺)하여 다시 興하게 되었다。

四柱: 辛丑　辛丑　癸丑　癸丑
大運: 甲辰(22)　乙巳(23)　丙午(42)　丁未(52)

이것은 女子의 사주이다。 역시 陰乘陰位인데 寒氣가 너무 극심하다。 그러나 다행히도 辛金 癸水가 모두 丑宮에서 透出되어 體用이 有情하다。 四柱에 비록 火가 없어서 微寒은 면키 어려우나 運行이 東南 陽暖之地를 걸으므로 小康한 家庭으로 夫賢子孝하며 즐거운 평생을 보내었다。

辛丑　壬寅　辛丑　辛丑

이것도 女子의 사주인데、이 사주는 寅中에 一點의 陽暖한 根을 간직(藏)하였으므로 富貴의 출신으로 夫家 母家 모두 극히 興旺하였다。

五、地生天

地生天者、天衰怕冲。

〈註解〉 地生天은 즉 丙寅、戊寅、壬申、戊申 등 四月의 日主가 長生 위에 앉아 있고、四柱에 별로 다른 것으로 돕는 것이 없으며 오로지 이 一點 長生만이 精神의 集處가 되는 것인데、冲을 만나면 뿌리가 뽑혀서 그 禍가 重하게 된다。만일 祿旺한 地支를 아울러 보게 되면 영령(英靈)이 분산한다。

甲子、乙亥、丁卯、己巳와 같이 日主가 其身의 印綬를 用할 때 用身을 冲하지 않아야 한다。위의 例를 다음과 같이 들어본다。

```
乙丑　壬午　　　大運
己巳　戊辰
  31    21
```

이 사주는 天寒地凍한 十二月에 天干은 剋洩交集되어 있다。그러나 喜한 것은 壬이 申에 臨하여 生地인 長流之水에 坐하고 있다。또 庚祿의 生하는 곳이며 年午와 巳時는 水暖金温하므로 巳宮 丙火를 取하여 用神을 삼는 調候四柱가 된다。巳申刑合의 살신의 기(殺身機)가 암복(暗伏)되었으며 運行이 南方火地를 걷고 있다。따라서 그 벼슬이 약진하여 大貴하였으나 未運에 이르러 甲寅年에 三刑의 冲을 만나므로 死亡하였다。

壬申　乙巳
庚午 41　辛未 51

이 사주는 水旺秉令에 天干이 剋洩交集되고 있다。그러나 戊土가 申에 臨한 것이 喜하다。즉 長生 위에 앉았고、丑中의 辛金이 干에 透出되었으므로 상관으로써 殺을 억제하게 되는 바、상관이 用神이 된다。寅申一冲은 일찍 殺身之機가 伏하였다。丁酉十年에 兵權을 장악하였으나 交入丙運의 丙寅年에 寅申冲으로 殺身之禍를 만났다。

甲寅　戊申　辛丑　辛巳

大運

丙申 42　丁酉 32　戊戌 22　己亥 12

六、天 合 地

天合地者、地旺宜靜。

〈註解〉 天合地者는 戊子、辛巳、壬午、丁亥、甲午、己亥、癸巳의 七日의 干支들이 天干과 더불어 그 干 坐下의 支가 간직한 支藏干의 干과 合되는 것을 말한다。즉 例를 들면 辛巳가 日主인데 辛의 坐下인 巳支는 巳가 간직한 支藏干에 丙이 있다。이 丙과 辛巳의 干 辛과 丙辛이 合된다。이런 類를 天合地者라 한다。이 合神이 重한 것인데、合함이 있으면 정신이 단결하고 無合되면 정신이 산만하다。또 合하여 祿馬貴人이 되면 모두 合됨이 重하다。가령 戊子日이면 子의 藏干인

癸와 戊와는 合하는데 財가 坐下로 歸(도라간 것)한다. 이 財는 他人에 빼앗기지 않는다. 또 例
를 들면 辛巳日은 辛과 巳의 藏干인 丙과 丙辛合되는데, 辛의 巳官과 辛의 坐下인 藏干 火官이 歸
官되는 것이다. 따라서 其情이 專屬되고 其氣가 단결하며 精氣가 모아진다. 이것은 冲動하면 마
땅치 않다. 그러므로 地旺하면 靜함이 마땅하다. 역시 干支配合, 順遂精粹함이 제일이다. 이것을
다음과 같이 例示한다.

```
壬　辛　庚　壬
辰　巳　戌　子

丙　乙　甲　癸　大
辰　卯　寅　丑　運
53　43　33　23
```

日主 辛巳는 辛과 더불어 巳宮에 藏干된 丙火와 相合되었고, 巳는 辛
의 官이므로 相合한 丙官과 그 官星의 情이 日主에 專屬된다. 吉神이
暗藏되고 精氣가 단결하였다. 支의 辰과는 조금도 刑冲이 없다. 地旺
하여 靜하였으며 運行이 東南方이므로 太平宰相이 되었다.

```
己　辛　己　辛
亥　巳　亥　巳
```

四柱 干支가 모두 上下 相合하였다. 그러므로 巳亥는 冲을 못한다. 兩干이 不雜하
고 官印成格이 되었다. 官은 坐下로 歸하여 吉神暗藏이다. 고로 그 貴함이 非常하
였다.

大運

丁亥	己酉	戊子	丁巳祿
丙午 25	乙巳 35	甲辰 45	

日祿이 歸時하고 月令이 傷官生財하며 財가 坐下로 歸하였다。天地 相合하여 財가 來하여 我에 就하였으며 財 官印되었으므로 出身이 大門閥家였으며、年柱 역시 天地 相合하여 財 有情하여 自然淸純하다。午運에 冲子하여 必有挫折이나、辰運에 이르 러 合食會財하여 航空獎券을 수장(首獎)하고 財通門戶하였다。

七、甲申庚寅　殺印相生

甲申庚寅、眞爲殺印相生、戊寅癸丑、也是兩神興旺。

〈註解〉 六十花甲中에 地가 天을 극하는 者가 十二種이 있는데、支下에 殺印相生하는 者 역시 이에 못지 않다。그러나 甲申庚寅은 氣勢가 絕에 臨했고、戊寅은 土가 甲木의 祿旺의 地에 있어 서 역시 絕에 臨했다。그러나 日主가 絕에 臨하여 身弱無氣이나、印綬長生이므로 絕處에 逢生되었 다。八字中에 忌가 喜로 化함인데 이는 貴히 되는 徵兆의 하나이다。이것은 剋이 化하여 生으로 되는 것이며 또 絕處逢生하여 精粹하게 되기 때문이다。癸丑 역시 그러하다。癸水가 春夏에 生하 였으면 氣勢가 衰絕해지는데 庚辛같은 金이 그 源을 發하는 것이 없어서 氣勢가 偏枯해진다。그 러나 癸日이 丑에 臨하면 비록 四柱에 無金이라도 丑中에 金이 暗藏되어 있고 또 土金水가 相生하 여 源流가 끊기지 않는다。이와 같이 元機가 暗藏되어 있으면、精神이 튼튼하므로 此 四日生者는 모두 大貴格이 됨이 많다。이 外에 庚午의 一日이 또한 그러하다。위에서 논한 것을 다음과 같이 표시해 본다.

　　丙寅　　　　　　大運
　　甲申　　丙　丁　辛
　　辛酉　　卯　巳　酉
　　癸未　60　50　40

이 사주는 寅申이 逢冲하여 甲木이 拔根된 것 같으나 申宮이 殺印相生하여 相冲을 맞이함으로써 相成하였다. 仲秋의 老木을 金이 斫伐(작벌은 찍는다는 뜻)할 것이나, 干에 透出된 辛金을 丙이 制止하였다. 그러므로 大貴格이 되었다.

　　甲寅　　　　　　大運
　　戊寅　　甲　癸　壬
　　戊寅　　申　未　午
　　庚寅　53　43　33

이 사주는 地支가 一氣로 되어 있고, 甲木이 干에 透出되었다. 庚金이 絕에 臨하였으므로 굳은 나무(堅木)를 찍으려면 결손된다. 따라서 木을 제극하지 못한다. 여기서는 寅中의 丙火를 用하여 殺印相生함으로써 寅이 모두 살게 되는 것이다.

　　乙卯　　　　　　大運
　　庚午　　甲　乙　丙
　　庚寅　　申　酉　戌
　　辛卯　53　43　33

庚金이 寅月에 生하고 午의 上에 임하였으므로 庚金의 氣勢가 絕에 다달았다. 從財殺이다. 寅午中에 모두 殺印相生이고 己土가 透干하였으므로 이를 用한다. 元機가 暗藏되었으며 行運 乙酉에 交入하여 乙은 庚에 따라 化하였다. 따라서 貴히 되었다.

丁巳　乙巳　癸丑　丙辰

大運
辛丑　37
庚子　47

癸水가 四月에 生하여 氣勢가 극히 약해 있다。비록 時에 辰庫를 만났으나 枯渴되었으므로 癸水를 돕기 어렵다。그러나 喜한 것은 日主가 丑에 臨한 것이다。丑은 巳丑會局하여 殺印相生하고、元機가 暗藏되고、行運庚과 交入하여 北洋의 문을 열었다。現在 西方運을 걷고 있다。따라서 年壽가 百歲를 可히 達하게 되었다。

八、 上下左右氣協

上下貴乎情和、左右貴乎氣協。

〈註解〉 지금까지 논한 地生天、天合地 또는 殺印相生은 모두 上下有情이다。左右氣協이란 것은 가령 甲子가 己丑을 見한 것、또는 丁亥가 壬寅을 見한 것과 같이 干과 干合하고、支와 支가 合한 것이다。干支上下相合을 天地德合이라 이름한다。다시 上下左右로 相互交合한 것이 있으니 즉 辛亥가 丁巳를 見한 것인데、巳宮內의 丙火가 辛亥合宮하고 壬水는 合丁하며、丁巳見癸亥는 巳宮의 戊土가 合癸하고 亥宮의 壬水는 合丁한 것으로 이것을 眞氣往來라 한다。이것은 月日時가 서로 交하여 相合한 것이니、大貴의 徵兆이다。日月 或은、日時가 서로 交合하면、역시 貴氣가 된다。이것은 비록 格局에 의거하지 못하더라도 干支가 情和氣協하면 氣勢가 단결하고 확실히 하나의 貴氣가 된다。이 外에도 聯珠、협귀、夾祿、天元一氣、地支連茹、兩干不雜 등은 모두 干支配合의 法이다。이것은 하나의 格局에 의함이 되는 것이다。무릇 好八字는 氣勢 단결한 者인 것이다。위의 例을 다음과 같이 表示한다。

이 사주는 壬水建祿을 兩辛이 相生하여 水勢가 奔流하다。己土는 陰柔하여 이 水勢를 능히 막을 수 없다。午中의 丁火는 兩쪽에 亥를 가지고 있으며 壬의 比肩이 財를 다투고 (爭財) 있다。이 사주가 妙하게 된 것은 天地가 壬丁相合하고、左右에 甲己 壬丁相合하여 情和氣協되었다 坐下의 祿馬는 同鄕이요 己土官星은 干에 透하였으므로 可히 官星이 用神이 된다。運行의 南方은 蒸蒸하여 直上하였고 壬辰運에 이르러 大貴하였다。

辛亥　己亥　壬午　辛亥
大運　乙未　甲午　癸巳　壬辰 65

이 사주는 月垣官印이 用이 된다。亥宮의 壬甲 兩字는 壬合丁하고 甲於己하며 巳宮의 丙戊庚 三字는 丙과 時上의 辛金과 合하고 戊와 丑中의 癸水와 合하여 庚과 月干 乙木과 合하였다。따라서 四柱氣勢가 團結되었고、官星이 得祿하였으며 天乙加臨(여기에 天乙은 天乙貴人을 말함)하였다。따라서 日元(日元이란 日主를 말함)이 配合有情하여졌다。그러므로 이것이 貴格이 되는 것이다。

己丑　乙亥　丁巳　辛丑
大運　壬申　辛未　庚午　己巳

九、 始其始　終其終

始其所始、終其所終、福壽富貴、永乎無窮。

〈註解〉　始終者는　四柱干支가　生生하여　흐트러지지　않은　것이다.　四柱는　五行의　氣가　流通하여　生化함이　不息(쉬지 않는 것을 말함)하고,　情和氣協(和協이란 左右을 말함)하며　만일　年月日時가　周流不滯(물 흐르듯 하여 막힘이 없는 것함을 뜻)하면,　그　福壽富貴함이　다시　和協에　勝함이다.　天干順食함을　得하며,　地支不逆悖,　或은　地支聯珠하여　天干이　不亂하고,　上下有情하면　그　福澤이　非常하다.　또한　生化不息하여　四方運行이　모두　可行하면,　一生에　파란이　없으며　福澤이　크다.　四柱　格局의　上格局은　다른　一種의　無形의　氣勢가　渾渾　穆穆하여　얼핏　봐서는　어디에　好處가　있는지　말　할　수　없을　정도로　되어　있으며,　四柱의　八個字中　어느　한자라도　바꿀　수　없고,　一步라도　옮길　수　없게　되어　있으면　最上格이라　한다.　이와　같은　貴格을　다음의　사주로　표시한다.

大運						戊申	戊辰	甲午
甲戌	癸酉	壬申	辛未	庚午	己巳			
51	41	31	21	11	1			

이것은　康熙의　四柱이다.　이　사주는　어디에　아름다운　곳이　있는지　알지　못할　만큼　無形之中에　一種의　渾厚之氣로　되어　있는　귀히　된　사주이다.　辰午를　巳의　兩쪽에　가지고(辰午夾巳)　戊土는　得祿하였으며,　巳申은　午未를　사이에　끼고(巳申夾午未)　日月이　合하였다.　四柱의　辰巳午申은　未貴를　꽂아　가졌고(夾拱未貴)　戊土는　巳에　祿이　歸하였으며,　丁印의　祿은　午에　歸하였다.　年과　時는　交互하여　精氣團結하였다.　辰申會局하고　甲木이　透干하여　財滋弱殺로써　用이　된다.　土厚得木하여　疏함이　火暖水潤하여　生意가　양양하다.　運程이

丁巳 乙亥 61

財殺에만 一定하지 아니하다。 따라서 바야흐로 美運이다。 이 사주는 聖神 文武로서 千古帝王中의 唯一한 人物인 康熙의 사주였다。

古書에 曰 四柱八個字가 無一閑雜하고、 一字不可移易하며 並非見夾貴拱祿하면、 好命이라 하였다。

第六章　形象　格局

第一節　形　象

前章에서 용신을 찾는 요령을 대략 논한 바 있다. 그것은 用神이 사주의 形象에 따라 각각 다르게 되어 용신법이 一定하지 않기 때문이다. 여기에서 논할 것은 사주의 形象 格局인데 격국 또한 여러 형태로 나뉘어져 있는데 이것은 사주중 五行의 太過, 不及을 따지지 아니하고 단지 月支를 중심해서 가장 그 기세가 왕한 오행에 따라 분류한 것이다. 따라서 사주를 간명하는데 편의상 그 유형을 분류하여 명명한 것이다. 격의 분류방법은 대개 다음과 같다.

一, 月支의 正氣(支藏干의 正氣를 말함)가 天干에 나타나 있으면, 그것이 표시하는 六神에 의한다.

二, 月支가 天干에 나타나 있지 아니할때 餘氣나 中氣가 나타나 있으면, 그것에 의한다. 이와 같이 月支의 지장간이 天干에 나타나 있지 아니하거나 또는 나타나 있더라도 다른 육신에 의하여 파극되어 소용이 없게 되면 月支의 정기가 표시하는 육신을 기준한다.

이와 같은 格 外에 外格이 있으니 이 外格에 속하는 사주는 月支의 如何를 막론하고 그 세력에 따른다。 여기에서는 다음과 같이 형상격국에 대해서 그 원칙부터 하나씩 논해 나가기로 한다。

一、兩氣成象

사주의 形象을 이루는 가운데는 여러 가지가 있으니 즉 兩氣成象으로 이룬 것이 있고、三象이 順序的으로 이룬 것이 있으며、또는 四象이 和協한 것이 있고、혹은 獨象으로 이룬 것등이 있다。 兩氣成象이란 干支가 各 半씩으로 그 氣勢가 相均 또는 相敵한 五局이 있는 것을 말하며、다시 三象順序란 가령 火土金등의 三종이 順序的으로 相生한 것을 말한다。 또한 四象和協이란 水木火土의 종류로서 四종의 五行이 순서로 相生한 것이다。 만일 이런 종류로서 이미 형상을 이룬 것을 파하면 不可하다。 즉 木火의 局에 金水가 있으면 파국이되고、水木의 局에 土金이 있으면 파국이된다。 또한 相敵이 된 형국에는 相戰을 和解시켜야 하는데、가령 金木之局에 水가 있으면 和爭하는 것이며 또는 水火之局에 木이 있으면 解爭되는 것이다。 혹은 위의 종류에 偏輕、偏重되어도 역시 파국되는 것이다。

그리고 五氣가 天干에 있어서 형상을 취하고、月令 또는 月令의 장간에 得氣하여 혼합한 자를 八正格이라 하고、五氣가 한가지로 이루어져서 旺盛한 것을 專一 또는 專旺이라 하는데、專一한 者에는 다시 潤下格、炎上格、從革格、曲直格、稼穡格 등 五格이 있게 된다。 이런 格은 그 형상으로서 위주하고、만일 一二干支가 혼잡되어 있으면 그것은 파격되므로 從勢 從强等의 從格을 이루게 되며、혹은 化格을 이루게 되는 것이니、이미 형상을 이룬 자는 그 기세에 순응하여야

는 것이다。 위에서 논한 各格에 대해서는 다음과 같이 다시 細論하게 된다。

二、獨　象

독상은 위에서 논한 바와 같이 專一者 즉 五行의 기세가 일방적으로 치우쳐서 오로지 一色으로 형상을 이룬 자이다。 즉 曲直、潤下、炎上、從革、稼穡 等 五格과 從强、從旺等을 말한다。

그리고 化者란 것이 있으니、化者란 引化함을 말함인데、즉 日元의 氣勢가 太旺하면 그 기운을 식상으로 누설시켜야 하므로 식상으로 누설케 함을 化神을 要한다는 것이다。 그러므로 化神者도 창성함을 요하게 된다。 이것은 三者가 완전하여야 함인데 즉 식상이 있고 또 재와 관성이 있어야 식상생재、재생관하게 되는 것이다。 따라서 재왕지를 행하면 재가 식상으로 化하여 식상이 생관하게 되므로 財行地를 喜하게 하는 것이다。

또한 재、관、인을 겸비하였으면、역시 全象이 되는 것이니、日主가 왕하면 財地로 행함을 喜한다。 재왕하면 스스로 관을 생하므로 재가 관으로 化하고 다시 관이 인수를 생하게 됨은 재가 인성을 파극하지 아니하기 때문이다。

그러므로 全象을 이룬 자에 관、상이 있고 재가 없거나、혹은 재와 인이 있고 관이 없을 때는 이것을 通關法에 의하여 해결해야 한다。

만일 위에서 논한 외에 사주의 원국이 태왕、태약 등으로 이루어져서 누설 또는 보조하여야 하는 결함이 있는 것은 抑扶法에 의하여 해결해야 하는 것이다。

그리고 이미 각 형상을 이룬 가운데에서 一二개의 결함이 있게 된 것은, 가령 종격에 결함이 있게 되면 假從格으로 해결한다.

위의 格들의 例를 다음과 같이 사주로 표시한다.

四柱

丁	戊	辛	己
酉	申	丑	丑

大運

己酉	庚戌	辛亥	壬子	癸丑	甲寅
4	14	24	34	44	54

이것은 여자의 사주이다. 이 사주는 從革格인데 年에 丁火가 透出되어 從革의 形象이 결함이 되어 있다. 이것을 假從格이라 한다. 運行의 辛亥、壬子、癸丑은 丁火를 剋去하여 그 不足을 보충하였다. 그러므로 夫가 興家하였고 寅運初에 이르러 申金과 回沖되어 富榮하였으며、庚子년에 이르러 子申會局하여 沖을 解하고 寅宮火는 長生을 得하였다. 그러므로 夫를 剋하였고 家庭의 形便이 一落千丈하게 되었으며 乙卯運에 다시 回沖하므로 늙어서 편안하였으나 丙運에 이르러 死亡하였다.

四柱

戊	己	戊	丙
戌	未	戌	辰

大運

庚申	辛酉	壬戌	癸亥
2	12	22	32

이 사주는 稼穡格이다. 全支에 四土가 있고、干에 戊己가 透出되었으므로 格局이 眞格이 되었다. 그러나 애석한 것은 丙이 투출되어 土를 燥土시키는 것이다. 그러므로 生育의 뜻이 없어졌다. 이른바 丙火가 無光하여졌는데 이것을 稼穡이라 한다. 獨象이 喜行 化地하므로 食傷運이 그 기를 引化하는 것이 必要한데 庚申 辛酉運에 제일 아름다

왔고 壬戌運은 水가 無根하고 土旺之地이므로 근심을 樂으로 지냈고、亥運의 己亥年에 서거하였다.

無子一녀이었으며 이 사주에 火가 있었으면 조토가 太燥하고 四柱에 無金인 고로 成象成格으로서 一生에 福澤이 아름다왔을 것이다.

第二節　方　局

一、方

方이란 이른바 寅卯辰으로서 東方을 이룬 것이요、巳午未로서 南方을 이룬 것이며、申酉戌로서 西方을 이룬 것이고、亥子丑으로서 北方을 이룬 것 등의 方角을 말 함이다.

만일 뜻은 있어도 未達할 때 得方을 要하는 자는 全局을 갖춰야 하는데 局으로써 方을 代할 수 없고、또는 方으로써 局을 代할 수는 없다. 만약 방과 국을 相混하면 方을 이루지 못하고 局도 이루지 못한다. 그러므로 非形象이 되는 것이다.

例를 들면 辛巳、辛丑、庚申、辛巳는 巳丑金局이 申宮으로서 西方이 混合된 것이다. 또는 癸巳、壬戌、乙巳、戊寅은 寅戌火局인데 巳宮으로서 南方이 混合되었다. 그러므로 모두 方과 局을 이루지 못한 것이다.

二、局

局이란 會局을 말함인데、例로서 申子辰、亥卯未等의 三合局을 이름이다。그런데 得方하여 局이 혼합한 것과 得局하여 方으로 혼합한 것이 모두 不同한 것이다。즉 甲乙木이 春三月에 生하였으면 方으로는 得方하여 완전한데、亥卯未가 있으면 局과 혼합된 것이다。이런것은 조금도 害됨이 없으나、만약 六月、十月에 生하여 得局이 完全한 곳에 寅辰이 혼합하면 純疵함이 있게 된다。따라서 이런 것을 局混方에 有純疵라 한다。여기에서 純疵라 함은 병의 흠집을 말한다。

이 純疵의 別은 곧 行運을 取用함에 있으니 喜南方 혹은 喜北方자等인데、가령 木局이 亥月에 生하여 寅辰이 혼합하면 木氣가 旺하므로 南方의 食傷之地를 行함을 喜한다。즉 그 旺氣를 누설시켜야 하기 때문이다。만약 木局이 六月에 生하여 寅辰이 혼합하면、木이 枯燥(고조는 마르는 것을 말함)하므로 北方의 印綬地를 行함을 喜한다。그것은 인수로써 생조하기 때문이다。이와 같이 局과 方이 혼합하였을 때는、行運地의 상생 제극이 필요하게 된다。

三、方局一齊來

方局一齊來란 것은 天干에 甲乙木이 있고、支에 寅卯辰의 方을 全備한 곳에 亥未를 配合한 것이든가 또는 亥卯未全局을 得하고 寅辰으로 配合된 것을 말함인데、이것은 氣勢가 純粹한 것으로서 形象을 이룬 것이다。 모름지기 이러한 天干이 한결 같이 順生하여 그 氣勢가 順한 것은 그 旺氣를 漏洩시켜야 아름답게 된다。 만약 天干의 그 旺氣를 逆하면 반복되는 것이니 흉하게 된다。 여기에 元神者는 方局 元來의 神이니 곧 寅卯辰이 方이 되고、또 亥卯未는 局이 되는데、甲乙木이 透出되면 이 甲乙木이 元神이 된다。 支에 方局을 이루고 干에 元神이 透出하면、反覆이 없게 되고 生地 庫地는 모두 辰인고로 旺神의 得地한 것이되어 自然히 福이 되는 것이다。 만약 支에 方局을 이루고 干에 官殺이 透出하면、其旺氣를 逆하는 것이므로 반복이 된다。

左邊右邊者란 方과 局이 모두 四正의 中心이 되는 것을 말함이니、가령 東方은 卯가 中心이 되고 寅辰은 左右가 된다。 木局 亦是 卯가 中心이 되고、亥未는 左右가 된다。 이것은 곧 生地、庫地가 되는 것이다。 그러므로 모두 福이 되는 것이다。

위와 같이 方과 局이 성립되고、상생하며 左와 右가 四正을 中心하여 方局을 이루어 원신이 生地 庫地에 있게 되면 복록이 진진하게 되는 것이다。 만일 원신을 거슬리면 반복이 심하게 되는 것이니 원신이 투출되어 생조됨이 마땅하다。

다음과 같이 사주로써 例示한다。

```
　　　　　　　　大運
丁　　己
卯　　亥
甲　　乙
子　　丑
27　　17
```

乙木日元에 支神이 亥卯未로 成局하였고 木의 元神이 透出하였다。 다시 丁이 透出한 것은 喜가 된다。 己土는 되生하여 木火土가 한결같이 順하게 相生하였다。 이것이 干頭無反覆이다。 運行이 比劫이므로

四柱:　辛亥　庚寅　乙未　己卯
大運:　戊子(11)　丁亥(21)　丙戌(31)　癸亥(37)　壬戌(47)

爭財하지 못한다. 生地 庫地는 木神이 太旺하나 丁火가 있어서 그 기세를 누설하고 있어서 秀氣가 流動하고 있다. 이것이 得天하여 獨厚함이 마땅하다는 것이다. 따라서 前程이 未可量이다.

乙이 寅月에 生하고, 全支가 亥卯未로 되어 方局의 形象을 이루었다. 干에 透한 庚辛은 反覆이 된다. 不得己 亥中壬水로써 庚辛金을 인수로 引化시킴을 用한다. 따라서 運程은 오직 인수로써 관살을 引化시키므로 可하게 되었고 生地 庫地는 모두 非福地가 되었다. 子運 戊辰年에 皇帝로 即位하고 丙運甲申年에 殉國하였다.

이와 같이 獨象喜行의 化地는 化神이 창성함을 要한다. 成方成局은 모두 獨象이요, 食神 印綬는 모두 引化의 神이다. 干頭에 反覆의 有無는 格局의 高低를 논함이요, 行運의 休咎을 논하는 것이 아니다. 그러나 格局의 配置가 適宜하여야 하고 行運이 左右의 근원을 만나야 한다. 不然이면 凶하다.

四、八 格

八格이란 正官、偏官、正財、偏財、正印、偏印、食神、傷官을 말한다. 이 名稱은 육신법에서 논한바 있다. 여기에서는 그 格에 대해서 논하게 된다.

○ 格局에 正과 偏이 있으니、正者는 五行의 常理에 循한 것이요、偏은 五行의 氣勢에 從한 것
이다。즉 正과 偏에는 다음과 같은 것이 있다。

○ 正格에는 財、官、印綬等 八正格이 있고、偏格에는 專旺、從强、從化等 六種의 變格이 있다。
正格의 명칭으로 格이 있으나 그 實은 六種이 된다。그것은 곧 官殺(관살은 正官과七殺을 말함이다)財、印、食神、
傷官等이다。財와 印의 偏正은 可히 合一이 된다。建祿과 陽刃은 格을 이루지 못하고、財旺으로
因하여 用할 때는 財格에 屬하며、食傷이 旺함으로 因하여 用할 때는 食傷에 屬한다。祿이 旺할
때에는 食傷으로써 流洩시킴을 喜하므로 食傷에 歸入하고 刃이 旺하여 官殺로 制함을 要할때는
官殺에 歸하게 된다。만일 祿刃이 旺하고 剋洩함이 없을 때는 專旺에 屬하게 된다。고로 專格에
나눌 必要가 없게 된다。

○ 위에서 논한 變格은 形象의 氣勢가 重함에 있으니、이것을 分하면 專旺、從强、從財、從官
殺、從兒、化氣等 六格이 있게 된다。이 變格에 다시 一行得氣는 곧 專旺을 말함인데、이 專旺에
는 또 曲直、潤下、從革、稼穡等의 五格이 있게 된다。이것이 專旺에 속하는 一行得氣格이다。
또한 從格中에는 兩神成象格이 있으니、이 格에는 다시 生我一局이 從强格이 되고、我生一局이
從兒格이 되며、剋我一局이 同 正格의 殺旺用印格이 되며、我剋一局이 同正格에 財를 用할 때 食
傷을 보면 喜한 것이 된다。즉 正財格에 財가 旺하므로 食傷을 만남이 喜하게 된 것이다。
또、正格中에는 官殺混雜格이 있으니 傷官과 官의 兩節이 있어서 正格中의 變局으로 된 것이
다。이것은 從化의 眞假를 가리키는데 均看法의 重要한 것이다。

위의 正格、變格 外에 雜格이 있으니 약 三類로 分類하여 다음과 같이 표시한다。

(1) 從正格中에서 變化하여 나온자、즉 六一鼠貴、六辛朝陽、日祿歸時、飛天祿馬、井欄叉 等의 六格이 모두 그 것이요、그 看法은 正格과 同一하다。(이것은 外格詮譯에 상세하다)

(2) 從五星沿革이 來하여 納音으로써 神殺配合이 이루어진 者인데(五行의 正變이 아니다) 子平의 範圍에 있지 아니하고 이것은 所謂 影響遙繫에 屬하는 洶宜一掃의 空法에 의한 것이다。

(3) 拱夾、聯珠、干支一氣、暗冲、遙合의 類로 이는 곧 干支配合의 關係에 依하여 看法의 一種이 된 것이다。이 外에도 각종으로 雜格이 있으나 이에 대해서는 앞으로 논하게 된다。위에서 논한 正格과 正格의 變格에서 나눠진 各格等을 다음과 같이 그 分別法을 細論한다。

第三節 各種格局의 分別法과 運性

一、正 官

正官이란 前章 육신법에서 논한 바와 같이 日主를 극하는 五行으로서 음양이 다른 것을 말한다。

(1) 正官은 모름지기 財가 生하면 有根(유근은 뿌리가 있게 되는 것을 말함)하게 되며、印星에 둘러싸여 있으면 傷官이 해하지 못한다。

(2) 日主가 身旺이고 財官이 旺한 行運이면 大吉하다。또는 身旺에 재가 약할 때는、관살이 사주속에 있거나 관살운을 만나야 길하다。그것은 관살로 비견 겁재를 제극하여 재를 생

하기 때문이다.（관살이란 正官과 편관을 말한다）

(3) 官星이 月令에 得氣하면、 官旺되어 最上이 되고 이것이 正官格이 된다。 그 다음으로 年과 時에 官星이 있으면、 可히 用하게 되는데、 이것은 刑、 沖、 破、 害、 傷官、 七殺 또는 다른 육신과 合하여 官을 忘却하는 것 등을 忌한다。 여기에 合하는것 中 日柱와 더불어 合하는 것은 無害하나、 閑神과 合하는 것은 꺼린다。 （한신에 대해서는 앞으로 논하게 된다） 또한 印星이 너무 많아서 官의 기운을 流洩시키든가 死、 絕의 時에 돌아가게 됨을 꺼리며 時歸死絕을 見하게 되면 破格이 된다。 이것이 重한 者는 쓸데없이 되고 輕한 者는 복이 감소（減福）된다。

(4) 신약에다 인성（인성은 인수와 편인을 말함）이 약하면 관살을 만나야 관살이 인수를 생함으로써 사주가 길하게 된다。 따라서 관성이 손상되지 않아야 하는데、 官星을 用함으로써 비견 접재가 재를 해하지 못하고 인수가 파격 당하지 아니한다。 그러나 財와 인수가 太旺하면 比劫（접재는 비견과 접재를 말함）이 있어 재를 損하여야 한다。

(5) 官星이 홀로 태왕하면、 印星으로 化하게 함이 길하다。 食傷으로 官을 억제하는 것은 不可하다。 그것은 官이 太旺한데 食傷을 보면 剋洩交集되어 日主가 먼저 그 害를 받기 때문이다。 （이것은 官殺이 많아서 從殺이 된 것을 여기에서는 제외한다。）

日主와 官星이 同旬 혹은 同遁에 앉으면、 貴하고 或은 日主가 干支와 상합하면 互換되어 得貴한다。 가령 甲子가 辛未를 見하면 同旬同遁이 되며、 己丑과 甲子는 干支相合이 되니 貴格인데 이것이 天地德合、互換得貴라 하여 모두 貴徵이 되는 것이다.

(6) 신약이고 인수가 또한 약할 때는 관살을 만나야 길하다. 만일 신약에 인성이 태왕할 때에 관살을 만나는 것은 불길하다.

(7) 사주에 재성과 관살 및 인성이 같이 있을 때에, 신왕이면 관살이 용신이 되고, 신약이면 인수가 용신이 된다. 그런데 재성과 인성의 세력이 양립되어 비등할 때는 관성이 있거나 관살운을 만나야 사주가 길해진다.

(8) 식상과 관살이 사주에 있을 때는 양쪽이 모두 旺하고, 신왕이면 대귀의 격인데, 이것은 신왕 신약을 분별하고, 그 다음에 관살이 약하면 재관으로 용신을 삼고, 관살이 강하면 식상으로 용신을 삼아야 한다. 신약에 관살, 식상 등이 왕하면 극빈 또는 단명하다.

다음과같이 正官을 사주로 표시한다.

四柱		大運	
己卯 印		癸酉	24
丙子 官		壬申	34
丙子		辛未	44
丁酉 財		庚午	54

이 사주는 三奇格이다. 官星이 用神인데 財印이 夾輔되고 子는 帝座가 되며 午宮은 端門하고 卯酉가 日月의 出入宮이 되어 東西對立하였다. 따라서 格局은 堂堂正大하다. 그러나 한가지 아쉬운 것은 傷官이 印地에 있고, 劫財가 財鄉에 入한 것이다. 그러나 만약 年時互易하여 丁卯 己酉가 되면、貴出되지 못할것인데 마침내 源遠流長으로서 生生不息하여 福壽가 非常하다.

(一)

官		印	
甲	己	丙	甲
子	丑	寅	子
		印官	

大運

壬	辛	庚	己
申	未	午	巳
57	47	37	27

月令에 官印이 並透하여 官印格이다。甲己 子丑은 天地德合하고 初春은 아직 寒氣가 未盡하다。따라서 太陽의 照暖을 喜하여 土木은 皆欣向榮하고 있다。兩官이 비록 並透하였으나 印으로 化하여 꺼림이 없다。行運 南方運을 만났으므로 太平宰相이 되었다。

(二)

		官	
庚	壬	己	庚
戌	辰	丑	寅
			財

大運

乙	甲	癸	壬
未	午	巳	辰
60	50	40	30

月令이 官旺이다。寒土寒水는 火가 調和함이 마땅한데、官은 財가 生함을 喜하므로 이는 곧 財官格이다。壬辰十年은 가장 寒苦하였고、癸巳以後의 南方運을 만나 一飛冲天하였다。正官 正印格은 爲人이 仁慈하고 性情이 獨尊하다。

(三)

己	壬	丙	丁
酉	寅	午	亥
印		財官	

大運

辛	壬	癸	甲
丑	寅	卯	辰
41	31	21	11

午中의 丁己가 並透하여 財官이 得用되므로 貴하다。단 財官이 太旺하면 그 重心이 印에 있다。財官印이 三全하므로 三奇格이다。印은 用神이 되는데 만일 印이 없으면 身이 太弱해 지므로 비록 재관격이 되더라도 財官으로는 不足하다。여기에서는 열쇠가 印에 있다。辛丑十年은 本身이 極盛한 時인데 但 丑字에 用神이 入墓하고 酉가 喪門이 되며 丑이 弔客이 되므로 喪弔齊會하였다。流年甲戌은 財星이 合局하고 官印이 並傷하므로 死하고 말았다。

二、 偏　官

편관이란 日主를 극하는 것으로 음양이 같은 것이다. 이 편관을 七殺이라고도 한다. 관살이란 正官과 偏官을 合하여 略稱하는 것이다. 이것은 一位로서 맑으면 편관이라 하고, 雜함이 많으면 칠살이라 한다.

이것을 쓰는 법은 除剋 또는 化하는 外에는 用함이 없다. 食傷으로 制할 때 用하고, 印綬로 化할 때에 用한다. 身强하고 殺이 미약하면 假殺의 權限이 된다. 또, 殺이 약할 때는 財로써 生하여야 하는 것이니 이런 것을 財滋弱殺格이라 한다. 재자약살격에 대해서는 다음에 논하게 된다.

(1) 强身하고 殺이 또한 旺하면 식상으로 제지하여야 한다.

(2) 식상이 왕성한 관살을 억제할 때에 재성, 인성이 있을 경우는 재성과 식상이 있어서 食傷生財、財生官殺하면, 식상이 그 역할을 못하므로 不吉해 진다. 또 인성이 식상을 억제해도 不吉하다.

관살을 식상이 억제할 때에 관살은 약하고 식상이 왕성하면 재성이 관살을 生하거나 또는 인수가 식상을 억제해야 길하게 된다.

身强殺旺을 식상으로 억제하는 것을 食神制殺格이라고 한다. 이것은 다음에 논한다.

身弱하고 살이 강하면, 인성으로 化하게 하여야 한다. 이런 때에는 식상으로 살을 제지 못한다.

인살이 兩停한 것을 양인칠살(陽刃七殺)의 종류라 하는 것인데, 이런 것에는 殺印이 상합하여야 길하다。만일 불합하면 인성으로 화해하여야 한다。

편관 하나만을 쓰지 못할 때는 식신과 인수 및 財를 서로 이어야 한다。日柱가 陽干이 되면 식신도 陽干이 되며 살도 陽干이 되므로 陽干과 陽干 또는 陰干과 陰干이 서로 제지하게 되면 기세가 불순하게 되므로 불길 해진다。

관살을 다음과 같이 사주로 표시한다。

時	日	月	年
丁(食)	乙	辛(殺)	癸
亥	酉	酉	未

大運

乙	丙	丁	戊
卯	辰	巳	午
60	5)	40	30

이 사주는 閻錫山(염석산＝中國의 軍人。一八八三年生)의 사주이다。신강하고 살왕함이 경하다。運行의 制殺함이 大貴하다。乙木이 秋에 生하여 生氣의 얼굴은 內에 있었고, 年時의 亥未는 拱合하여 乙木의 뿌리가 깊고, 葉은 枯하여도 枝는 남아 있다。따라서 剪定(가지를 잘라냄)함을 喜한다。비록 살을 제극하였으나 方角이 正方에 入하였다。이것은 제살격됨이 正하다。

時	日	月	年
丙(殺)	庚	丙	辛
戌	子	申(祿)	酉

大運

庚	辛	壬	癸
寅	卯	辰	巳
55	45	35	25

月令에 建祿이 있고 庚金이 月令을 만났다。干에 兩丙이 투출되고 丙辛이 合하여 一丙이 없어진 것이 喜하다。時上에 一丙이 있을 뿐이며, 身强殺弱이므로 假殺爲權이다。비록 四柱에 無財이나, 喜한 것은 大運이 財地를 行하며 無財를 補完하고 있어 財滋弱殺格이 되었다。

(오른쪽 사주)

```
      殺
己  己  乙  癸
巳  亥  丑  卯
戊  己  庚  辛  大
午  未  申  酉  運
65  55  45  35
```

身殺이 兩停(맞서고 있음)하여 印星을 用하고 있다. 寒土寒木은 丙火를 取하는 調候인데 中年 未運에 이르러 南方의 氣로 轉하여 바야흐로 榮하기 시작하여 午運에 顯貴하였다.

(가운데 사주)

```
乙  甲  己  乙
亥  申  卯  亥
    殺  刃
    殺  刃
甲  乙  丙  丁  大
戌  亥  子  丑  運
```

殺刃格이다. 刃과 殺의 二개가 있어 (一) 殺刃相合이요. (二) 殺刃用印이다. 用刃者는 殺刃의 氣와 通하였으므로 殺刃相合格이 되었다. 이른바 甲과 乙은 妹요 庚의 妻인데 이것이 凶이 吉로 변한 吉兆이다. 고로 乙亥運에 至하여 發展하기 시작하여 甲運에 이르러 一省의 最高官이 되었으나 戌運에 病死하였다.

(왼쪽 사주)

```
壬  丁  壬  丁
寅  酉  子  酉
甲  乙  丙  丁  大
辰  巳  午  未  運
74  64  54  44
```

官이 露出하고 殺은 藏하였다. 月垣은 七殺을 秉令하고 다시 財로써 生하였다. 따라서 身弱殺旺하므로 印을 用하여 化하게 함이 마땅하다. 運行東南에 霖雨蒼生하고 開府兩江하여 東南의 重鎭이 되었다.

三、官　殺

官殺混雜이란 정관과 편관이 혼합되어 있는 것을 말한다. 대체로 官을 財로 생하는 것을 喜하고 殺을 식상으로 제극함이 마땅한데, 이것은 이른바 門戶를 각각 세운 것이 된다. 官殺之局은 한결같지 아니하다. 즉 재로써 生官하는 局(用財生官之局)은 殺이 서로 섞인 것을 꺼리고、用印化官之局은、殺의 混함을 꺼리지 않는다. 그 中의 하나는 식상으로 제살하는 局에 살이 重하고、제함이 輕한 것은 살이 重함을 꺼리고、다시 관의 도움을 忌한다. 살이 경하고 제함이 경한 것은 살을 도움이 마땅하고、官의 도움을 不忌한다. 그 둘째로는、身殺兩停之局(신살양정이란、日主官과、또다른 하나의 官이 서로마주 있는 것을 말함)은、印星으로 和함이 가장 좋고、身이 輕하고 살이 重하면、官이 살을 도움을 忌한다. 살 역시 見官함을 꺼린다. 身强殺輕할 때는 관살을 도움(助官殺)을 가장 喜한다. 이른바 財滋 弱殺이 그 것이다. 그 셋째는 균형을 이룬 것이니、官殺이 혼잡되지 아니한 것으로 즉、문호를 나눠 있는 것이다.

可混은 同流同止하는 것이며、소위 同流同止者는 官殺이 함께 我를 극하는 것으로 支가 그 극제함을 논한다.

官殺混雜은 財官相生之局과 官星이 淸透하여 혼잡하지 않은 것을 제외하고、극제함이 태중한 것을 忌하며 制化함이 균형됨을 用한다. 다음과 같이 例를 들어 본다.

印　戊子　49 辛丑
　　辛酉　39 壬寅
官　丙午　29 癸卯
殺　丁酉　19 甲辰
大運

丙丁의 官殺이 混雜하였다。그러나 살이 印으로 化하여 相混을 不忌한다。소위 同流同止한 것이다。運의 辰字가 가장 美한 것인데、癸字合戌하여 潤土晦火로 生金한 것이 역시 아름답게 되었다。따라서 少年得意는 可知요、卯運에 四冲이 全備되니 破家之厄이 있고、壬寅運 十年은 역시 순탄치 못하며 辛丑運에 이르러 濕土가 生金하므로 回覆光榮하였다。

戊申財　37 戊午
丁未　　27 己未
官　壬戌　17 庚申
殺　癸未　7 辛酉
大運

壬癸官殺이 混雜이다。그러나 丁火 生九月에 土旺秉令하고、火旺土燥하여 水로 滋潤함이 마땅하다。그런데 喜한 것은 時에 申金을 만나 財生官旺하여 不忌混殺이다。또 살은 助官함이 喜하므로 辛酉庚申에 順風掛帆한 격으로 登官揚名하였으나 己未、戊午運에 一無發展하였다。

위와 같이 논한 것은 官殺의 혼잡을 忌하는 것과 不忌하는 것을 가리는 것인데、官이 약하여 살이 돕는 것을 喜하는 것과、살이 약할 때 관이 돕는 것을 喜하는 것을 同流同止라 하는 것이다、또한 十干에 性情이 있으니 時令으로써 미치는 관계에 의하여 混함이 可한 것과 不可한 것이 있게 된다。가령、庚金이 八九月에 生하면、庚金은 銳利한 것이니 丁火가 아니면 冶金하여 그릇(器)을 이루기 어렵고、天氣가 漸寒하면 丙火가 아니면 照暖하여 解寒할 수 없다。丙丁을 並見하면 最上의 格을 이룬 것이요、그 中 한가지를 缺하면 格이 不全한 것이다。이것은 관살의 混함이 마땅한 것이 된다。壬水가 秋冬에 生하였으면、支에 水局을 이룬것이 旺하므로 戊土七殺이 隄防을 이루어야 喜하고、己土官星을 見하는 것을 忌한다。己土는 水를 防하는데 不足하며、되레 濁水하므로 壬水를 써도 不淸하게 된다。이것이 喜殺忌官이 되는 것이다。

七月 庚金은 丁火로써 능히 煆金하니 丙火는 無用이다。이것을 喜官忌殺이라 한다。丙火가 見壬水하면、日이 江湖에 照함이 되니 相映成輝하게 되고、癸水를 見한즉 陰霧가 해를 가린 것이 되어 爲喜爲忌한 것이다。따라서 十干의 喜忌性情은 時令에 따라 다르게 되는 것이며、正偏財、正偏印、食傷 등도 모두 此論과 같은 것이다。

다음은 관살이 다른 六神과 연관하여 작용되는 諸格을 논하게 되는데 전술한 재자약살격、殺重用印格、식상제살격 등을 설명하고、종강、전왕 등 종격을 논하여 전술한 각종 격국을 나누는 법과 운성을 설명하게 된다。

四、財滋弱殺格

위에서 논한 바와 같이 관살은 다시 다섯가지로 분류된다。

八字中에 관살이 약할 때 재성으로 생조하는 것을 재자약살격이라 한다。

다음과 같이 사주로 표시한다。

大運

丁丑　丙午　13
戊申　乙巳　23
壬戌　甲辰　33
庚子　癸卯　43

이것은 재자약살격이다. 身印은 月令에 通根하고 재관을 戌宮에 가지고 있으며, 月日이 夾印하였고 日時에 夾祿하였다. 그러므로 사주에 조금도 파패함이 없다. 그러므로 사주는 貴極하다. 그러나 大運의 西水가 南方運으로 돌았고, 逆行入格하므로 淸貴한 것이나, 甲辰以後는 東方運으로 전환하여 不振하였고, 壬癸兩運은 逆流泛濫한 水氣가 되어 흉하게 되었다.

五、殺重用印格

사주에 관살이 많을 때는 인성으로 관살의 기운을 누설시키고, 일주의 기운을 도와야 한다. 즉 官殺生印, 印生日柱해야 사주가 길해진다. 그러므로 인성이 용신이 된다. 이것은 日主가 약할 때이다. 다음과 같이 사주로 표시한다.

丁卯
丙午
庚午
己卯

午는 沐浴之地가 되고, 庚金은 비록 약하나 其氣가 바야흐로 生하고 있다. 丙丁이 交剋하고 있으나 己土가 透出되어 있어서 官의 기운을 누설시키고 日主를 生助하고 있다. 따라서 관인상생되므로 從格이 되지 아니하고, 관인상생의 殺重用印格이 된다.

六、食傷制殺格

사주의 日主가 신약이 아니고, 관살이 왕성할 때는 식신 또는 상관으로 관살의 기운을 억제해야 사주가 길해진다.

사주로 다음과 같이 표시한다.

癸　酉
辛　酉
乙　丑
辛　巳

支에 巳酉丑이 會局하고 兩辛이 透干하였다. 그러나 癸水가 透出하여 殺을 水로 化하게 하여 生身하고 있어서 비록 殺이 旺하나 從하지 못한다. 따라서 식상으로 制殺하게 되므로 이 사주는 식상제살격이 된다.

七、制殺太過格

사주 속의 관살을 식상이 강하게 억제한 것인데, 이런 경우는 관살이 그 기운을 쓰지 못하게 된다. 이런 때는 관살운 또는 인성운을 만나야 길해진다.

다음과 같이 사주로 표시한다.

大運

壬　丙　丙　壬
辰　午　午　辰
辛　庚　己　戊
亥　戌　酉　申

이것은 丙火가 午月生이다。 兩午火 속의 己土와 兩辰土 속의 戊土
가 왕성하여 壬水官殺을 극하고 있어서 제살태과하다。 사주 속에 金
이 있으면 壬水를 生水하여 도울 수 있으나、 金이 없으므로 살은 기
운을 쓰지 못하고 있다。 다만 왕성한 대운이 와야 하는데 己酉大運
에 酉金이 辰土와 合하여 生水하므로 길해졌다。 따라서 酉運과 庚의
大運에 벼슬이 대진하였고、 戌運에는 辰土와 冲하여 水의 근원을 뽑아
버리므로 흉한데 戊辰年에 戊土가 壬水를 극하므로 死亡하고 말았다。

八、 食傷用印格

사주에 식상이 많으면 日主가 약해지는데、 이런 때는 인성이 있어서 일주를 돕고 식상을 억제
해야 사주가 길해진다。 따라서 인성운을 만나야 한다。
다음과 같이 사주로 표시한다。

大運

戊　戊　戊　丁
午　申　申　酉
壬　癸　甲　乙
寅　卯　辰　巳
58　48　38　28

이것은 土金傷官格이다。 丁火가 있으므로 喜한데、 丁火는 인수이다。
인수운이 길하므로 運行南方에 少年登科하고 東方運에 大振하였다。

日主가 강하고 재성이 약하며 식상이 있을 때는、식상대운을 만나야 길하게 된다。인성이나、비겁운을 만나면 불길하다。다음과 같이 사주로 표시한다。

九、食傷生財格

甲	乙 (財)	庚	己	大運
午	亥 (食)	辰	卯 (財)	戊寅 21　己卯 31　庚辰 41　辛巳 51

庚辰이 魁罡으로서 身旺이다。亥中壬水가 得祿하고 時上의 財星도 得祿하였다。乙庚相合하여 財와 有情하다。財가 日主와 合되어 我를 生助한 것이다。또한 식신이 재를 생하여 재가 생조되고 있다。따라서 식신생재격이 된다。

甲 (食)	丙 (財)	壬	庚	大運
申	寅 (財)	申	子	己巳 24　庚午 34　辛未 44　壬申 54

이 사주는 식신생재격이다。寅中甲丙이 아울러 투출되고 甲과 寅木、食神이 丙財를 상생하고 있다。따라서 식신생재격이 된다。

一〇、食傷用食傷格

인성과 비겁이 중첩되어 있는 사주는 식상이 있거나 식상운을 만나야 길해진다。 재와 관살운은 不吉하다。 다음과 같이 사주로 표시한다。

```
              大運
癸  壬  辛  壬
卯  子  亥  子
─────────────────
丁  丙  乙  甲  癸
巳  辰  卯  寅  丑
```

이것은 식상용식상격이다。 壬水가 태왕하므로 식상으로 그 기운을 누설시키거나 식상운을 만나야 길해진다。 따라서 甲寅、 乙卯大運에 벼슬이 충천하였고、 丙辰 大運에는 大凶 해 졌다。

위와 같이 식상용식상격은 식상운을 만나면、 비약적인 발전을 하나 재운을 만나면 대흉해진다。

第四節　從格과 化格

一、 從　格

전술한 從格、 化格、 一行得氣格、 兩神成象格 등의 外格은 일반 사주 원칙에 의하지, 아니하고 특별한 공식 원칙에 의한다。종격은 다시 여러 종류로 분류된다。

종격이란 八字中에 전부 또는 대부분이 재、관살、식상、인성、비겁등 중의 어느 한 두가지 오행이 독차지하고 있는 것인데、이것은 日柱를 중심하는 것이 아니라 八字중 그 대부분을 차지하고 있는 육신 오행의 기세에 따르는 것이다。따라서 그 기세에 따라 용신도 정해진다。

이와 같은 종격에도 從强格이 있고 從旺格이 있으며 從勢、從見 등의 여러가지로 분류된다。그러면 다음과 같이 그에 대해 설명해 나간다。

二、從强格

종강격은 사주의 태반이 비겁、또는 인성으로 되어있는 것을 말한다。인성이 많은 것을 從强이라 하고、비겁이 많이 차지하고 있는 것을 從旺격이라 한다。

이 종강、종왕격은 그 기세에 따르는 인수 또는 비겁운을 만나면 대길하고、이를 극하는 재 관운을 만나면 불길해진다。

만일 식상운으로서 八字의 대부분이 비겁으로 되어 있을 때는 무방하나、인수로 되어 있을 때는 불길하다。

이 종강격은 사주에 인수 또는 비겁이 대부분을 차지하고 한두 개의 재나 관살이 있어도 그 종강격에 따른다。

다음과 같이 사주로 표시한다。

壬　寅
癸　卯
甲　寅
乙　亥

이 사주는 비겁과 인수로 되어 있어서 종강격이다. 이런 사주는 비겁 또는 인수운을 만나야 대길하고, 재관운은 불길하다.

三、從財格

종재격은 사주의 대부분 또는 전부가 재로 조직되어 있는 것을 말한다.

이런 격은 재나, 관살운을 만나면 길하나, 인성 또는 비겁운을 만나면 대흉하다. 그러나 식상운을 만나는 것은 길하다.

이 종재격은 사주 또는 대운에 식상이 있으면 대성하며, 일생을 통하여 큰 凶災를 당하지 않는다. 그러나 사주에 식상이 없을때 비겁운을 만나면 대흉하다. 이런 사주는 학업에 취미가 없으며 종재격은 대개 편친 슬하에서 자라게 된다.

다음과 같이 종재격을 사주로 표시한다.

壬　午
己　酉

大運
25

이것은 종재격이다. 壬癸가 無根이고 五月에 生하여 火는 왕하고 다시 丙火가 干透하였으며 時에 甲寅이 있어 水를 누설하고 火를 生하고 있다. 따라서 日主는 종재하지 않을 수 없게 되었다.

丙　午　庚　戌　35
癸　巳　辛　亥　45
甲　寅　壬　子　55

癸巳 天地가 相合하고 壬은 午中의 丁火를 만나 역시 합하여 氣勢가 순수하다。그러므로 行運 戊申、己酉、庚戌等의 運에 生助癸水하고 火를 누설하므로 依然히 安富尊榮하였고 戌運會齊火局하므로 一生에 最大의 活動時期를 만났다。亥壬子運에 이르러서는 旺勢를 逆하므로 一落千丈의 形勢로 전락되었다。

四、從官殺格

종관살격은 사주팔자 중의 대부분 또는 전부가 관살로 이루어진 것이다。

이런 격은 인성과 비겁이 있거나、그런 운을 만나면 대흉하고、재나 관살운을 만나야 대길하다。

또한 식상운도 불길하다。이런 類의 사주는 일반원칙과는 다른 법칙에 의하여 풀이 한다。다음과 같이 사주로써 표시한다。

壬　子
壬　子
丁　酉
庚　子

이 사주는 관살이 태왕하고 丁火는 무근하다。따라서 관살의 세력에 따르지 않을 수 없다。그러므로 이런 사주는 재 또는 관살운을 만나야 대길하고 비겁 또는 인수운은 불길하다。

五、從勢格

사주중에 재、관살、식상의 三者가 똑 같이 있고 그 세력이 왕성하며 인성 또는 비겁이 없거나 한두 개 있어 극히 미약한 것을 종세격이라 한다。위의 三者의 세력의 구별은 할수 없는 것인데 만약 어느 한 세력이 강하면、그 세력에 따르는 격이 된다。

이런 類의 사주는 재운、관살、식상운 등을 만나야 길하고、인성 및 비겁운은 불길하다。다음과 같이 종세격을 사주로 표시한다。

甲　癸　壬　丙
寅　巳　辰　戌

이 사주는 대부분이 관살、재、식상으로 되어 있어서 종세격이 된다。

六、從兒格

사주팔자가 대부분 또는 전부가 食傷으로 되어 있는 것을 종아격이라 한다。

이런 사주는 재가 있거나 재운을 만나면 大富하는데、인성 또는 관살、비겁 등이 있거나、그런 운을 만나면 대흉하다。

이런 類의 사주는 그 인품이 총명하고 학업이 탁월하다。다음과 같이 사주로 종아격을 표시해 둔다。

大運
戊辰　丁巳 11
乙卯　戊午 21
壬寅　己未 31
甲辰　庚申 41

이것은 干에 甲乙이 있고 또 全支가 東方木으로 이루어져 있어서 전부 식신 종격이므로 從兒格이 된다. 초년인 丁巳運에 왕성한 식상을 누설시키는 재운을 만났으므로 총명하기가 절정에 달하였으나 인수운인 庚申에 이르러 흉해졌다.

七、假從格

가종격이란 천간에 한두 개의 인성 및 비겁이 있거나, 지지에 한개의 인성 또는 비겁이 있고, 나머지는 식상, 재 또는 관살로 되어 있어서, 인수 및 비겁을 파극하는 사주를 말한다. 이것은 종격과 같은 법칙에 의한다. 종격은 종강격을 제외하고는 모두 日主가 극히 미약하다.

이 格을 사주로 표시하면 다음과 같다.

戊辰
甲寅
壬戌
丙午

이 사주의 寅은 壬水가 病地이고 天干은 剋洩交集되어 壬水는 不從하게 되었다. 오직 年支 辰庫에 壬水가 通根하였을 뿐이다. 따라서 從象이 되나 眞從이 못되므로 가종격이 된다.

八、化格과 假化格

화격과 가화격은 전술한 바와 같이 변격을 말 함이다.

이 화격이란 日柱를 중심해서 時干 또는 月干과 干合하고、그 干合하여 변한 五行이 표시하는 五行과 같은 干支가 많이 있고、또한 月支의 五行이 干合한 五行과 같은 것을 化格이라 한다。

가령 日柱가 甲이고 時干이 己이든가 또는 日柱가 己이고 時干이 甲이라면 甲己合하여 土가 되는데 月支가 土이고 그밖의 干支에 土가 많을 때는 이것이 化格이 된다。 혹은 日柱가 丙이고 月干이 辛이든가、또는 月支가 丙이고、日柱가 辛이면 丙辛合하여 水가 되는데、月支에 水가 있고 다른 干支에 水가 많이 있으면 이런것이 化格이다。 따라서 化格은 日干을 中心해서 時干 또는 月干과 干合하고 그 干合한 五行과 月支의 五行이 일치해야 하며、그 표시한 五行과 같은 五行이 많아야 하며、月支가 干合五行과 같기 위해서는 甲己의 화격은 月支가 辰戌丑未月이어야 하고、丙辛干合의 화격은 申子辰이 같이 있든가 申辰、申子의 둘이 있어야 하며 또는 亥月이어야 한다。 申子辰、또는 申辰 申子 等은 三合五行이 水가 되기 때문이다。

戊癸의 화격은 月支가 寅午戌巳月이어야 하고、乙庚合의 화격은 巳酉丑申月이어야 하며、丁壬의 화격은 亥卯未의 두개 또는 세개 전부 또는 寅月이어야 한다。

이와 같은 화격은 사주 속에 干合五行과 같은 五行이 많아야 길하고、부족할 때는 이와같은 五行 또는 이를 생조해주는 운이 있어야 길하다。 만일 五行이 태과할 때는 이를 누설시키는 운이 길하게 된다。 가령 甲己土의 化格이라면 土、土火운이 길한데、土가 부족할 때도 역시 土火운이 길하나、土가 태과할 때는 이를 누설시키는 金운이 길하며、土를 극하는 水木운은 불길하다。

가화격은 화격중에 化氣와 상충되는 五行이 있는 것인데 즉 甲己土의 화격에 土와 상충되는 水

木이 干支에 있으면 假化格이 된다.

위와 같은 화격과 가화격의 사주를 다음과 같이 표시한다. 그런데 가화격의 사주는 대개 幼年
時에 고독하고 고난이 많으며 길운을 만나지 못하면 평생에 일을 이루지 못하고 성질이 거만하며
의심이 많다. 운의 흥비는 화격과 같이 작용된다.

甲子　乙亥　丙子　辛卯

이 사주는 日干과 時干이 合하여 水로 화하고、月支가 干合五行과 같은 水이므로 化格이다。 다른 干支도 水가 있어서 길하다。

癸亥　癸亥　丙子　辛卯

이 사주는 日干과 時干이 干合하여 水로 化하고、月支 또한 亥水요、年月의 干支와 日支가 水로서 水가 태과하다。 이런 것은 木이 있어야 하는데、다행히 時支에 卯木이 있어서 水氣를 누설시키므로 吉하게 되었다。

壬戌　甲辰　己未　戊辰

이 사주는 月干과 日干이 干合하여 土로 되고、月支가 辰土이며 다른 干支에 土가 많아서 化格이 된다。

癸丑
丙辰
辛亥
戊子

이 사주는 月干과 日干이 干合하여 水가 되고 또 亥子丑의 水가 있으나 月支가 辰土이고 戊土가 있어서 가화격이 된다.

九、 一行得氣格

전술한 바 있듯이 일행득기격은 종강격의 일종이다. 사주를 푸는 법도 비겁이 많은 종강격과 동일하다. 이 격은 다음과 같이 五종으로 분류된다.

(1) 曲直仁壽格＝甲乙日生으로 地支에 寅卯辰 또는 亥卯未가 모두 있고 金氣가 섞여 있지 않은 것.

(2) 潤下格＝壬癸日生으로 地支에 亥子丑 또는 申子辰이 모두 있고 土氣가 섞여 있지 아니한 것.

(3) 從革格＝庚辛日生으로 地支에 申酉戌 또는 巳酉丑이 모두 있고 火氣가 섞여 있지 아니한 것.

(4) 稼穡格＝戊己日生으로 地支에 辰戌丑未가 모두 있고 木氣가 섞여 있지 아니한 것.

(5) 炎上格＝丙丁日生으로 巳午未 또는 寅午戌이 전부 있고 水氣가 섞여 있지 아니한 것.

이와 같이 분류되는데, 이것은 비겁과 인성 및 식상운은 길하나, 재관운은 불길하다.

위에서 논한 격을 다음과 같이 사주로 표시한다。

癸未　甲寅　乙亥　己卯

이것은 曲直仁壽格으로서 李鴻章의 사주이다。乙木이 寅月에 生하고、地支에 亥卯未가 전부 있어서 曲直仁壽格이다。時干에 己土가 透出하였는데、甲木이 제지하여 인수가 상하지 않아서 水木相生되어 格이 純粹한 者이다。印綬는 行運의 金運에 官殺生印하여 대길하다。

戊戌　己未　戊戌　丙辰

이것은 稼穡格이다。이 사주는 全支에 辰戌未가 모두 있고 木이 있어서 稼穡格이 된다。庚申、辛酉運에 最吉했고、亥運의 乙亥年에 死亡했다。

戊申　辛酉　辛丑　戊戌

이것은 從革格이다。이 사주는 辛日生으로서 全支에 申酉戌이 있고、火가 없어서 從革格이 된다。인성이 많아서 종강격에 속하는 從革格이다。따라서 겁운이 대길하다。

丁巳　丙午　丁未　乙巳

이것은 炎上格이다。이 사주는 丁日生으로 火旺之節에 巳午未가 全支에 있고、水氣가 없으며、火氣가 태왕하다。따라서 炎上格이 된다。

壬　壬　辛
辰　子　亥

이것은 潤下格이다。이 사주는 壬日生으로서 全支에 申子辰이 있고、 土氣가 없으므로 潤下格이다。 水旺月令에 日主는 태강하고 金水로 이루어 졌다。

一〇、兩神成象格

양신성상격은 土金、金水、木火、火土등으로 상생하는 간지가 두개씩 사주의 兩干支에 각각 차지하고 있는 것을 말한다。干과 支가 서로 상극되는 것과、다른 간지가 서로 상극되는 干支를 제외한다。이런 양신성상격은 종강격과 같은 방법으로 푸는 것이다。즉 木火의 양신성상격이라면 목화운은 가장 길하나、이와 상충되는 土金運은 不吉하다。

양신성상격은 다음과 같은 사주이다。

丁　丁　丁　丁
未　丑　未　丑

이 사주는 火土 兩神成象格이 된다。丁丑、丁未로 두개씩 같은 간지로 되어 있으며、또한 干과 支가 상생되어 있다。이런 사주는 火土의 대운이 대길하고、水運은 不吉하다。

甲午　丁卯　甲午　丁卯

이 사주는 甲과 火의 양신성상격이다。 己巳대운은 대길하였으나 庚午 辛未대운은 불길하였다。 그것은 金과 木이 상극이기 때문이다。

丙午　壬子　丙午　壬子

이 사주는 양신성상격 같이 보이나、火와 水로 상극되는 것으로 이루어졌기 때문에 양신성상격이 되지 않는다。 이런 사주는 抑扶法에 의하여 풀어야 한다。 이 사주는 壬水가 午月에 生하고 丙午火가 月時柱를 차지하여 신약인데、金水運은 길하나 火運은 불길하다。

第七章　十　星

第一節　印　星

印星이란 印綬와 偏印을 말하는 것으로서 日主를 生助하는 者이다. 즉 日主를 生하는 것으로 日主와 음양이 다른 것이 正印 곧 印綬요, 음양이 같은 것은 偏印이다. 인성이란 이 正偏의 兩者를 말한다.

사주의 日主가 신약일 때는 인성이 있어서 日主를 생조해 줘야 팔자가 길해지고, 만일 日主가 왕성할 때에 인성이 있으면, 日主가 너무 왕성해지므로 도리어 불길해진다. 이와 같이 신약일 때에는 인성 및 財와 官殺이 있어야 재생관, 관생인, 인생日主하여 사주가 길해 지는 것이다. 그리고 인성은 재와 관살, 식신을 喜한다. 그것은 식상이 재를 生하고, 재는 관성을 생하며, 관성은 인수를 생하기때문이다. 또 인성은 月令이 아니라도 有根이면 모두 取用할 수 있으며, 신약일 때는 신약을 扶助하므로 길한 존재가 된다. 그러나 인성이 財에 의해 파극당했을 때는 쓸모가 없게된다. 그리고 이 인성을 쓸 때에는 겁재(비견, 겁재)가 있으면 불가하다. 그것은 겁재가 인성을 쓰기 때문이다. 따라서 인성을 쓸 때는 관살이 있으면 관생인이 되므로 길하다. 만일 신왕하고 인성도 왕할 때는 인성을 재로써 막아야 길해진다。 다음과 같이 사주로써 표시한다。

辛亥　庚寅　丙子　乙未

官癸　印卯

大運　丁亥 25　丙戌 35　乙酉 45　甲申 55

丙火가 초춘에 生하여 陽氣가 大地에 다시 돌아온 격이다。寅木은 春氣를 빨고 있어서 用神은 곧 寅木、즉 인수이다。庚辛金을 忌하는 것은 재와 인이 교차하지 아니하고 재가 인을 손상시킬 염려가 있기 때문이다。그러나 재를 관으로써 生化시키지는 못한다。그것은 寅과 亥가 合하여 木으로 변하기 때문이다。따라서 인성은 도리어 有根이 되어 寅木 用神이 강해진다。이와 같이 신약에 用神인 印星이 강해야 길하게 된다。

丁巳　癸卯（官·印）　丙辰　癸巳

大運　庚子 28　己亥 38　戊戌 48　丁酉 58

丙火가 癸水를 만났으므로 日이 구름에 가리워진 것 같다。그러나 喜한 것은 癸官이 인성 卯를 生해주는 것이다。따라서 관이 인으로 化해버린 것이다。大運에 재를 만나서 재는 관성으로 化하고 또 관살을 만나서 官은 印으로 化하여 대길한데、戊戌十年은 天干合하여 官이 사라지고、地支는 卯戌合하였으나 다시 辰과 戌이 冲하므로 合冲되었고、日主가 墓庫되므로 변민하게 되었다。이 운을 지나야 福壽가 길하게 되는 것이다。이와 같이 印星을 用할때는 福澤이 되나 이것을 冲去할 때는 근심이 된다。

이 外에도 財가 旺할 때 印을 用하고、관살이 태왕할 때 用印하며、또는 食傷이 重할 때에 用

印하는데、이는 모두 배합여하에 따르게 된다。또한 殺刃일 때에 用印하고、通關할 때에 用印한 다。

사주에 日主가 약하고 관살이 성할 때는 인수가 반드시 있어야 부귀하는데、이와 반대로 관살 이 약할 때에 인수가 있으면、관살이 약해져서 도리어 불길하다。또는 일주가 약하고、식상이 성 할 때는 인성이 있거나、인수의 운을 만나야 부귀하다。

第二節　正　偏　財

정편재란 것은 정재와 편재를 말하는 것인데、정편재를 통칭해서 財星이라고도 한다。재성이란 日主가 五行上 剋하는 것으로 음양이 다른 것은 정재요、음양이 같은 것은 편재이다。 이 재성을 用할 때는 모두 신왕하여야 한다。이것은 몸이 건강하여야 처첩을 향락할 수 있기 때문이다。그러므로 신약하고 財가 왕하면 부잣집에 빈한 사람격이 된 것이라 한다。

이 재를 用할 때에 祿을 만나면 대귀하지 않으면 大富하게 된다。

日主가 강하고 관살이 약할 때는 재성이 있어야 생관하여 팔자가 길해진다。

접재와 刃이 있고 또 재가 있을 때는 食傷(食傷은 식신과 상관을 말함)이 있어야 길하게 된다。

인수가 助身할 때는 재와 인수는 상극이 아니된다。신왕에 재를 用할 때는 비겁을 忌한다。만약 신약에 재가 있을 때는 비겁이 재를 눌러야 길하다.

日主가 강하고 식상이 또한 강할 때는 재성으로써 식상의 기운을 누설시켜야 사주가 生生不息하여 대길하다.

日主가 강할 때는 인성이 불필요하게 되므로 이를 억제하는 것으로 재가 있어야 한다.

재성이 많아서 신약이 될 때는 비겁이나 인성이 있어야 길하게 되는데, 이런 운을 만나야 길해진다.

신약일 때는 재가 藏干되어 노출되지 않아야 길하고, 비겁이 干에 나타나든가 비겁운을 만나야 길하다. 그런데 신약이고 재가 노출되어 있을 때 비겁이 많으면 爭財가 되므로 불길하다.

재가 干에 투출되어 日主와 相合하여 日主를 도와주거나 또는 재위에 앉으면 有情해지므로 모두 부귀하게 된다.

재가 왕하여 方과 局을 이루고, 日主가 無根되면 死亡하게 된다.

위의 財論을 사주로 다음과 같이 표시한다.

丁	丁	煞 癸	食 己
未	巳	酉	未

丁	戊	財 己	庚	大運
卯	辰	巳	午	
53	43	33	23	

이 사주는 袁世凱의 사주이다. 旺한 재가 生官하고 있으나 癸水가 미약하고 己土가 제극하므로 편관(癸水)을 用할 수 없다. 따라서 財를 用하게 되는데 大運이 식상의 地를 행하고 있어 이 사주는 식상 생재하므로 대운이 아름답다.

그리고 己未가 夾祿되고 또 식신이 겹재의 도움을 받았으며 식신이

다시 生財하였는데、 財는 天乙貴人에 臨하므로 大貴의 格이 된다。 그러나 丁運의 丁巳年은 비겁이 중첩하여 爭財가 되므로 不吉해졌다。

```
官　　　　　　　　財
丁　　庚　　己　　乙
丑　　辰　　卯　　亥
　　　　　　財

大運　丙　　乙　　甲
　　　子　　亥　　戌
```

이것은 張作霖의 사주이다。 (中國의 갑부요 권세가 였다。)

이 사주는 財旺生官格이므로 用神이 財星이다。 行運의 官은 재운만 못하다。 관살이 인수를 生하고 있으므로 관살이 약하여졌는데 재가 관살을 生하지 못하고 있어서 사주가 맑아지지 못하고 있다。 그러나 乙亥甲의 十五年은 재관이 왕하여 사주가 맑아지므로 一生에 가장 왕성한 시대였다。 戌運에 이르러 官星이 入墓하고 戊辰流年에 歲運이 相冲되어 火庫가 폭발하는 피해를 당하였다。

```
　　　　財
壬　　戊　　癸　　庚
子　　寅　　未　　子
財

大運　己　　戊　　丁　　丙
　　　丑　　子　　亥　　戌
　　　57　　47　　37　　27
```

이 사주는 先貪後富의 大甲富였던 사주이다。 戊癸相合하여 年時의 財星에 得祿하므로 富格을 이루고 있다。

日主는 坐下의 殺寅이 印을 相生하고 土旺之時에 生하였으므로 身旺한데 身旺 生財하여 능히 財를 享受할 수 있다。 따라서 丙戌丁運은 日元이 旺地이므로 財富가 日增하여 大富한 것이다。

이 사주 역시 正財格이다。戊癸相合하여 日主와 財가 유정하고、財祿

이 坐下에 있으며、또한 酉金이 生財하여 財가 極旺하다。여기에 喜

한 것은 印劫이 有助한 것인데、早年에는 빈곤하였으나、己未에 이

르러 一發如雷(大富할 것을 뜻함) 하였다。

		財		大運
丁	戊	癸	癸	庚申 28
巳	子財	亥	酉	己未 38
丁	戊			戊午 48
巳	午			丁巳 58

이상 논한 것은 모두 正財格으로서 兩貴한 것이다。

이 外에도 用官星에 財生官하는 것과 식상생재의 배합、그리고 官과 食傷의 交叉에 財로써 通

關하는 것이 있으며、陽刃과 財가 있을 때에 食傷으로써 통관하는 것 등이 있다。

第三節 食神과 傷官

식신과 상관을 食傷이라고 하는데 이 식상은 日主가 五行上 생하는 六神으로서 日主와 음양이

같은 것을 식신이라 하고、음양이 다른 것을 상관이라 한다。

이 식신은 氣가 順純하고 상관은 氣가 强한 것이 雜하여 있다。 그러므로 상관은 인수를 用할때

제극함이 있고、 食神은 재를 생하는데 喜한 것이다。 그러므로 用法이 약간 다르게 된다。 따라서

두 가지로 格을 分類하게 되는데、 식신을 많이 볼 때와、 혹은 식상을 並見(식상을 같이 볼 때를

뜻함)할 때는 모두 식상으로 지어서(作)논하게 되나、 신왕할 때에 식신을 用함에 있어서는 原局

에 인수가 있으면 식신과 인수가 상극하지 않는다。 만약 印이 支에 藏되어 있고、 식신이 干에 투-

출되어 있으며 다시 재성이 透干되어 있으면、 그 氣가 流動되어 最上의 格이 된다。

日主가 강할 때에 재관이 미약하면、 식상으로써 왕성한 日主의 기운을 누설시켜야 팔자가 길해

진다。

일주가 강하고 재가 미약할 때는 식상의 운을 만나거나 식상이 사주에 있어서 식상 생재하여야

길하게 된다。

신강하고 관살이 왕성할 때에는、 식상이 관살을 억제하면 부귀한다。

식상격에도 다음과 같이 作用力이 다르게 된다。

(1)　火土食傷格＝丙丁火日生으로 未戌月令에 해당된 것을 말한다。 이것은 관살이 없어야 길

한데 만약 있더라도 미약해야 한다。 이것을 傷盡이라 하는데、 만일 濕土의 丑辰등이 있어서 火土

의 왕성한 기운을 누출시키면 可하다。

(2)　金水食傷格＝庚辛日生으로 亥子丑月令에 生한 것을 말한다。 이것은 관살이 있거나、 관살

운을 만나야 길하다。 이것은 過冷하기 때문에 丙丁巳午가 있어서 暖和한 조후가 되어야 하기 때

문이다.

(3) 木火食傷格＝甲乙日生으로 巳午未月令에 해당하는 것을 말한다. 이것은 인수운을 만나야 길하다. 그 이유는 乾燥한 것을 水氣로 조후를 조화하여야 하기 때문이다.

(4) 土金食傷格＝戊己日生으로 申酉丑月令에 해당하는 것을 말한다. 이것은 인성이 있어야 길하다. 그것은 너무 습하기 때문에 인성으로써 조후가 되어야 한다.

(5) 水木食傷格＝壬癸日生으로 寅卯月令에 해당함을 말한다. 이것은 관살 및 재가 있거나, 그 운을 만나야 길하다. 그것은 재가 있으면 식상생재가 되며 水가 왕성할 때는 관살이 있어도 신약이 아니 되기 때문에 사주가 맑아져서 길해진다.

식신격의 사주를 다음과 같이 표시한다.

```
    食   財
    甲   丙   壬   庚
    申   寅   申   子
        食財

大運
    己巳  庚午  辛未  壬申
    24    34    44    54
```

寅中의 甲丙이 並透하여 純粹한 食神 生財格이 된다. 子申一合하여 印이 化하여 비겁이 되어 식록을 상하지 않는다. 무릇 식상은 모두 본신이 秀氣가 되므로 식상을 用하는 자는 모두 총명하여 文學家가 많다. 그것은 식상이 모두 純正一流하기 때문이다. 식신에 祿이 있게 되면 天廚食祿이 되어 주로 북택이 많다. 식신은 또 壽星이라 하여 주로 장수한 자가 많다.

```
　　　　　　　財
甲　乙　庚　己
午　亥　辰　卯
　　食　　　財

大　戊　己　庚　辛
運　寅　卯　辰　巳
　　21　31　41　51
```

이것은 宋子文의 사주이다。庚辰은 魁罡인데 신왕하며 亥中壬水가 得
祿하고、時上에 財星이 또한 得祿하였다。다시 乙庚相合하여 財星이
日主와 有情하다。이 사주는 食神生財格이 된다。

第四節　傷官

상관이란 日主가 생하는 것으로 음양이 다른 것이다。

상관은 재가 있을 때 官이 있으면 모두 可하고、재가 없을 때에 官이 있으면 모두 不可하다。

식상이 生財하고 재가 生官하는 것은 극히 정(精)한 것이다。식상과 官은 地位는 서로 격(隔)하
여 있으나、재가 그 가운데 있으면 상관 生財하므로 官과의 상극이 도리어 서로 調和를 이루게 되
므로 상극이 되지 아니한다。또는 상관과 印星이 있으면 官이 있어도 꺼리지 않는다。그것은 상
관과 官이 病이 되는 데에 있어서 인성이 약이 되는 까닭이다。이것은 地位가 역시 適宜하여 方
角으로써 능히 식상을 제극하고 官을 보호하기 때문이다。즉 사주로 표시해보면 다음과 같은 것
이다。

壬戌　己酉　戊戌　乙卯

이 사주는 상관이 병이 되는데 재로써 生官하고, 상관이 재로 화하기 때문에 인수가 있는 것을 不忌하게 된다. 즉 인수가 다시 生傷官하여 藥이 되기 때문이다.

庚午　己卯　壬申　己酉

이 사주는 月日 卯申이 相合하여 식상을 제극하며 官을 보호하고 있다.

辛未　辛卯　壬辰　己酉

이 사주 역시 인성으로 식상을 제극하여 官을 보호하고 있다.

癸酉　己未　丙午　癸巳

火土傷官은 우선 조후가 위급한데 상관으로써 官을 用하게 된다. 火土傷官은 본래 관으로 化生하는 것을 忌하나, 이 사주는 年支의 酉金이 漏出되어 官을 생하고 상관생재하기 때문에 官을 사용할 수 있다. 그러므로 상관이 用官하게 된다. 이것은 조후가 가장 긴요하기 때문이다.

己丁丁壬
酉未未申

大運
癸壬辛
丑子亥
55　45　35

火土食傷格이다。이것은 年時에 申酉가 있어서 식상으로 하여금 재로
화하게 한 것이 喜한 것이다。비록 時上에 식상이 투출 되었으나 그
실은 재로 화하였으므로 이는 財官이 되는 것이며 상관용관되는 것은
아니다。運行 辛亥壬子癸丑運에 官星이 得地하여 功名이 진동했다。

甲丁甲甲
辰未戌子

大運
庚己戊
辰卯寅
60　50　40

火土傷官格이다。年支의 子水는 甲木에 누설됨이 喜하고、戌土는 木
이 극하여 傷盡되었다。甲木이 상관을 제극하고 身을 扶助하므로 用
神이 된다。따라서 寅運에 일약 副總統이 되었다。

庚庚丙甲
辰申子寅

大運
癸壬辛
未午巳
68　58　48

이것은 井欄이라 하는 것인데、丙火官星이 전파(塡破)된 격이다。즉
이런것은 상관의 변격중의 하나이다。金水 상관은 官星을 喜하여 運
行南方에 대성하였다。壬午運의 午子가 역시 아름답기는 하지만、子
午冲을 당하므로 기북이 다단하였고、癸運에 丙火가 상하므로 실패하
였다。

丙	庚	壬	壬
子	子	子	戌

己	戊	丁	大
未	午	巳	運
69	59	49	

이것은 飛天祿馬라 한다. 관성이 전파되어 그 실은 역시 상관의 변격

이 된다. 金水는 官星을 見함이 喜하므로 丁巳十年運이 전성기였으

나、戊午運에 이르러 火가 기울어지고 金이 生하며 子午相冲되어 쇠

신이 충왕되었다. 따라서 실패하고 말았다.

癸	戊	辛	丙
丑	子	丑	子

丁	丙	乙	大
未	午	巳	運
52	42	32	

土金傷官格이다. 丑中土金이 水를 띠고 干透하였다. 이것이 天覆地載

로서 情和氣協하다. 十二月生에 金寒 土凍하였으나 다행히 丙火가 있

어서 기후를 난화하는 것이 喜하게 되었다. 運行南方에 功名이 혁혁하

였고 一代中興의 功臣이 되었다.

戊	戊	戊	丁
午	申	申	酉

壬	癸	甲	乙	大
寅	卯	辰	巳	運
58	48	38	28	

土金傷官으로서 火印을 喜한다. 따라서 運行南方에 少年科甲하고、東

方運에 약진하였다. 이 사주는 官星이 없어서 길하게 되었다.

丁　庚　己　庚
亥　戌　巳　午

이것은 中國總統 蔣介石의 사주이다。역시 土金傷官으로서 印星을 띤 것이다。運行 南方에 권위가 혁혁하였다。

丁　乙　癸　庚
丑　亥　未　戌

大運			
己丑	戊子	丁亥	丙戌
55	45	35	25

이는 木火傷官이다。夏令에 生한 乙木은 亥水 위에 있고、癸水가 透干되어 乙木의 뿌리가 滋培된다。그러므로 庚金으로써 인수를 보조하므로 官印格이다。따라서 官用官함에 상극이 아니된다。運行西北에 少年登科하였고 太平宰相으로서 지냈다。

丁　乙　丙　丁
亥　丑　午　丑

大運			
丁丑	丙午	乙丑	癸卯
庚子	辛丑	壬寅	癸卯
56	46	36	26

이것은 木火食傷이다。丙丁火가 旺하고 있으며 見官하는 것은 마땅치 않다。喜한 것은 年日에 丙丑의 濕土가 있어서 시급한 조후를 조화하고 있다。즉 水가 있어서 濕潤하여야 하는데、亥宮에 壬水가 있으므로 이를 用하게 된다。따라서 中年水木運에 得意하고 辛丑 庚子 金水運에 金生水、水生木하여 벼슬에 올랐으나、辛丑運에 暗金이 살이 되고 子運에 衰神이 冲旺되어 기복이 심해졌다。

이 사주는 水木傷官이다。재와 관이 있어야 아름다워지는 것으로 즉
官으로써 생신하고、재로써 생관하여야 길하게 되는 것이다。運行南
方에 名振四海하나、午運中에 子午相冲하여 喜運이 冲되므로 吉凶이
相伴하였다。

四柱	戊午	乙卯	壬子	庚子
大運	丁巳 15	戊午 25	己未 35	庚申 45

이 사주를 俗稱 六壬趨艮格이라 하는데 역시 傷官格이 변한 것이다。
水木傷官으로서 財官 兩星을 喜한다。그러나 그實은 官은 不喜하다。
運行南方의 乙巳丙午丁二十五年은 草野에서 일약 출세하여 명성을 떨
치며 권세와 財運이 旺盛하였으나 未運에 下野하여 戌申運에 원수를
만나 피살되었다。

四柱	壬午	壬寅	壬寅	壬寅
大運	乙巳 21	丙午 31	丁未 41	戊申 51

以上과 같이 傷官格에 五種이 있는데 상관이 見官하는 用法에 두 가지가 있으니 그 하나는、財
로써 化하는 상관에 재생관하는 것이요, 둘째는 印으로써 상관을 제극하여 官을 보호하는 것이
다。또는 이를 병용하여 그 地位 여하에 依하는 것 등이 있다。
다음과 같이 사주로 표시한다。

이 사주는 印으로써 상관을 제지하여 官을 보호하고 있다. 즉 辰宮에서 戊壬이 같이 투출되고 있어서 無情이 되었으나, 여기에 좋은 것은 甲木이 투출하여 通根된 것이다. 이 힘으로 戊土를 제지하여 官運을 보호하고 있다. 그러나 이 사주는 특히 관성이 상관에 파극되고 재가 없으므로 귀히 될 수도 있으나 다른 길로 공명을 얻게 되는 것으로서 日元이 得氣하여 財星運을 만났으므로 商界의 영웅이 된 것이다. 그것은 곧 行運이 西方財地를 行함으로써 상관의 힘을 누설시키고 官을 生하여 그 결점을 보조했기 때문이다.

	印	傷		官
四柱	甲午	戊辰	丁未	壬寅
大運	辛未	壬申	癸酉	甲戌

이 사주 역시 印으로써 상관을 제지하여 官을 보호하고 있다. 三月生에 木氣가 남음이 있고 丙火는 앞으로 왕하는 시절을 향하고 있다. 그러므로 午運中에 名登秋榜하여 명성이 떨치기 시작했고, 己未運中에 政界에서 活動하였으나 庚申辛酉運에는 金水氣가 태왕하므로 발전성이 없었다.

四柱	戊子	丙辰	辛酉	壬辰
大運	戊午 15	己未 25	庚申 35	辛酉 45

第五節　比　劫

비겁이란 비견과 겁재를 말한다. 비견은 日主가 五行上 同一하고 음양이 같은 것이요, 五行은 같으나 음양이 다른 것을 劫財라고 한다.

이 비겁은 日主가 약할 때에 財官、식상 등이 있으면 일주가 더욱 신약해지는데、이럴 때에 인성과、비겁이 있어서 日主의 기운을 도와주는 것이다。특히 재가 많아서 신약일 때는 비겁으로 이를 제지하여야 한다。

그리고 日主가 강할 때는 인성과 비겁은 무용지물이요、도리어 비겁이 있음으로써 여러가지 폐단을 가져오기 때문에 해롭게 된다。

丁巳　丙午　丙午　丙申

이 사주는 時支의 申金을 제외하고는 모두 비겁으로 되어 있다。이런 사주는 종강격이나 비겁으로 볼 때에는 태왕한 비겁이 一財에 들어붙어 있는 것으로서 군비쟁재되어 불길하다。

丙午　壬子　壬子　丙午

이 사주는 역시 비겁으로 一色이 되고、時干支에 두개의 재가 있을 뿐이다。그러므로 群比爭財格이어서 거지되는 사주이다。

壬　癸　丙　戊
申　亥　午　午

大運　丁　戊　己　庚　辛　壬
　　　未　申　酉　戌　亥　子

이 사주는 癸水가 五月生이고 재관이 태왕하다。그러나 日支에 亥水의 비겁이 있어서 제왕이 되고、年干의 壬水가 申金 위에 앉아서 金生水되어 그 기세가 왕성하여 日主를 생조하고 있다。西北金水運을 만나 거부가 된다。

甲　甲　丙　辛
午　午　子　巳

大運　癸　壬　辛　庚　己　戊
　　　巳　辰　卯　寅　丑　子

이 사주는 五月生 丙火이고 비겁이 많아 日主가 태왕하다。加上으로 甲木이 生火하고 있어서 子水는 마를듯 하다。이런 때는 土가 있어서 왕성한 火氣를 누설시켜야 하는데、土가 없어서 사주는 대흉하다。따라서 어려서부터 빈곤하게 지내며、蠻勇을 부리다가 만용으로 인해 죽고 만다。

第六節　從　化

전술한 바와 같이 종격에는 종왕、종강、종세、종기가 있는데、종격에는 다시 종재、종관살、

종식신 등이 있으며 그의 眞假가 있는 것이다。이 종격은 일주가 고립되어 無氣하며、天干에 인수

가 없을 때는 다른 세력에 따르는 것이다。따라서 日主가 인수의 생조를 받을 때에는 종격이 되

지 아니한다。또한 從氣는 日主가 絶地(절지란 年月日時에 病、死、絕、胎、養 등이 있는 것 을

말함)에 臨했을 때、본신의 氣가 絕이 되므로 從神이 된다。또한 財官이 長生祿旺地에 臨하여 그

기세가 방창할 때에 사주에 인수가 없어서 日主를 생조하지 못할 때는 官殺이 透干하여 있으면

從官殺하고 혹은 식상이 왕하면 從食傷하고、財가 旺하면 從財한다。이런 것은 眞從이 된다。

從勢는 所從之神이 方과 局을 이루어 그 기세가 극히 왕성하고 사주에 인성이 없어서 日主를

생조하지 못할 때는 그 기세를 제극 또는 누설시킴이 없을 때에 그 기세에 따르는 것이 진정한

종세격이 된다。

그런데 여기에서 논할 從化는 그 本이 一格이다。가령 甲己相合한 것이 四季月生이면、支에 辰

戌丑未를 聚한 것이 化土로 되어 종화된 것이고、만일 春月에 生하여 全支가 東方 혹은 木局이면

妻가 從하여 종목으로 종화된 것이다。또는 丙辛合化하여 化水가 夏月에 生하면 從火하고、戊癸

化火가 冬月에 生하면 從水로 된다。다시 甲己合한 化土와 土木이 모두 失時失地하여 관살이 方

과 局을 이룬즉、鬼象이 된다。이 從化格局은 변화함이 한결같지 아니하므로 그의 眞假를 가려

야 한다。다음과 같이 사주로 표시한다。

己	庚	丙	丁
卯	午	午	卯

午가 沐浴之地가 되고、庚金은 비록 약하나 그 氣가 바야흐로 生하고 있다。丙丁이 交剋하나 己土가 투출하여 관인상생하므로 종격이 되지 아니한다。신약하고 관살이 태왕하나 運行이 오직 印劫之地를 行하므로 喜하게 된다。

다음과 같이 從化格을 사주로 표시한다。

丙	壬	甲	戊
午	戌	寅	辰

寅의 壬水는 病地가 되고、天干이 서로 剋洩交集하므로 壬水는 할 수 없이 다른 세력에 따르게 된다。그러나 年支에 辰이 庫이고、壬水가 通根하였으므로 從象이 眞이 아니다。이런것을 假從이라 한다。

乙	己	丁	壬
亥	卯	未	寅

地支가 全部 亥卯未 三合하여 木局으로 이루어지고、다시 寅木을 만나 方局을 이루며、乙木이 투출하여 木氣가 極盛하다。비록 丁火가 투출되었으나 丁壬合하여 역시 木으로 化하였다。따라서 日主己土는 할 수 없이 그 세력에 따르지 않을 수 없게 되었다。이런것이 종격이다。

癸
酉

地支가 巳酉丑 會局하여 化金하고 兩辛이 투출되어 金殺이 태왕하다。그러나 年干

辛酉에 癸水가 투출하고 있으므로 金氣는 漏洩된다。비록 관살의 金이 旺盛하나 癸水에 의하여 누설되어 日主를 生하여 化殺生身하므로 종살하지 아니한다。그리고 時支에 乙丑 辛巳 식상이 있으므로 이로써 可히 제살할만하다。따라서 이 사주는 식상제살을 用할 수 있다。

위와 같이 從神의 吉凶은 배합의 純雜과 격국의 眞假와 運程의 助旺與否에 있는 것이다。또한 干支의 性情과 時令의 適宜、思者가 있으니 이를 잘 분별하는 데에 있다。

大運	丁未	丙午	辛卯	甲午
	乙巳	甲辰	癸卯	
	1	11	21	

이것은 從化格이다。辛金이 五月에 生하고、甲丙丁이 干에 투출하였으며、支에 卯午未를 갖고 있으므로 木火의 氣가 旺盛하다。그런데 日主 辛은 丙과 合하여 水로 化하여 水生木 木生火하므로 火에 從하게 된다。이런 것이 진정한 從象의 極眞한 것이다。무릇 成格成象한 사주면 반드시 부귀하는데、이 사주는 운행이 辰癸로서 그 逆氣가 旺하여 아름다운 運程이 못되므로 無名의 敎師로 지낼 팔자다。

庚辛이 五月에 生하여 壬癸의 地를 得하여야 하는데、이것은 木多火多에 不見金水이므로 金水運을 만나면 반드시 실패한다。비록 종격은 아니라도 木多火多에 金水가 없으면 그에 따라야 한다。

化와 從이 같은 형상이라도 化氣의 神이 月令을 잡아 왕하고、원래 日干의 氣勢가 쇠절하여 능히 다른 干과 相合하여 化할 때는 辰을 見하여야 하는데、五運의 遁干이 辰에 이르면 반드시 化氣

元神의 地가 되는 것이다。 가령 甲己化土하여 순간이 辰에 이르러 반드시 戊辰이 되고, 乙庚化金에 遁干이 辰에 이르러 반드시 庚辰이 되면 逢龍運이라 하여 이는 곧 化氣元神의 地가 되는 것이다。 즉 甲日이 四季에 生하고 己土가 투출하여 月 또는 時上에 있을 때 壬癸 甲乙 戊己를 만나지 아니하고 辰字가 있으면 이것이 眞化이다。 이것을 나누어 논하면 日柱 甲日에 (一) 月 또는 時上에 己가 있으면 干合하는 것이요, 만약 年干에 己가 있으면 相合이 아니된다。 (二) 壬癸는 甲의 인수가 되고, 甲乙이 있으면 이것은 비겁이 된다。 만약에 甲乙이 또 있으면 爭合이 되는 것이다, 또한 戊土가 助神化하며 辰을 見할 때에 戊字를 만나면 戊辰이 化氣元神이 된다。

이와 같이 從격은 從之神을 用하는 바가 되며, 化格은 生我化氣之神을 用하게 된다。 그리고 化氣가 태왕하면 이를 누설시켜야 하며, 억제해서는 안된다。 이와 같이 종화는 모두 全局 氣勢가 一方으로 치우치는 것이므로 그 기세에 순종하지 않으면 아니되는 것이며, 過旺하면 누설시켜야 하는 것이 그 성정이다。 그리고 化神이 忌하는 者의 그 세력이 旺하여 重하면 原局과 大忌하지 아니하는 것이니 가령 甲己化土에 行運이 甲乙 寅卯에 이르면 그 還原에 忌하지 않는다。 忌하는 것은 土를 거슬리는 旺氣이다。 또는 乙庚合金에 甲乙 寅卯를 不忌하고, 丙丁巳午를 忌하며, 丙辛化水에 戊土를 忌하며, 丁壬化木에 庚金을 忌하며, 戊癸化火에 壬癸를 忌한다。 그러므로 그 理는 一이다。 따라서 甲己化土에 原局化合함이 참된 것이요, 歲運에 다시 甲 또는 己를 만난 즉 烈女가 不事二夫하는 것과 같아서 파격이 되지 아니한다。 만약 原局에 一己 二甲이면 氣勢가 雜亂하여 化合하지 못한다。 그리고 化神은 旺地를 행하여야 하는데, 만약 旺運에 相助함이 없으면 평범하게 지낸다。 다음과 같이 例로 표시한다。

이것은 女子의 사주이다。 丁壬化木하여 참되나、 아깝게도 六月生이라 化氣가 失時하였다。 사주에 辰字가 없으므로 木氣가 말라버렸기 때문에 印授로 윤택시킴이 필요하다。 酉庚運에 이르러 마른 나무를 극하므로 剋夫하였고、 亥 壬子癸의 二十年運에 이르러 印星을 만나므로 한 女子의 몸으로 數十萬金의 致富를 했다。

				大運				
丁巳	丁未	壬寅	壬寅		庚戌 29	辛亥 39	壬子 49	癸丑 59

甲己合化土에 三月生이라 土旺한 때이고 時에 戊辰을 만나 元神이 透露되어 있다。 年에 丁火가 化神을 생조하여 격국은 다시 참되게 되었다。 오직 辰이 酉金과 合하여 金이 되고 이 金이 化神의 氣를 암암리에 漏洩시키고 있다。 이것이 즉 外剛內弱이 된 셈이다。

丁火를 用함이 되는데、 運行 癸卯壬이 戊土를 回剋하고 酉金이 다시 이를 回冲하여 흉을 해소하였다。 원래 격국이 심히 높아서 빈번히 榮華를 向하려고 하나、 寅運에 至하여 土를 逆하는 氣運이 旺하고、 원국에 이를 救助할만한 神이 없으므로 不振하고、 辛丑庚子運은 土氣를 누설시키므로 흉하여졌다。 이와 같이 좋은 四柱라도 大運이 不吉하면 평범하게 되는 것이다。

				大運				
丁未	甲辰	己酉	戊辰		癸卯 8	壬寅 18	辛丑 28	庚子 38

以上의 두 사주는 化氣의 眞者이나 모두 결점이 있다. 그러므로 成格 成局中에 高低의 分別과 吉凶의 차이는 변화가 많은 것이다.

○ 四柱에 日主가 홀로 약하고 財官이 强旺하여 그에 따르지 않을 수 없고, 日主가 微根한데, 혹 印星의 생조함이 있으면 이는 假從이 된다. 또는 종재에 식상이 不透하거나, 혹은 四柱에 比劫을 見할 때 또는, 종관살에 관살이 불투하고 혹은, 柱에 식상을 見하는 것 등은 역시 가종이 된다.

○ 化神이 旺相하여 月時에 得氣하였을 때는 日主가 고립되고 약하여 부득이 化하여야 하는데, 日主가 帶根하고, 접인이 相扶함이 있을 때는 이것 역시 假化이다. 또는 化神이 제극을 받거나 누설되어도 가화격이 된다.

무릇 格局이 純粹한 것은 眞正한 것이며 出身之位가 스스로 높아진 것인데, 이는 從化로서 行運이 旺한 鄕地에 있으면 大貴顯達하는 것이다. 그러나 行運이 심상하면 발전이 없고 평범하게 지내게 된다. 만약 假化格이라도 行運旺地이면, 眞格과 同一한 富貴를 누릴 수 있게 된다. 그러나 이것은 一時的이다.

다음과 같이 사주로 표시한다.

壬午　己酉　　大運
　　　　　　　25

이것은 종재격이다. 壬癸는 無根하고, 五月火旺時에 生하였다. 丙火가 透干하고 時에 甲寅이 있어 水를 누설시키고 火를 生하여 火가 왕

丙午	癸巳	甲寅
庚戌	辛亥	壬子
35	45	55

성하다。따라서 종재격의 極眞이다。

또한 癸巳는 天地相合하고、壬이 午中丁火를 見하여 역시 合하므로 氣勢가 格外에 純粹하다(見上天合地節)。고로 行運 戊申 己酉 庚運에 癸水를 생조하고 火氣를 누설하므로 부귀영화하였다。戊運에 會局火하여 가장 活動이 旺盛하였으나、亥壬子運에 이르러 火를 逆하는 水氣가 旺하므로 一落千丈하여 死亡하고 말았다。

大運	己巳	癸酉	乙丑	甲申
	庚午	己巳	戊辰	丁卯
	26	36	46	56

이것은 假從格이다。己土가 貼身하여 相剋하고 甲木이 時에 있어도 능히 制財하여 인성을 보호하지 못한다。甲乙이 무두 무근이요、巳酉丑 三合하고 時에 申을 만났으므로 從殺 않을 수 없다。그러나 己土가 비록 癸水를 제극하나 무력하고、癸水는 通根하였으므로 인성이 생조 日主하게 되어 가종격이 된다。만약 이 사주에 戊土를 만나 癸水를 극한다면 眞從이 되는데、運行 南方에 逆金이 旺氣하므로 商業에 失敗하고、戊辰十年에 다시 떨쳐 致富하였으며 交入丁運에 死하였다。여기에 逆金旺氣란、金을 극하는 火의 氣가 旺盛함을 말한다。

大運	癸丑	丙辰
	癸丑	壬子
	23	33

丙辛化水하고、全支에 子亥辰丑이 化氣를 이루며、時干에 戊土가 투출하여 逆氣가 旺盛하므로 假化格을 이루었다、여기에 妙한 것은 運에 癸丑 壬子 辛亥를 만난 것이다。一 北方金水旺地이므로 助力의

辛亥
戊子

辛亥　43
庚戌　53

氣勢가 旺하여 功名을 떨쳤다。

戊子　辛酉　丙申　己丑

大運
癸亥　15
甲子　25
乙丑　35
丙寅　45

丙火가 八月 死地에 生하고、支에 酉丑子申을 취(聚)하여 金水會局하였으므로 化하지 않을 수 없다。戊己가 並透하여 金水를 제지하여 病이 되었으므로 化格이 참되었다。따라서 出身貴胄이나 元局에 病이 있으므로 큰 뜻을 얻기 어렵다。甲子 乙丑 二十年은 干이 능히 去病하므로 가장 得意한 時代였다。

第八章　順局과 反局

第一節　順　局

순국이란 從兒格을 이름이다. 전술한 바 있는 從兒格은 종격중에 日主가 生하는 것이다. 즉 식상격에 따르는 것이다. 「順局」 이것은 相生에 順함이니 全印、全冲、全制、全食하여 命强 無破하면、 祿이 千鍾이라 하였다.

全制者는 傷官이 成象한 것이요, 全食者는 식신이 성상한 것이다.

모든 氣象이 이미 이루어져서 전부 順行하여 全傷、全食의 기세이 밖으로 순수하고, 식상병견(並見)하여 기세가 함께 一方에 속하여 혼잡되지 아니하고, 운행이 재지(財地)이고, 식상의 氣를 누설시키면 부귀하게 된다.

이른바 兒가 또다시 兒를 만난 격이다. 순국과 더불어 兩神成象中의 我生一局은 同一한 看法이다. 여기에 我生이란 日主가 生하는 것을 말한다. 특히 我生이 兩星並立되면 기세가 균형되어 순국한것으로 식상의 형상을 이루는 것이다. 日主가 고립되어 부득이 그 세력에 따르지 않을 수 없게 되는데、 모든 식상의 기운을 누설시키면 총명함이 絕頂에 달한 사람이 된다.

위의 순국을 다음과 같이 표시한다.

이것은 女子의 사주이다. 甲乙이 干透하고 全支가 寅卯木이어서 참된 從象이다. 干에 丁火가 있어서 吾兒가 또 兒를 만난 셈이 되었다. 아깝게도 運行이 北方에 水生木하여 비록 比劫을 不忌하여 아름답지 못하나、用神 旺한 者를 流洩함이 喜하다. 재운이 식상의 氣를 누설시키고 있어 비록 여자라도 夫를 도와서 집을 일으켰다.

乙卯	癸卯	丁卯	甲寅	大運
辛酉 59	壬戌 49	癸亥 39	甲子 29	

干에 甲乙이 투출되고 全支가 東方木으로 되어 있어서 從兒格이다. 現行運 丁巳에 총명함이 절정에 달하였으나 아깝게도 四十에 이르러 운이 끊어지고 말았다. 好運이 너무 일찍 들어서 아름다운 가운데에 흥하게 된 것이다.

戊辰	乙卯	壬寅	甲辰	大運
丁巳 11	戊午 21	己未 31	庚申 41	

식상으로 成象하였다. 日主가 고단하므로 順局從兒格이 된다. 干支의 성질이 일치하지 아니하다. 즉 水木 土金 金水의 종아격은 아름다운 것이나 木火는 木이 火焚되고、火土는 土가 多하면 火가 어두워지게 되므로 母가 旺함에 아름답게 되고、子가 旺함에 母가 그 상함을 입게 되는 것이다. 가령 이 사주와 같이 火가 많은 식상종아격은 木을

丁未	丙午	甲午	丙寅	大運
乙巳 2	甲辰 12	癸卯 22	壬寅 32	

태워버리고 말기 때문에 아름다운 사주가 못된다.

第二節　反　局

반국이란 五行의 反生, 反剋의 理致를 말함이다. 즉 日主가 있으나 反生剋하고 만약 用神이 있다 하더라도 역시 反用 또는 逆用하는 것이다. 그 이치를 비유하면, 임금이 신하에 의하고, 신하가 生하는 자, 즉 용재파인(用財破印)(재를 쓰기 위해서 인성을 파극하는 것)하는 것인데, 木은 水에 의하여 生하는 것이고, 또는 水가 旺하여 木이 뜨게 될 때(水旺木浮), 土로써 水를 제지하는 것, 木에 의하여 榮하는 것, 火를 붙여서 生하는 것, 木이 많음으로써 火가 寒한 것, 金으로써 木을 극하는것, 火에 의하여 생존하는 것, 土에 따라 火가 生하는 것, 火가 많아서 土가 마르는 것, 水로써 火를 제지하는 것, 土에 의하여 潤하는 것, 金에 따라 土가 出하는 것, 土가 많아서 金이 묻히는 것, 木으로써 土를 극하는 것, 金에 의하여 나타나는 것, 水가 스스로 金을 생하는 것, 金多하여 水가 冷해지는 것, 火로써 金을 제극하는 것, 水에 의하여 溫해지는 것 등이 反生의 理이다.

君者(임금)는 日主이다. 비유하면 어머니가 너무 아들을 사랑함으로써 도리어 아들이 해로운 것, 또는 충신을 얻어 臣義의 종이 되는 것, 節制하는 어머니의 사랑 등과 같은 것이다. 즉 印

星이 비록 왕하나 財星이 有氣한 것、財를 可用함으로써 印을 파하는 것、 소위 재가 有氣한 者는 재가 있어서 식상이 생하는 것인데、 이것은 모두 日主와 合하여 需要하는 것이다。 위의 것을 例로 들면 壬辰의 사주에 甲木이 坐寅한데、寅中丙火가 戊를 生하고、子月生에 寒木이 向陽하여 戊土를 得하였고、 水를 止하여 根을 培하는 것인데、 木이 곧 **번영**하는 것이다。 이는 甲木이 火土를 需要하는 것으로서 火土가 마침내 와서 도와주는 것이다。 또 한가지로는 戊午사주에 土가 孟夏에 生하여 水로써 滋潤함이 마땅하나 원국에 水가 없다。 그러나 다행히 金水歲運을 얻어 도움을 받는 것이다。 이와 같이 日主가 수요되는 물건을 要할때 그것이 원국에 없으면、 行運、歲運이 와서 배합함을 기다려야 하는 것으로 來合되면 능히 성취되는 것이다。

또는 印星이 비록 왕하나 財星이 有氣할 때는 財를 用하고 印을 파하는 것이 있으니 이것은 財의 有氣無氣를 잘 가려야 하는 것이다。 그런데 이것은 身强하고 印이 왕할 때 원국에 관살이 없고 식상이 있을 경우 재로써 印을 파하여 用하게 되는 것이다。 이런것이 임금이 신하에 의뢰하여 臣下가 生하는 것이 된다。 만약 身이 고단하고 印星이 왕하면、 財星이 비록 通根有氣하더라도 이를 用하지 못한다。

모름지기 印을 用함에 관살로 化하게 하는 것、 또는 財를 見하여 財를 탐하고 印을 파하는 것 등은 곧 어머니의 사랑이 아들을 멸하게 하는 局이 된다。

다음과 같이 사주로 표시한다。

大運

戊辰　己未　47
甲寅　庚申　57
丁卯　辛酉　67
己酉　壬戌　77

이것은 中國의 國府主席林森의 사주이다. 丁火가 正月에 生하고 全支가 寅卯辰의 東方으로 되어 있으며 干에 甲木이 투출하여 木旺火寒이 되었다. 따라서 酉金의 財로써 印星木을 제극하여야 火가 유지하게 되는 것이다. 사주에 관살이 없으므로 임금이 신하에 의뢰하여 신하로 하여금 生하게 되는 것이다. 다시 己土가 투출한 것이 喜한 것인데, 己土가 財를 生하므로 財星이 有機하다. 그러므로 時에 財가 있고 식신이 생재하므로(時는 晩年의 자리임)喜用在時하여 만년에 아름답게 되는 것이다. 그리고 庚申辛酉의 晩年 大運을 만나 財星이 得地하므로 大貴하게 된 것이다.

○ 日主는 어머니가 되고 식신은 兒가 되는데, 兒가 어찌 능히 母를 生하는가 하는 것은, 즉 日主의 수요와 합함으로써 되는 것이다. 그것은 財合日主하여 日主의 수요가 되면, 臣이 능히 君을 扶助하는 것이요, 食傷과 日主가 合하여 수요되면 見가 능히 母를 부조하는 것이 된다. 비유하면 木이 冬令 혹은 初春에 生하고 金七殺을 見할 때는 살로 하여금 印으로 化하는 것이 이치에 있는 것이다. 그러나 水를 用하면 水가 얼고(凍), 木이 부르터서 음습함이 심하여 나무뿌리가 썩게 된다. 寒木은 陽을 向하는 것이므로 火用하여야 하며, 火로 하여금 金을 제극하여야 木이 生하게 되는 것이다. 四柱에 無金일지라도 역시 火를 用하여야 되는 것이다. 또는 金이 夏令에 生하면 火가 月令에 旺하므로, 土를 用하여 火氣를 누설시킴으로써 金을 生하게 하는 것이다. 그러나 火를 用하면 土가 조토되어 金이 도리어 약해지므로 水를 用하여 火를 제극하고 土를 潤

하게 하는 것이 마땅하게 된다. 이런 것을 金이 水에 의뢰하여 生存하는 것이 되므로, 兒가 능히 母를 生하게 하는 것이 되는 것이라 한다. 즉 식상으로 제살하는 것인데 이것은 身弱이 아니면 아니 된다. 만약 신약이 아니면 극류교가 하는 것이니 이는 곧 反生之理에 있는 것이다. 겸하여 제살의 用은 日元의 강약을 不論하는 것이다. 다음과 같이 예를 들어 본다.

四柱	大運	
壬申	丙辰	29
癸丑	丁巳	39
乙丑	戊午	49
辛巳	己未	59

乙木이 十二月生이라 기후가 嚴寒하여 生氣가 不發하다. 그러나 時에 巳宮을 만났고 巳宮에는 丙火가 暗藏되어 雪寒에 봄이 돌아온 형상이다. 그러므로 兒가 능히 母를 扶助하게 된다. 辛金七殺이 비록 투출하였으나 조후가 시급하므로 殺과 印을 모조리 퇴하고 따사로움을 얻어야 하는데, 乙卯丙辰大運을 만나 木生火旺하여 少年에 登科하고, 丁巳戊午二十年에 벼슬이 직상하여 名振四海하였으나 己未 이후에 金이 火氣를 누설하므로 下野하고 말았다.

○ 母慈滅子, 모자멸자(母慈滅子)는, 印綬로써 方과 局을 이루어 形象이 이미 이루어진 것인데, 위에서 논한 순국은 식상으로 형상을 이룬 것이요, 여기에서는 인수로써 형상을 이룬 것을 말한다.

이미 형상을 이룬 것은 능히 그 기에 順하고, 그 기세에 거슬리지 못한다. 그러므로 印이 비록 왕하여도 日元에 재가 와서 인을 파함을 수요하지 아니한다. 또 印이 母가 되고, 日元이 子

가 되며, 比劫이 母가 되면 식상이 子가 되는데, 比劫이 滿局이면 식상이 孤單되므로 이것이 母

慈滅子인 것이다.

또한 모자멸자는 종재함에 있어서 財星이 無氣하면, 재로 하여금 印을 파하지 못함이다.

만약, 印이 旺하고, 日元이 고단하고, 局中에 투살됨이 있을때 財를 보는 것은 不可하다. 干下

의 財를 見하는 것은 반드시 禍가 있게 된다. 이것이 모자멸자이다.

이 理致를 사주로 표시하면 다음과 같다.

大運

辛丑	壬寅	辛酉	戊戌
乙丑	甲子	癸亥	壬戌
31	21	11	1

이것은 속칭 殺印相生이라는 것이다.

印綬가 重重하고 寅中에 丙火가 있으며 會戌成局하여 火가 無氣되지 않는다. 그러나 財를 取하여 印을 파하지 못한다. 즉 戊土七殺이 투출하고 재 하나만 見하므로 당살(黨殺)이 파인(破印)으로 극신하며 日元이 원래 약하므로 印에 의지하여 生存하는 것인데 어찌 印破殺剋을 감당하겠는가? 이 사주는 亥子運에 少年公子로서 要職을 歷任하였고, 丑運에 金印이 入墓하여 戌殺이 旺地이며 丙子年은 子丑合하여 殺로 化하고 재성으로 파인하여 당살이 되므로 車에 깔려 死亡하였다.

○ 夫健怕妻者=지아비는 건전한데 처를 두려워하는 자이다.

이것은 財가 方과 局을 이룬 形象인데, 재가 비록 왕성해도 日主가 通根하여 강하면 서로 따르지 아니하는 것이다。 또 四柱에 관살이 있고 全局이 배합하면, 능히 用財하여 재생관 하지 않으므로 夫健怕妻가 되는 것이다。이것을 보는 方法은 兩神成象格中의 我剋一局과 同一하다。 저편에 관살이 없을 때는 可히 식상생재함을 用하나, 이것은 관살이 있으므로 단지 印으로 하여금 殺을 化하게 함을 用하여 접으로써 印을 보호하는 것이다。例를 들면 癸亥、甲子、戊戌、癸丑에 亥子丑類의 北方이면 甲木無氣하고、戊癸相合하여 日元의 情이 向財하고、官을 向하지 아니함이다。財의 情 역시 向日元하여 生官치 아니한다。고로 능히 재로써 用함이 된다。 이것은 비록 用財는 하였으나、그가 喜하는 바、즉 印劫이 行運財旺하면 당살이 극신(剋身)하는 고로 怕妻하는 것이다。

다음과 같이 표시한다。

		大運
乙亥	丙子	24
己卯	乙亥	34
戊辰	甲戌	44
癸亥	癸酉	54

乙木官星이 卯祿을 得하고、當令에 旺神이다。다만 戊癸相合하여 日元이 向財하고、財向日元하여 生官하지 아니한다。그러므로 능히 財로써 用할 수 있는데 戊辰 魁罡은 比劫을 相扶하여 身이 健全하다。運에 見財함을 忌하는데 재생관 함이 있어 반드시 來하여 身을 극한다。그러므로 怕妻하는 것이다。

○ 君臣父子四句=君者는 主이다。八字中 日元이 主가 된다。고로 日主爲君이다。官殺、財、印、食傷 등은 모두 所用之神으로서 臣下가 된다。亢者는 旺逾其度인데、日主가 方局을 이룬 것

이 君旺逾度이다。 財官等이 方局을 이룬즉、 臣旺太過이다。

日主가 旺하고 財星이 輕하면、 食傷으로 하여금 日主의 기운을 漏出시키고 생재하며 혹은 관살로써 비겁을 억제하여 財를 보호하는 것은 모두 日主의 기운을 漏出시키고 생재하며 혹은 獨象

이 喜行化地하는 것이나、 전상(全象)이 喜行財地하는 것은 모두 上이 손(損)하고 下가 이익됨이다。 또 獨象

고 日主가 경하면、 印을 用하여 관살로써 化하게 하고、 혹은 비겁으로써 제재하여 身을 돕는 것

은 모두 下가 손이 되고 上이 이익 됨이다。 즉 君賴臣生、 夫健怕妻 등의 局은 모두 이런 것이

다。

〇 知慈母恤孤之道॥母子者는 印이 母가 되고 日元이 子가 되며、 日元이 母가 되면 식상이 子

가 된다。 印綬가 方局을 이루는 것은 日元이 외로운 것이니、 비겁의 地를 行함이 마땅하고、 日元

이 方局을 이루면 식상이 외로운 것이니、 식상의 地를 行함이 마땅하다。 이것이 蔭及子孫하고、

慈母恤孤의 道인것 이다.

日元이 方局을 이루면、 印이 孤함이니 官印之地를 行함이 마땅하고、 식상이 成方局하면 日主

가 孤함이니 비겁의 地를 行함이 마땅함인데、 養父母를 맞이하여 養하는 것이 됨이니 孝子의 道

이다。 다음과 같이 표시한다.

庚　乙　癸　庚
辰　酉　卯　申

大運　戊子 29　己丑 39　庚寅 49　辛卯 59

乙庚合作하고 卯申又合하여 모두 金으로 化했다. 그러므로 全局이 印이 된다. 이것은 母旺子孤가 된다. 즉 이것이 母慈滅子이다. 재로써 인을 파하지 못한다. 가장 좋은 것은 壬癸比劫의 旺地이고, 그 다음으로 金木이 그 기세에 순하는 것이 역시 美運이다. 단지 火土의 旺地는 忌하는 것이다.

丁　壬　癸　壬
酉　子　亥　子

大運　己酉 28　戊申 38　丁未 48　丙午 58

全局이 모두 水이다. 年干의 丁火는 壬과 被合되고, 年支 酉金은 고독하다. 이것은 子가 旺하고, 母가 고독한 것이다. 己酉, 戊申二十年은 官印의 地이므로 그 기세에 순함이 되어 아름답게 되고, 運入南方은 群比爭財가 되어 財耗되었다. 여기에 군비쟁재란, 비겁이 많아서 적은 재를 쟁탈하는 것인데, 즉 밥 한그릇에 형제들이 모여붙어 빼앗아 먹는 격이다.

第九章　體用精神

第一節　體와　用

道에 體와 用이 있는 것이니 體와 用을 一律的으로 논하기는 어려운 것이다.

體란 四柱의 主動的인 主力이요, 用은 전술한 바 있는 用神을 말하는 것인데, 이 用神은 위치와 일정한 명칭이 없는 것이다. 이 體와 用神에 대해서는 命書中에서도 의견이 구구하다. 그러나 子平 眞詮(자평진전)에 말하기를 用神은 오로지 月令에서 求하며 格局이 반드시 있으며 格局者가 體라고 한 것은 體와 用을 그릇되게 가린 것이라 하였고, 다시 體로써 用이 되는 것이 진정한 用神이라고 하였다. 用神은 이름이 없으며 名의 相神이 되는 것이라 하였다. 相의 外에 다시 輔助를 구함에 응하는 神이 있으니 이는 位置가 없으며 보조를 구하는데 응하는 者가 곧 相神이 된다. 이것은 또 名曰, 喜神이라고도 한다. 이것은 즉 喜와 忌의 相對되는 者인 것이다. 喜神은 곧, 用神을 부조하는 육신이다. 즉 方局形象을 이룬 者가 方局形象으로서 體가 되는 것이다. 이것은 기세가 편왕한 外格을 말하는 것이며 形象氣局이 없는 者는 오로지 日主로써 體를 삼는 것이다。 즉 體가 不完備한 者인데、 이른바 體者、 體象、 體段이라 하는 것이다。 八正格의 **體**는 오로지 月令에서 구하는 것이다。 가령 木이 春에 生하였으면 月令이 祿刃이 되며 春木이 體가 된다。 祿刃을 관살로써 제지함이 마땅하고、 혹은 식상으로 그 기운을 누설시키는 것이다。 이 관살과 식상이 곧 用神이 된다。 또는 木이 夏月에 生하였으면、 夏木이 體가 되고、 식상은 곧 木生火하므로 火가 식상이 되며 木은 식상의 인수가 된다。 夏木은 水氣로써 습윤해야 하는 것으로 水가 必要하다。 水는 木의 인수가 되는데 이 인수가 用神이 된다。 또한 木이 秋에 生하였으면 月令은 官殺이 되고、 秋木이 體가 된다。 이것은 재생관되므로 식상으로 제살해야 된다。 따라서 재와 더불어 식상이 用神이 된다。

木이 冬에 生하면、 月令이 인수이고 冬木이 體가 된다。 寒木은 陽을 向하는 것이므로 이는 식상의 火가 용신이 된다。 이와 같이 體는 정해지나、 用神은 一定하지 아니하다。 用者는 配合한 需要에 따라 生하는 者이다。

만약 局과 勢가 轉變하는데 支에 方과 局이 이루어져 있으면 日干과 이루어진 方局과 합한것이 體가 된다。 이런 경우에는 用神을 별도로 取하게 된다。 비유한다면 火가 春에 生하고 丙이 辰位에 臨하며、 時에 또 子나 申을 만나면 會局이 펴지는 것이니、 이것은 火로써 水가 未濟되어 이것이 體가 된다。 이런 것은 月令 인수가 用神이 된다。 또는 火가 夏에 生하였으면 夏火가 體가 되고、 時에 戊戌을 만났으면 식상이 有氣이니、 이것은 火土 식상이 體가 된다。 이런 것은 支에 별도로 재인이 用神이 된다。 이와 같이 體와 用神은 한가지로 논할 수가 없다。

또한、扶抑者는 用神의 作用인데、혹 日元을 扶助함에 月令을 抑制하는 神、또는 月令을 부조하는데、日元을 억제하는 것은 用의 一扶이다。또한 用印 用劫이 있을 때도 同一한 억제법이다。다시 극과 설(尅洩)의 분별이 있을 때、旺한 자를 억제함이 마땅하나、旺한 者를 억제하기 不可能할 때는 종강종왕의 기세에 순하는 자가 用神이며 弱者를 扶助하는 者도 用神이다。다음과 같이 표시한다。

```
己酉　丁卯　甲寅　戊辰
大運
壬戌　辛酉　庚申　己未
 78　 68　 58　 48
```

이것은 丁火가 正月生이다。春火가 體가 되는데、寅卯辰이 方을 이루고 寅中의 甲木이 투출하였으므로 이것이 인수이다。木多火寒이므로 재로써 旺木을 제극하여야 하기 때무에 재가 用神이 된다。그 作用은 損印하는 것이다。재성이 고립이나 己土가 보호하므로 비겁운을 만나더라도 겁탈을 당하지 아니한다。따라서 己土는 喜神이 된다。早行南方火土의 地에는 그 포부를 달성 못하나、庚申辛酉에 用神이 得地하였으므로 國府의 主席이 되었다。

```
丁卯
大運
戊申
 42
```

丙火가 十二月에 生하여 冬火가 體가 된다。申子會局하고 丑中의 癸水가 투출하여 火가 쇠하고 水가 왕하여 正官格이다。이런 때는、水火의 氣를 流通시켜서 수를 漏洩시키고 火를 生하는 木이 있어야 하

癸丑　丁未　52
丙申　丙午　62
戊子　乙巳　72

는데 卯木이 곧 인수이며 用神이 된다。寒木이 힘이 박약하므로 丁火가 도와야 하는데、癸水가 丁을 傷하나、다시 戊土와 癸가 相合하여 火로 변하므로 丁戊 모두가 喜하게 되었다。前運의 戊字가 아름답게 되고 丁未丙午運이 交入하여 喜用 得地하였으므로 貴하게 되었다。

이상에서 논한 體와 用을 다음과 같이 論하는 사람도 있다。

즉、用에 主와 客이 있고、體에 역시 主와 客이 있는데、日主는 體의 用이며、用神者는 用의 體이고、喜神者는 用之用이라 하였다。또 從化、專旺 등의 格局은 모두 全局의 氣勢로써 體를 삼는 것으로 化局의 生我하는 化神이 用神이 된다 하였다。또 종국에 所從之神으로써 用神이 되고、專旺 등의 局은 그 기세에 順하는 그 性情이 用神이 되며、다시 兩神、三神、四神으로 成象한 者는 形象을 이룬 것이 體인데、배합을 참작하여 用을 取하여야 하며 一神一用者가 있으니、兩神成象은 오로지 日主가 體가 되며 一神一用을 가진다고 하였다。

第二節　精神

精神 兩字는 無形에 속하는 것이다。무릇 八字에 정신이 있으니 精神이 出하여 배합하는 것은 干支에 있으며 天地의 順逆에 精粹한 者는 번창하는데、順逆精粹의 四字가 곧 精神이다。用神의

有情無情、 有力無力은 干支地位의 先後에 미치는 것이요, 寒暖燥濕의 適宜는 모두 精神의 所寄가 되는 것이다. 그러므로 何者가 精이 되고, 何者가 氣가 되며, 何者가 神이 되는가는 다음에 논하게 되는데 源流清濁、 眞假 등은 모두 精神의 明暗 有無에 있는 것이다. 清濁은 一清到底하는 정신에 있고, 一清到底는 精神이 능히 自顯하는 것이다. 四柱干支의 順遂精粹는 곧、 一清到底이다. 澄濁求清 寒谷回春하는 것이 모두 정신의 所寄이다.

八字에 비록 정신을 같이 갖추었어도、 高低가 있는 것이니 그 분별은 配合의 損益을 가리는데 있는 것이다.

다음과 같이 위의 例를 표시한다.

四柱: 庚寅 戊寅 甲子 丙寅

大運: 庚辰 17 辛巳 27 壬午 37 癸未 47

寅中의 甲丙戊가 병투하여 天覆地載가 되어 上下有情하고、 子寅에 拱丑하여 三奇得貴하였다。 初春木氣는 약간 寒冷하나、 丙火를 得하여 照暖하고、 다시 雨露가 滋培함이 마땅하였다。 用神이 비록 丙火이나、 甲子가 坐印하여 水火旣濟가 되었다。 寒暖照濕이 適中한 것은 정신의 소재이다.

四柱: 庚寅 戊寅

大運: 庚辰 14 辛巳 24

子가 바뀌어 戌이 되었으므로 정신이 廻殊하고、 日元이 坐戌하여 木燥而枯 (나무가 말라 버림)되었다。 이것은 식상이 용신이 된다。 그리

甲　丙　　壬　癸
戌　寅　　午　未
　　　　　34　44

므로 정신이 멀어졌다。

丁　庚　己　庚　　　大運
亥　戌　巳　午　　丁　丙　乙　甲
　　　　　　　　未　午　巳　辰
　　　　　　　　28　38　48　58

이것은 蔣介石의 사주이다。土金傷官格인데、秋季에 金神이 乘令하고 土旺用事이다。午戌會局하였고、丁火가 투출되어 있다。金神이 强한데 火를 得하여 제지하고 있어 一種의 威武不屈의 정신이 된다。따라서 金神이 火鄕에 入하면 武貴한 것이다。또한 土는 本氣가 되고 金이 餘氣가 되며、火는 墓神이 되며、體用은 함께 戌宮의 月令을 갖고、또 天干에 同질이 투출되어 정신이 참되다。南方運에 成功하여 全國의 領袖가 되었다。

庚　己　庚　壬　　　大運
午　酉　戌　午　　癸　甲　乙　丙
　　　　　　　　丑　寅　卯　辰
　　　　　　　　21　31　41　51

이것도 土金傷官格局이다。土金이 旺하고、午戌會局하여 體用이 모두 同一하다。전기한 蔣總統의 사주는 丁火가 투출하였다。이 사주는 壬水가 투출하여 식상제지력이 不足하다。前者는 己土가 坐巳하고 身이 祿旺의 地에 臨했고、後者는 己土가 酉에 臨하고 坐下가 漏洩한다。비록 모두 一種의 정신이 갖추어졌으나 兩者에 高低가 있게 되었다。

○ 旺과 衰의 眞機를 아는 법、

때를 얻으면 旺(得時則旺)하고 때를 잃으면 쇠하는 것(失時則衰)은 五行의 正理이다。太旺하면 누설시킴이 마땅하고、旺極하면 生함이 마땅하며、太衰하면 剋함이 宜하고、衰極하면 누설함이 宜하며 기세가 一方으로 偏旺하면 그 기세에 順함이 宜한 것이 五行의 變格이다。太旺宜洩은 곧、獨象이 化地에 行함이 마땅하고、旺極宜生者는 곧、方局이 모두 來한 것이니 旺神이 強勢하여 그에 從한 것이다。太衰宜剋者는 從官殺이요、衰極宜洩者는 從財從見이다。이상은 이미 상술한 바이다。

위의 理致를 총괄한 것을 비유하면 春에 生한 木은 祿旺의 때를 만났으므로 제극해야 하겠으나、그러나 春木은 生氣를 발하여 싹이 트는 것이므로 庚辛의 金으로 折伐하는 것을 두려워함이니 用金하는 것은 上格이 아니 된다。木이 秋에 生하면 休囚의 때이므로 生扶해야 할 것 같으나、그러나 秋木은 生氣가 下로 숨어들기 때문에 잎(葉)과 가지(枝)가 殘枯하므로 찍어서 재배(剪栽)하는 것을 喜한다。따라서 秋木은 金을 두려워하지 아니한다。金旺有火制之는 반드시 大貴하는 것이며、夏木이 綠葉陰濃하는 것은 도리어 인수로 생부해야 하며、冬木이 가지와 잎이 고갈된 것은 도리어 식상으로 기운을 누설시켜야 하는데 이것은 조후작용이기 때문이다。다시 다른 논법으로는 金이 秋에 生하면、火로써 제극함을 喜하니 이것은 그릇을 이루기 때문이며 金이 冬에 生하면 丙火로 따뜻하게 함이 마땅하다。金이 春夏에 生하였으면 壬水로써 씻어줌을 喜한다。이와 같이 위에서 논한 것은 五行性質인데 각각 한결같지 아니하다。이것이 왕쇠의 眞機이다。다음과 같이 표시한다.

大運		四柱
甲戌	16	己亥
癸酉	26	丙子
壬申	36	丁卯
辛未	46	庚子

丙丁火는 寒火일지라도 그 성질이 다른 것이니, 丙火는 太陽의 火이므로 水가 극함을 두려워하지 아니하고, 旣濟로써 美로 된다. 丁火는 爐冶의 火이므로 甲木이 부수되어야 화려하게 된다. 이른바 본 어머니(嫡母)가 있는 것과 같은 것이다. 이것은 秋冬이 모두 可하다. 이 사주는 丁火가 冬至後三日에 生하였으므로 印綬인 卯木이 用神이 되어야할 것 같으나 冬至前後 땅이 얼고 天이 寒하므로 水가 얼음으로 木은 枯槁해진다. 또 亥卯相合한 濕木은 生火할 수 없으므로 無用이 되어 丁火는 불꽃이 없다. 丙火는 冬日에 따스함이 없어서 도움의 사랑을 할 수 없다. 水는 氣가 왕하므로 단지 그 旺한 기세에 따르게 되므로 그 기세에 순함이 用神이 된다. 陰干의 從勢하는 이치는 이러한 것이다. 戌運에 困하고, 癸運 流年에 木火土連環하여 발전이 없고 酉運에 이르러서 순풍에 돛을 단 격이 되었다. 壬申運은 모두 利하고, 장래 未運은 三合水局하였는데, 氣가 南方으로 전기함에 반대의 세력이 되는 고로 忌하게 되는 것이다.

위에서 지금까지 논한 것은 강한 자를 억제하고, 약한 자를 부조하는 억부법의 中和가 五行의 正理라는 것을 논했다. 또 그 후에 反生反剋, 抑揚進退, 顚倒陽陰의 묘리가 무궁한데, 역시 合하여 中和하지 않음이 없다. 비유하면 春木이 丙火를 喜하는 것은 陽和의 氣이므로 生木하게 되는데、 이것은 누설함으로써 生함이니, 인수가 많아서 陰이 濃하고 濕함이 重하면 뿌리가 썩기 때문이라는 것이다。 木이 秋에 생하면 氣가 下로 감추어지기 때문에 밖으로는 그 象의 枝葉이 고갈한 것이므로 陽和의 氣가 있어도 木氣가 창달하지 못하며、 生氣가 창달치 않는 바를 金으로 제극함을 喜하는 것인데、 이 모두가 五行의 변하는 이치이다。 또한 病方이 귀하게 되는 것은 病에 藥이 있는 연고이다。 八字는 中和되어야 貴하게 되며、 病에 藥이 있어야 中和되는 것이다。 또한 貴格에도 高低가 있음을 논했다。 다음과 같이 사주로 표시한다。

大運

癸未	辛酉	乙酉	丁亥
戊午 30	丁巳 40	丙辰 50	乙卯 60

이것은 閻錫山의 사주이다。 乙木이 寒露前 一日에 生하여 秋가 深한테、 辛金이 투출하였으나 乙木이 비록 약하더라도 金剋함을 두려워하지 아니한다。 丁火가 제살함에 用이 되므로 運行南方에 일약 三晉의 都督이 되고、 民國以來 그 파란 속에서도 오직、 一人만은 始終如一 하게 三晉에 坐鎮하고 있었다。

大運

戊子	辛酉	乙未	丙午
甲子 25	乙丑 35	丙寅 45	丁卯 55

이것은 위의 염석산의 사주와 같은 격이다。 乙木이 秋分前 一日에 生하였고、 丙火로써 制殺함이 用이 된다。 그러나 그 힘은 丁火만 못하다。 그것은 곧、 丙火는 태양의 火로서 조후 난조에 用하는 것이요、 丁火는 爐治의 火로서 金을 녹이는 것이기 때문이다。 이것이 干支의 성정의 특수한 것이다。

第十章　通關 淸濁 眞假 恩怨 閑神 羈絆

第一節　通　關

통관이란 사주 중에 두 세력이 왕성하여 대립되어 있을 때 이를 서로 유통시키는 육신을 用神으로 삼을 경우에 그 통관시키는 육신을 通關之神이라고 한다. 이것을 비유하면 天上의 關內에 織女가 있고, 關外에 牛郎이 있어서 우랑이 통관하여 洞房에 들어가는 것을 말한다.

통관에는 두 가지가 있으니, 그 하나는 兩神成象에 그 세력이 비등할 때 그것의 氣를 通하게 하여 調和케 하는 것인데 곧 관살이 왕하고 日主가 약하여 이를 인수로써 通關하는 것과 日主가 강하고 재성이 경할 때 식상으로써 통관하며, 만일 원국에 통관신이 없을 때는 運程을 만나야 하는 것 등이다. 이런 것은 모두 통관신의 정신의 소재인 것이다. 또 하나는 用神이 두개 있어서 기세가 대립될 때, 양신을 병용하기 불능하므로 어느 하나를 도우고, 하나를 보내야하는 경우이다. 즉 통관지신이 조화하는 것인데, 가령 官傷並立하였을 때 반드시 재를 용하며, 재인이 交叉하였을 때는 관살을 用하고, 財가 劫刃을 만났으면 식상을 用하여 印을 효(梟)(쪄르는뜻) 하는 것이다. 다음과 같이 例로 표시한다.

命式
大運
己未
丁卯（印）
丁巳
庚子（煞）
　　癸亥 35　壬戌 45　辛酉 55　庚申 65

月令이 인수고 재가 투출하여 재인이 交叉되였다。이것은 관살이 用이 되는데、運行子癸亥壬 二十年은 통관되어 대성하였으나 戌運에 되직하여 庚申運에 卒하였다。

命式
大運
戊寅
（傷）庚申（傷）
己丑
（官）甲子
　　壬戌 11　癸亥 21　甲子 31　乙丑 41

이것은 관살교차이다。己土日元과 官이 合하여 有情하므로 官을 用하지 않을 수 없다。또한 庚金이 得月令하여 투간하므로 이것 역시 用하지 않을 수 없게 되었다。그러나 관과 식상을 並用할 수 없으므로 양자중 택일하여야 하는데 이것 역시 불능하다。따라서 할 수 없재로써 이를 화해시키는 神을 써야하므로 재를 用할 수 밖에 없다。이 이 양자를 화해시키는 것이다。이것은 그 성정상 金木之間을 水로써 金生水 水生木하기 때문이다。行運亥子丑十五年은 벼슬에 대성하였다。그러나 乙丑 이후는 상관이 暗旺하므로 落職하였다。

第二節　清　濁

사주가 좋으면 정신이 맑아서 부귀하게 되고、사주가 탁해지면 정신이 흐려져서 빈천하게 된다。따라서 사주의 정신이 맑아야 하는 것이다。

그런데 이 정신의 청탁을 가리는 것은 사주상에 있어서 가장 어려운 것으로 되어 있다. 사주의 淸濁은 육신의 생극과 그 위치에 의하여 정해진다. 즉 干支의 合이 順粹의 兩字와 上下左右의 情和氣協, 그리고 用神과 合하여 需要되는 者等의 局勢가 淸純한 者들이다. 偏枯、雜亂한 것은 탁한 것이다. 一淸到底라는 것은 곧 年月日 合하여 淸純한 조직으로 이루어진 것이고, 時上에 혼란이 있는 者는 原局이 청하고 流가 탁한 것으로 된 것이고, 또 月日時가 청순으로 이루어졌어도 年上이 혼란하면 原이 탁하고 流가 淸한 것이 되는데 全局이 淸純한 것이 一淸到底인 것이다. 능히 一淸到底한 것은 스스로 정신을 갖춘 것이요, 부귀수복이 있는 징조이다. 등탁구청(澄濁求淸)자는 이른바 全局이 혼란하고, 한두개의 吉神이 있는 것인데, 乾이 돌고 支가 구르는 力量인 것이다. 또는 전국이 탁한데 轉하여 淸을 이루는 것은 일종의 정신인데 寒谷에 回春한 者이다. 이것은 氣候의 調和者이다. 즉 金水喜官은 水木土金이 冬令에 生하면, 모두 調候를 수요하는 것인데 이 寒凍한 때 時上에 一點의 陽和의 氣를 得하면 寒谷回春하는 격이 된다. 이것 역시 일종의 정신에 있는 것이다. 사주는 모두 일종의 淸純한 정신이 있어야 부귀하게 되는 것이다.

다음과 같이 예를 들어 본다.

```
庚　庚
辰　申
甲　癸　大運
申　未
37　27
────────
```

土金傷官인데 戊土는 秉令하고 다시 時上에 午印이 生하고 있다. 庚金은 申에 祿을 얻어서 全局에 閑神이 없다. 一淸到底한 것이다. 申辰이 拱合하여 濕土生金하므로 用神은 庚金이 된다. 戊土氣旺하니 이

戊　戊
辰　午
乙　丙
酉　戌
47　57

를 누설함이 美한데、運行 西方은 그에 마땅하므로 三十餘年間 太平 宰相이 되었다。

大運
丁　辛　壬　丁
巳　巳　子　酉
丙　丁　戊　己
午　未　申　酉
51　41　31　21

이것은 金水傷官이다。官星을 見함이 喜한데、이 사주는 丁壬合作하고、子巳合作하며、(戊癸) 巳酉拱會 辛金하고 時上에 丁火가 透하여 水暖 金溫하다。따라서 一淸到底한 것이다。또한 運行이 土金之地를 行하고 있어 官運이 大吉하였다。이것은 傷官이 用劫한 것이다。

사주가 위와 같이 순수한 자는 청한 것이요、혼잡한 것은 탁한 것인데、즉 日主가 때를 만나지 못한 것、用神이 때를 秉令치 못한 것、四柱配合이 수요와 합하지 못한 것、强弱이 균형되지 못한 것、상호 보호하지 못하는 것들은 모두 탁한 것이다。사주가 有情한 것은 정신이 있는 것이요、無情한 것은 정신이 없는 것이다。무릇 사주는 탁하더라도 大運을 잘 만나면 청하게 되므로 花草가 피는 것이 되고、八字가 편고하고 大運의 도움이 없으면 夭死하거나 빈천하다。다음과 같이 표시한다。

大運
庚　癸
申　巳
戊　己
午　未
13　3

甲木이 無根이요 庚金이 秉令하여、殺이 重重하다。이것은 殺印相生 하여 無根이 有根되고 從한 것이다。用神은 巳中의 丙戊인데、巳申合

甲申　丁巳　23
壬申　丙辰　33

하여 吉神이 損하게 됐다. 이런 것이 탁한 것이다.

第三節　眞假

사주의 용신에는 진신 가신이 있으니, 진신은 日主의 수요자를 용신으로 삼은 것이고, 가신은 진신이 없을 때 사주의 배합상 할 수 없이 용신으로 삼은 것이다. 이 진신과 가신의 구별은 得時 秉令者가 진신이요, 失時하여 退氣한 자가 假神이다. 이 眞假를 가리는 것 역시 구구한데 본서에서는 위에서 논한것을 원칙으로 삼는다. 즉 日主의 수요신으로서 十干에 十二個月中 所喜用神을 得用한 것이 진신이요, 四柱의 配合上 不得己 취하지 않으면 안될 용신을 취한것이 가신이다. 예를 들면 가령 春木은 火로써 眞神이 되고, 夏木은 水가 진신이 되며, 秋木은 金이 진신이 된다. 가신은 가령 甲木이 寅月에 생하고 金水가 투출하였는데 四柱에 火가 없으면 金水를 用하지 않을 수 없으니(단지 日干을 해하지 않는 경우)이것이 가신이 된다.

이 진신이 없을 때 가신으로 용신을 삼은 것은 별로 큰 해 없이 평범하게 지내나 발전성이 없고, 또 진가를 가릴 수 없는 경우가 있으니 즉 진가가 모두 왕성한 것인데 이도 역시 큰 화 없이 少喜 安樂한 것이다. 또한 提綱에 眞神과 더불어 비치지 않더라도 진신의 行地를 만나면 大貴한

것이다. 가령 冬木에 丙火를 用함이 喜한데 日時의 支에 見巳 見寅이면, 진신이 비록 제강에 있

지 않더라도 역시 진신득용이 된다.

이것은 이른바 月令에 得氣함이 못된 경우이다. 무릇 진신이 秉令에 得時하면 귀히 된다. 그러

나 조후, 병약, 통관을 取用하는 者는 반드시 得時令의 氣가 아니라도 된다. 또는 暗處에서 진신

을 찾을 때는 吉神이 暗藏된 것인데 全局의 정신이 암장의 신을 경유하여 이루어진 것은 곧 진신

이 된다. 또 寅月生에 木火가 투출되지 않고, 庚金이 투출되면, 이것은 提剛이 不照한 것이다.

이와 같이 진신은 반드시 月令에 秉令한 神만으로 정하지 아니한다. 다음과 같이 사주로 표시

한다.

辛卯　庚寅　丙戌　乙丑

大運
丁亥　28
丙戌　38
乙酉　48
甲申　58

正月 丙火에 壬水를 喜用하는 것인데, 진신이 나타나 있지 아니하다.

干金支木은 재인교차로서 어디에 귀한 곳이 있는지 알 수 없다. 그러

나 丑戌寅卯의 四字中 丑戌이 亥子를 夾拱하고 壬癸진신이 暗藏되어

재와 인에 通氣하고 있다. 從戌至卯에 聯珠夾拱하여 北方의 氣를 聚

하여서 格局이 크다. 원주에 巳丑이 暗邀하고、乙庚이 暗化하며、氣

轉西方하니 역시 진신이 있음이다.

다음으로 암신을 찾는 자는 이른바 진정한 用神이 있는 곳을 찾는 것이니、非夾拱이면 그 形

은 볼 수 없으나 모두 暗神을 可히 볼 수 있게 되는데 이것이 진신이다.

第四節　恩　怨

은원이란 喜와 忌를 말함이다. 日主에 所要되는 神은 사주배합상 불가결한 것이 되므로 곧 喜神이 되는데 이 희신이 서로 멀리 떨어져 있으면 둘 사이는 情이 있어서 合去하고 싶으나 그 中間에 所隔之神(소격지신이란 중간에 막고 있는 육신을 뜻함)이 있으므로 이것은 怨神이 된다. 그러나 이 소격지신은 중간에서 仲介의 역할을 할 수 있으니 즉 日主의 所要神을 仲媒하고 喜神을 끌어당겨서 둘 사이의 거리를 가깝게 하여 줌으로써 有情하게 할 때는 원신이 도리어 恩神이 되고, 사주에 이런 경우는 可히 富貴하게 된다.

그러나 희신과 합하여 충하거나 日主와 희신의 둘 사이를 충극 충거하여 離間시키면 원수지간이 되는 것이다.

따라서 中間의 神이 日主의 소요신을 중간에서 끌어당겨 둘 사이의 情을 붙여주는 중매역할을 하면 怨中에 恩이 되고, 이와 반대로 둘 사이를 이간시키면 怨神이 된다. 이런 것을 은원이라고 하는 것이다.

이런 類型은 일반사주에 흔히 볼 수 있는 것이니 만일 중간의 所隔之神이 이간질을 하여 日主의 소요신을 충거시켜서 원수가 되는 사주는 흉하게 되는 것이다.

다음과 같이 사주로써 표시한다.

大運

癸酉	丁巳	壬午	丙午
乙卯 18	甲寅 28	癸丑 38	辛子 48

壬水가 巳月에 生하고, 水는 絕地에 臨했으므로 도와줄 자는 癸酉인데、정은 있으나 年支에 멀리 떨어져 있고 중간에 丁巳가 있어서 양자간을 중매하는 역할을 갖고 있다. 이 사주는 묘하게도 巳가 巳酉會合하여 가깝게 당겨주고 있다. 그러므로 이것은 일종의 정신이 되는데 巳酉金局이 癸水를 生하여 재를 제하고 인을 보호하고 있다. 이로써 財旺을 인접으로 用하는 격국을 이루었다. 癸丑壬運에 이르러 貴히 되었고、子運에 子午冲하여 衰神이 冲旺하므로 失敗하였다.

大運

丙子	辛丑	乙巳	乙酉
癸卯 11	甲辰 21	乙巳 31	丙午 41

乙木이 十二月에 生하여 寒木이 陽火를 바라고 있다. 그러므로 丙火가 必要한데 丙火는 멀리 떨어져 있고、辛이 그 중간에 있어서 중매작용하는 소격신이다. 이 소격신이 丙과 合하여 水로 되고、水로써 日主를 다시 生하게 하여 원수가 은인으로 되었다. 만일 丙辛合하지 않는다면 巳酉丑相合하여 恩星이 힘이 없어 피거되나 丙辛合하므로 원수가 起하는 가운데 은인이 되었다. 殺을 인수로 化하게하여 勉強爲用한 것이다. 따라서 이사주는 敎讀終身하였는데 行運 乙巳丙午運에도 역시 힘이 없어 포부를 달성치 못하고、午運에 이르러 冲破子印하여 不利해졌다.

第五節　閑神

한신이란 사주에서 用神、喜神、忌神 外에는 모두 한신이 된다. 사주에 아무 작용도 하지 않고,

한가로이 있다하여 한신이라 한다. 그러나 이 한신이 중요한 역할을 할 때가 있으니 곧 대운 또는

세운이 용신을 파극하고 희신이 용신을 보호하지 못할 때에 한신이 대운 또는 세운을 억제하거나

또는 합하여 희신으로 변경시키거나 해롭지 못하게 한다.

다음과 같이 사주로 표시한다.

		大運	
壬申	癸丑	戊午 47	
乙丑			
辛巳	己未 57		

乙木이 十二月에 生하여 寒木이 陽火를 바라고 있다. 그러므로 巳宮

內에 있는 丙火를 用하여야 하는데、 金水는 비록 丑宮에서 투출되었

더라도 모두 한신이다. 그것은 辛金七殺이 동하여 인수로 化하지 않

고 있기 때문이다. 行運戊運에 戊癸合하여 火로 되고 다시 丙火가 用

神을 돕고 있으므로 번영하게 되었다. 己運에 이르러 재가 와서 殺

을 도우므로 큰 타격을 받았다.

```
          大運
丁  甲  己  戊
未  辰  酉  辰
   癸       壬
   卯       寅
   8       18
```

甲己化土이므로 丁火를 用한다。戊土가 喜神이 되어 돕고 있는데 酉金은 한신이다。壬癸運에 戊土가 回剋함을 得하고 酉金이 回冲함을 得하여 흉이 길로 化함을 만났다。그러므로 少年에 得意하였으나, 寅運에 이르러 甲木이 환원하였는데 救해줄 神이 없어서 실패하고 말았다。

第六節 羈絆

기반이란 사주에 干合하여 희신 또는 기신으로 화하지 못하고, 간합된 두 간중의 음간이 그 작용을 못하게 되면 이것을 기반이라 한다。간합이 되어 길신으로 화하면 名利가 좋고, 忌神으로 화하면 재해가 많다。용신 희신이 기반이 되면 평생 성공을 못하고 만다。

다시 말하면 기반은 合神인데, 가령 甲木日主가 辛金 官星을 用할 때, 丙火를 見하면 辛金은 被傷되니 이것이 合去가 되고, 능히 관성으로써 다시 用하지 못한다(이것은 地支如何를 볼 것이니 地位가 相隔이고 支가 辛金을 도와주면 의연히 可用하며 合去하지 아니한다)。만약 陽干을 爲用할때 陰干合神함을 見하면 合이 不去하며 기반이 된다。가령 甲木日主가 丙火식신을 用함에 見辛金이면 辛이 去丙치 못하니 丙火는 의연히 可用된다(日主가 相合이면 기반이 아니 된다)。기반 용신자는 한신이 된다. 다음과 같이 기반을 표시한다.

丙子　辛丑　戊子　癸丑
　　　大運
　　　乙巳 32
　　　丙午 42
　　　丁未 52

戊土가 十二月에 生하여 天寒地凍하여 丙火調候를 取用한다。그 中의 癸戊辛이 투출하고 同宮의 氣를 聚하여 天覆地載가 되었다。그러나 金水 모두 한신이다。丙辛相合하고 戊癸相合하여 日元用神이 느두 기반이 되었다。南方運에 이르러 用神을 得하므로 依然ー 任意로 작용한다。

辛巳　庚寅　丙子　己卯
　　　大運
　　　癸酉 29
　　　壬申 39
　　　辛未 49

庚金이 十一月에 生하여 金水傷官이 木火黨衆이다。天干에 丙이 투출하여 巳에 得祿하고 庚金은 無氣이다。그러므로 比劫으로써 身을 돕는데 이것이 用이 된다。丙辛은 相合하려 해도 丙은 子上에 臨하고 또 隔位되어 丙이 辛에 가서 合하지 못한다。運至癸酉壬申辛 二十五年은 靑雲에 直上하였다。天干에 合하고 不去할 때는 依然히 可用된다。

第十一章　四柱總論

第一節　調　候

寒暖燥濕은 全局의 氣勢를 가리켜 한 말이요、過함은 오히려 不及함이라는 것은 모두 偏枯한 것이다。고로 八字는 中和함으로써 貴히 되는 것이다。調和氣候는 八字中의 重要한 工作이 되는 것이다。

天道地道者는 干支이다。天干에 金水는 寒함이 되고、木火는 暖함이 되며、地支에 西北은 濕함이 되고、東南은 燥함이 되는 것이니 이것은 五行의 方位에 就함을 말함이다。秋冬은 寒濕이 되니 이것은 時令의 氣候에 就함을 말함이다。寅、卯、巳、午、未、戌은 陽暖의 鄕이 되고、辰、申、酉、亥、子、丑은 陰寒의 地가 되는 것이다。

陽暖의 支上에 甲乙丙丁戊가 臨한즉 暖하면서 燥에 가깝고 陰寒한 支上에 庚辛壬癸乙己가 臨하면 寒濕하다。調和의 法은 두 가지가 있으니 그 一은 暖燥함이 太過하면 雨露로써 潤케 함이 喜하고 또 一은 寒濕이 太過하면 太陽으로 따뜻하게 함이 마땅하다。

비록 生剋制化의 常經이 아니라도 進退乘除의 理에 이르름이 참된 것이다。原註에 이르되 寒한

氣를 得하면 暖함을 만나야 成하고、暖한 氣를 得하면 寒함을 만나야 成하며、또 가로대、濕함이 過하면 滯하여 成함이 없고、過燥하면 烈로서 禍가 有하나니 무릇 八字中에 需要되는 것은 調候者인 것이다。비록 官殺財印食傷을 見할지라도 一개 暫緩을 논하는 것이며、오직 調候됨이 急先務인 것이다。

寒함이 심하면、暖氣가 있음을 要하는데 비록 暖氣에 이르더라도 寒의 有根을 要함이니 이것은 氣候의 調和에 달린 것이며 역시 根이 苗(싹)보다 먼저 있는 것이니 모름지기 原局의 根에 따르는 것이다。運이 其地에 이르면 自然히 發榮하는 것이요、만약 原局에 根이 없으면 비록 佳運이 직접 이르러도 華함이 不實하여 一生에 福澤의 결함이 있게 된다。다음과 같이 사주로써 논평한다。

이것은 女子의 사주이다。壬水가 十二月에 生하여 水凍金寒하고、池塘氷結하였다。日元은 寅에 坐한 것이 喜하니 寅中의 一點 丙火가 用함이 된다。寒濕한 가운데 이 支藏된 一점의 陽丙火는 暖和의 氣가 有하다。다시 運行이 東南陽和의 地이므로 喜하게 되었다。소위 母家夫家라는 것이다。門庭이 성하여 夫榮妻貴하게 된 것이다。

辛丑　辛丑　壬寅　辛丑　　大運
甲辰 26　乙巳 36　丙午 46　丁未 56

이것 역시 女子 사주이다。위의 사주와는 차가 十一日인데、氷結塘한 것은 두 사주가 同一하다。運行도 역시 同一하다。특히 전자의

辛丑　……　　大運
甲辰 22

辛　乙　巳 32
丑
癸　丙　午 42
丑
癸　丁　未 52
丑

지낸다.

사주는 壬寅丙火가 有氣하여 吉神이 暗藏되었다. 이 사주는 비록 運行이 東南方이라도 丙火가 無根이다. 原局에 寒濕이 過하므로 出身의 貴賤이 不同하다. 行南方陽和의 運에 商人에게 시집 가서 몸 편하게 지낸다.

大運
乙　戊　寅 24
丑
辛　丁　丑 34
巳
甲　丙　子 44
午
丁　乙　亥 54
卯

四月에 甲木이 退氣하고 丙이 司令(司令은 月令을 만났다는 뜻)하였으므로 癸水를 用하지 않으면 不可하다. 그러나 癸水가 不出하였으므로 富貴를 갖춤 이 假者가 되었다. 그것은 氣候가 너무 暖燥하였기 때문이다. 다시 辛 金官星이 상처를 입었고, 丁火는 旺祿을 얻어 乘旺하다. 따라서 原局에 인수가 결함되어 甲木은 불에 탈 우려가 있다. 戊運에 火는 꺼지고, 金이 生存하게 되어 홀연히 깨달음을 받게 되고, 丁運庚子年에 冲去午火하고, 庚과 乙이 合하여 官을 도와주므로 관찰의 특상을 받았고 同年에 剋妻하였다. 이것은 原局이 편고하므로 큰 뜻을 이루지 못한 것이다.

註=天道有寒暖、發育萬物、人道得之、不可過也、地道有燥濕、生成品彙、人道得之、不可偏也。(이것은 上述한 註文이다。)

第二節　君子之風

사주에 官이 맑(淸)고, 인수가 바르(正)며, 또는 재가 官을 生하여 官旺된 格局에 氣勢가 평화하면 군자의 격이요, 官殺이 印綬用神으로 化하든가 식상으로 제살되며, 陽刃상관하는 格이 되면 秀氣가 發越해서 사람이 명리 과감하고 총명해지며 多能해진다.

무릇 사주의 격국이 中和되어 純粹하면 사람이 반드시 忠厚誠實하다. 運程이 평온하면 파도가 없고, 격국에 병이 있으면 藥이 있어서 서로 보호하고, 근원이 中和되면 사람이 총명하고 지혜가 있다. 運程에 起伏이 많으면 성패가 많다.

通關、調候、澄濁求淸、暗處尋眞 등의 格局은 모두 多能한 象이다. 다음과 같이 격국의 우월을 사주로 표시한다.

		大運
丁 酉	庚 午	54
丙 子	辛 未	44
丙 子	壬 申	34
己 卯	癸 酉	24

地支에 財官印三奇의 格局이 淸正하고 財生官으로 用함이 되어 君子之風이다. 더우기 묘한 것은 子가 帝座하여 正對端門(정대단문은 午를 뜻함)하고, 卯酉 日月의 門이 되어 東西로 대립해서 官星을 지키고 있다. 따라서 格局이 堂皇莊嚴한 것으로서 마땅히 領袖의 尊貴함에 이르렀다.

여기서 한가지 아까운 것은 傷官이 印綬 위에 있고, 比劫이 財鄕에

있는 것이다。 만약 바꾸어서 丁卯年 己酉時가 되었으면 氣勢가 周流하여 循環이 無滯할 것이며

一人의 有慶과 萬民의 의뢰가 되었을 것이다。 午運의 丙子年에 逝世하였다。

```
          大運
甲午    戊寅 21
乙亥    己卯 31
庚辰    庚辰 41
己卯    辛巳 51
```

이것은 宋子文의 사주이다。 財官印이 갖추어져서 三奇가 되었다。

또 財官食을 구비하여 역시 三奇가 된다。

이 사주의 묘한 것은 亥宮에 壬水가 得祿하고 乙木財星이 卯에 得祿하였으며、 丁火官星이 午에 得祿하여 三奇祿이 되며、 天干 乙庚 相合

己卯 相合하여 土金相生하고 地支의 午亥兩宮에 丁壬 合作하며 甲己

作合하여 貴氣가 서로 교환하였으므로 福澤이 두터운 것이다。 이와 같이 三者가 회전하고 宜行財

地에 食傷의 用神이 生財하였다。

위의 兩者 사주를 三奇格이라 한다。 이것이 一은 德勝財되고、 一은 財勝德되어 能者多旁하므로

成功으로 向하게 된 것이며 역시 原命으로써 福澤이 悠厚한 것이다。

사주에는 格局이 높아도 분발치 못하는 것과 格局이 낮아도 분발하는 것과의 차이가 있으니 다

음과 같이 그것을 표시한다。

```
辛未
乙未  2    大運
```

丁壬寅亥의 天地德合하여 格局이 심히 맑다。 申中壬水는 長生되고 寅

中甲木을 取하여 官으로 하여금 化하게 하므로 用이 되고、 丁火는

丙　丁　壬
申　亥　寅
甲　癸　壬
午　巳　辰
12　22　32

七月에 至하여 退氣하였다。寅亥相合은 濕木이 無能하고 다시 旺申의 冲함이 있으며、丙火가 身을 보좌해야 하는데、辛과 合하여 보좌할 힘이 없어졌다。즉 氣가 깊이 묻혀진 것이다。運程 乙未 甲午의 木火 旺地는 가장 좋은 運이다。癸運七殺과 混官한 것은 巳運에서 四冲되었다。따라서 戊戌政變과 庚子의 亂에서 죽을뻔 하였으나、交入壬辰에 官多化殺하고 戊申年에 兩申이 寅을 冲하므로 死亡했다。

壬　甲　庚　癸
申　申　申　巳
丙　丁　戊　己　大
辰　巳　午　未　運
33　23　13　3

甲木이 無根하나 庚金壬癸가 並透하여 殺印相生하므로 從格이 못된다。水가 旺하여 木이 漂浮하나 喜한 것은 巳中의 丙戊가 得祿하여 一點陽和가 있어 奮發의 氣가 되었다。身分은 비록 낮으나 運行南方에 火土가 連環하므로 一帆風順하여 創基立業하였다。

第三節　吉神太露

吉神太露者는 財星이 天干에 露出된 것을 환영치 아니한다。財星은 天干에 있는 것 보다 地支

에 있는 것이 좋다。

무릇、喜神、用神 등이 天干에 露出되면 傷하기 쉬우므로 支에 있는 것이 제일 좋다。官星이 天干에 露出하여 用이 될 때 食傷을 見하는 것이 不可하고、印綬가 露干하여 用이 될 때 財星을 見하는 것이 不可하며、食傷이 露干하여 用이 될 때 印綬를 見함이 不可하고、財星이 露干하여 用이 될 때 比劫을 見하는 것이 不可하다。위와 같이 喜神 用神이 露出된 것은 상하기 쉽다。

대체로 天干의 氣는 단순하므로 外部에 露出되어 나타나면 손상되기 쉽고、地支에서 서로 보호하여 유정한 것만 못하다。가령 天干에 甲木이 있어서 喜神 用神일 때 대운 또는 세운에 庚金이 있으면 파손되기 쉽고 만일 地支에 寅木의 喜神 用神일 때 申이 있어서 冲하더라도 寅中에 장간된 丙火가 있으므로 전적으로 파극되지 아니한다。

또한 申中壬水는 丙火를 능히 제극하나、寅中의 戊土 역시 능히 壬水를 제극한다。고로 喜忌는 모름지기 旺衰强弱을 살펴서 定할 것이다。이와 같이 支神의 刑冲破害를 제외하고 其餘의 支神에서 寅見酉、卯見辰의 類는 各各 지키는 범위에서 서로 제극하지 아니하나、天干은 정형이 不同하다。傷官에 用官할 때 官과 傷官이 不能並透하고 傷官이 佩印(페인은 印綬를 찾을 때를 말함)할 때에 傷官과 印綬가 並透함은 不可하다。만약 並透하면 서로 相剋戰이 있게 된다。이와 같이 行運 역시 그러하다。

그러므로 凶神이 露出된 것은 可하다。그리고 吉神이 암장된 것은 접탈당하지 아니한다。다음과 같이 표시한다。

四柱	戊寅	甲子	乙亥	甲申
大運	丙寅	丁卯	戊辰	己巳
	15	25	35	45

乙木이 冬至後 一日에 生하고 水旺木浮하므로 戊土를 用하여 戊土로 하여금 止水하여야 한다. 寒木은 陽을 바라는데 다시 丙火로 調候함이 喜하다. 寅宮內에 丙이 暗藏되고 戊土가 透干되었다. 그러므로 功을 이루어 反生되어 格局이 甚히 맑다. 아까운 바는 比劫이 並透하여 爭奪의 바람을 일으킨 것이다. 寅申이 멀리서 冲할지라도 丙火를 去하지 못한다. 따라서 群劫이 爭財하여 戊土가 손상되었다. 곧 丙藏戊露한 까닭이다. 印은 主로 名이요, 財는 主로 利인데, 名高利薄한 것은 定命이 아닐 수 없다. 丙寅丁卯에 海外留學하여 學界에 名이 重하였고, 戊辰己巳에 工校校長으로 人材培養하다가 比劫爭財하므로 근심을 당하였다.

四柱	辛卯	甲午	庚寅	丙子
大運	癸巳	壬辰	辛卯	庚寅
	9	19	29	39

庚金이 寅에 臨하였고 午月에 生하여 支에 通根하지 못했다. 午中己土하고, 卯木은 破剋되었으며, 丙火가 透出되었으므로 從殺格을 이루었다. 時에 子水를 만나 旺火氣를 逆하고, 凶物이 深藏되어 범을 키운 세력이 되었다. 卯運의 財星은 식상의 氣運을 누설시키므로 벼슬에 올랐으며 庚寅運에 金이 無根하고, 木火가 旺하여 局長의 직위에 올랐다. 그러나 歲運壬申癸酉에 子水를 끌어서 動하였고, 寅申子午 相冲되므로 돌연히 病死하였다.

第四節　方角과　相戰

진(震)은 東方木에 屬하고、 태(兌)는 西方金에 屬하며、 감(坎)은 北方水에 屬하고、 리(離)는 南

方火에 屬한다。 즉 兩神成象中의 剋我、 我剋의 五局인데 金木水火의 四正을 들어 말한 것이다。

木은 主가 仁이고、 金의 主는 義가 된다。 고로 仁義의 眞機라 한다。 後天卦는 坎離가 主가 되므

로 天地之中의 氣의 主宰라 한다。

金과 木을 持함에 水가 따르면 金木의 氣가 並存할 수 있으며、 木이 日主가 되면 印綬가 있어서

殺로 하여금 化하게 되며、 金이 日主가 되었을때、 식상이 있어서 식상생재하면、 金木의 勢가 兩立

이 되지 아니하는 것은 相成의 法에 의한 것이다。 이것은 水를 用하여 通關하기 때문이다。 水火相

戰에는 반드시 木이 있어야 하는데 木이 있으면 水火의 氣가 可히 旣濟되는 것이다。 火가 日主이

면、 印을 用하여 化殺하게 되며 水가 日主이면 식상을 用하여 生財케 하므로 水火는 비록 그 勢가

敵을 이루었더라도 서로 건너게 되는 법이다。 이것은 木을 用하여 引化하는 것이다。 이런 경우에

我를 돕고、 彼를 억제하는 것은 모두 不美하게 되는 것이다。 가령 原局에 通關引化하는 神이 없

으면 運程의 印 또는 食傷으로써 引化함이 가장 美한 것이니 이외에 딴 법이 없는 것이다。

대저、 五氣配合에 처음부터 宜와 忌가 있는 것을 말하는 것은 開神、 夾雜이니 이것이 있어야

可하냐 없어야 可하냐하는 것에 있는 것이며、萬若 兩神이 對立하면 局勢가 純淸하여야 하며 戰爭之局에는、오직 和解하여야 하는데、寒暖燥濕에는 따로 一種의 局勢를 이루는 것이다。즉 調候의 원칙을 말한다。

다시 그다음에、兩神이 對岐하는 局은 오로지 兩方의 勢가 均等해야 하는 것이며 만약 一方으로(偏輕)、(偏重)한 것은 此論에서 제외한다。즉、四木 四金 四火 四水가 得令、失令한 데에 있으며 通根、無根의 別에 있는 것이다。가령 南洋鉅商의 사주와 같이 辛卯、辛卯、辛卯는 金이 無根하고 木이 秉令하여 從財格을 이룬 것이며、또 모씨의 사주와 같이 壬午、辛卯、壬寅、壬寅、또는 壬午、壬寅、壬寅은 곧 水木火相生의 局을 이루어 對岐가 되지 아니한다。또 癸巳、丁巳、丙辰、癸巳 等의 사주는、丙火가 秉令하여 火旺水衰하여 財官旺地를 行함이 마땅한 것이니 역시 對岐가 아니다。다음과 같이 예를 들어본다。

				大運
庚	辛	乙	辛	庚 辛 壬 癸
寅	酉	未	卯	寅 卯 辰 巳
				49 39 29 19

辛騎羊兔(신기양토는 辛이 未와 卯의 위에 있음을 말함)하고、乙이 透出하여 그 富함이 陶朱에 比함이다。이것은 正合格으로서 身財가 兩旺하므로 壬辰十年에 가장 順利하였고、辛卯庚寅運에 助金助木되므로 起伏이 多端함을 면치 못하였다。이것은 震兌의 相成의 局이 된 것이다。

丙午　庚子　壬午　庚子

大運
壬寅 16　癸卯 26　甲辰 36　乙巳 46

身財兩旺하고 陽刃財를 만났으므로 식상이 轉樞가 되는 것이다。原局에 無木한데、다행히 喜한 것은 一路東方水木運을 行한 것이다。이로써 그 결점을 보충하였으므로 귀하게 되었다。

第五節　強 衆 敵 寡

強衆敵寡와 强寡敵衆의 理는 한가지이다。가령、全局의 勢衆이 이미 이루어졌으면 그 기세에 순행하여야 하며 설사 한 두개의 다른 점의 神이 있더라도 오직 그 대세에 따름이 美하다。이것은 從勢를 말함인데、이런 類의 格局은 그 기세가 主가 되며 日柱가 主로 되지 아니한다。全局氣勢와 逆한 者는 敵인데 敵이 日元에 있으면 從格이 되는 것이다。四柱에 敵이 있으면 忌神이 되는데、그 敵을 去하면、氣象이 純粹해진다。但 그것을 去하려면 去하는 神이 四柱에 必要하다。즉 忌者를 剋洩하는 神이 必要한데 만약 剋洩이 없으면 더욱 그러하다。비록 欲去不能이면 능히 從하느냐 從하지 못하느냐의 분별인데、從하기도 不能하고 不從하기도 不能한 것은 병이 있고 약이 없는 것이 된다。敵寡와 强寡의 別은 有根無根에 있는 것이니 無根은 敵寡가 되는 것이며 去하기 용이하고、有根者는 强寡가 되는 것인데、비록 去할지라도 맑아지지 아니한다。이것을 소위 微根이라 한다。만약 根이 重하면 去하지 못하는 것이다。위의 例를 다음과 같이 표시한다。

丁卯
己巳
戊午
癸丑

大運
乙卯 28
甲寅 38
癸丑 48
壬子 58

月日에 巳午를 聚하고 時에 丁火가 투출되었으며 時支의 卯殺은 木이 火勢에 從한 것이다。火土從旺하고、年干癸水는 破局되었으며、戊癸合함을 得하여 剋이 去하였다。이것을 이른바 强寡敵衆을 이룬 것이라 한다。丁巳丙辰으로써 幼檀에 神童의 名譽를 얻었으며 乙卯甲寅에 木生火旺하여、領袖의 群英이 되어 名滿天下하였다。癸丑以後에는 은퇴하여 下野하였다。

丙午
丁卯
丁巳
癸巳

大運
乙卯 18
甲寅 28
癸丑 38
壬子 48

丁이 四月에 生하고 丙丁이 並透하여 火氣로써 成象하였다。年干癸水는 無根이다。卯木이 癸水와 接하지 못하고 戊己의 土가 없으므로 癸水는 傷하지 않는다。年干癸水편관을 去할 法이 없다。그러므로 도리어 이것을 用하게 된다。그러므로 乙卯甲寅運에 교육사업으로 즐겁게 지냈고、癸丑之後에 벼슬에 올라 貴히 되었다、

大運		
丁巳	乙巳	20
丁未	甲辰	30
丁卯	癸卯	40
癸卯	壬寅	50

癸水의 氣를 卯가 누설하며 水木火土 四象이 順하게 相生하므로 그 기세에 順함을 用한다. 行運東方에 벼슬에 올랐고、金水運에 이르러 逆의 氣勢가 되므로 퇴직 下野하였다.

第六節　剛　柔

剛柔不一者는 日主가 쇠약하지 아니하고 用神이 過하게 生한 것으로、透干聚支(干에 투출되고 支에 가진 것을 말함)하여 剛柔가 雜出한 것인데(陽干은 剛함이 되고 陰干은 柔함이 된다) 用神이 많은 者는 漏洩시킴이 마땅하고 剋해서는 不宜하다. 木은 土를 능히 극하나 土가 重하면 木이 折하고、土는 능히 水를 剋하나 水가 多하면 土가 흐리게 된다. 水는 능히 火를 극하나、火가 많으면 火炎이 水를 乾하게 되며、火는 능히 金을 극하나、金이 多하면 火는 꺼지게 되고、金은 능히 木을 극하나 木이 군으면 金이 결손한다. 고로 用神이 너무 生함이 旺한 者는 극제함이 不可하다. 또는 强金이 得水하면 바야흐로 그 鋒이 挫하고、强水가 得木하면 바야흐로 其勢가 흩어지며、强木이 得火하면 그 완강함이 완화되며、强火가 得土하면、그 불꽃을 누설시키며、强土가 得金하면、그 해를 꺼지

한다。이것은 그 旺한 氣를 누설시키는 法理이다。다음과 같이 그 例를 표시한다。

大運
戊戌　庚申　6
己未　辛酉　16
丙子　壬戌　26
庚寅　癸亥　36

丙火가 六月에 生하여 그 威가 오히려 强하다。時의 寅宮은 長生을 만나 日主가 쇠약하지 않다。때는 土旺한데 戊己가 並透하여 月令用神이 全局의 半을 차지하였다。그러므로 土旺이 重하다。만약 木이 제지하면 木은 折하고 만다。따라서 오직 庚金을 用하여 그 旺氣를 누설하여 子水潤土로 生金하여야 하는 것이다。그러므로 早年 庚申辛酉運에 門庭이 번성하였고、壬戌癸亥運에 潤土生金하므로 비록 上乘하지는 않았으나 역시 可行하였다。

第七節　順　逆

順逆不齊는、順逆의 生我局이 한결같지 아니함이다。고로 그 기세에 순함이 美한 것이며 陽順陰逆인 고로 順逆이라 한다。日主 및 印綬가 當令에 得勢하고、支에 方局을 이루며、干에 印劫이 투출하여 其氣勢가 旺하면、막을 수 없는 것이다。즉 長江河를 順流함이 可하고 逆함은 不可하다。단지 그 기세에 순함에 印劫이 가장 美하다。原局에 印이 旺하면 官殺이 있어서 관살로

行함도 역시 可하다。만약 見財하여 破印되면 비겁이 쟁탈하여 화를 면치 못한다。다음과 같이 다른 점을 표시한다。

大運		
己未	乙卯	35
己巳	甲寅	45
戊午	癸丑	55
乙卯	壬子	65

戊土가 四月에 生하여 祿旺之地에 있고、支에 巳午未를 갖고 있으며、時에 乙卯를 만나 木生火旺하고 木火相生하여 그 勢가 旺하므로 막을 수 없다。時에 乙卯를 만나 그 기세에 순응하여야 하는것으로 丁巳 丙辰에 少年得意하고、乙卯甲寅에 벼슬에 올랐으나、交入癸丑에 林泉이 마른 격이 되어 群劫(군겁이란 비견 접재의 무리가 많은 것을 말함)이 爭財하므로 財産이 소모되고 財로 인하여 禍를 당하고 卒하게 되었다。이것은 또한 陽刃이 相冲하였는데、그 때가 子年으로서 子午冲한 것이다。

戊己역시 전부 투출되어 있다。

第八節　戰 冲 和 好

사람의 富貴는 四柱의 運에만 있다고 할 수 없고、八字에만 있다고 할 수 없으며、또는 四柱의 어느 것이 和한 것이고、어느 것이 好한 것이라고 쉽게 말 할 수 없다。또한 窮通關係는 戰冲和

好의 理를 잘 살펴야 하는 것인데 용의한 한 문제가 아니다。즉 四柱의 原命, 八個字가 변하여 已經함이 千頭萬緖인데 여기에 大運加入하면 十個字가 변화하게 되고 다시 流年、太歲를 加入하면 十二字가 되어 변화해 가는 것으로 原命만 해다 實로 五十一萬八千四百個의 程式이 되며、또 兩個의 六十乘을 加하면 그 변화수가 수萬萬個가 되는 것이다。그러므로 이 和好의 구별이란 無限한 難題가 아닐 수 없다。그러므로 지금 논하는 것은 여러가지로 喜用旺地、生助冲剋을 運과 原命에서 대조하여 논하게 되는 것이다。따라서 原命에 喜用淸透者는 이를 可用하는 법을 쓰고、만약 原局에 病이 있으면 한신이 착잡하므로 盡하지 않은 것을 適用한다。다음과 같이 한신의 적용을 표시한다。

九秋甲木이 全支에 寅午戌火局으로 변하였으므로 木性이 枯焦(고초는 마르는 것을 뜻함) 되므로 壬水로써 火를 破하고 潤木케 하여야 하며 따라서 壬水를 用하게 된다。그러나 行運壬癸에 이르러 天干에 戊土가 있어서 回剋하고 亥子運이 支에서 水火交戰하므로、佩印이 印地를 行할 수 없다。반드시 天干에 甲乙이 病을 去해야 美하게 되는데、地支의 寅卯는 위로 去할 수 없고 도리어 水를 누설하여 火를 돕게 되었다。만약 丙運이 아니면 虛榮하게 되는 것이다。그러나 地支가 丑運으로서 濕土、晦火하고 蓄水潤木하게 된 것이 佳하게 되었다。만약 喜用在水면 運行北方이 마땅하다。위와 같이 반드시 相合함이 어렵게 된 것을 一例로 말한 것이다.

	大運
戊子	甲子 19
壬戌	乙丑 29
甲寅	丙寅 39
庚午	丁卯 49

第九節　戰　冲

戰冲者는 四冲에만 있는 것이 아니다. 相戰이 시작되는 것은 申運이 寅年、午年을 만나면 其氣가 相戰하는 것이다. 대개 六氣運行은 四年으로써 一周가 되는데 子辰申年은 同時에 起하여 同時에 끝나고, 丑巳酉年、寅午戌年、亥卯未年 等도 역시 同起訖하는 것이다.

子辰申年의 六氣는 寅에서 시작하고, 寅午戌年은 申에서 시식한다. 그러므로 子와 午의 冲만이 반드시 冲이 아니라 子가 寅戌을 見해도 그 氣가 역시 相戰하는 것이 된다. 따라서 戰冲이 반드시 凶만 되는 것이 아니요, 和好함이 반드시 美한 것도 아니다. 모름지기 原局의 喜忌를 살려야 하며, 月建의 균형 여하에 따라 吉凶을 파악하여야 한다.

第十節　原命重格局

原命의 格局이 重한 것이니 格局이란 財、官、印、食 등의 五行生剋의 代名辭이다。歲運에는 神殺이 重한 것인데 神殺者는 數의 代名辭이다。數者란 數目인데 甲己九、乙庚八、丙辛七、丁壬

六、 戊癸五、 이것은 天干數요、 子午九、 丑未八、 寅申七、 卯酉六、 辰戌五、 巳亥四는 地支의 數이다。 이것이 변화해서 神殺이 干支에 起한 것이니 吉神이 一百二十五、 凶神이 一百二十、 都合 二百四十五이다。 이른바 吉과 凶이 되는 것인데、 이것이 相戰하여 降伏하는것、 즉 冲刑破 등의 會合關係가 되는 것이다。 이 神殺이 運과 歲에 따라 한결같지 아니한 것이니、 原命을 살펴서 그 有無와 吉會、 凶會를 봐야 하는 것이다。 따라서 四柱를 추명하는데에 있어서 生剋二字 즉 格局과 用神、 扶喜、 去病의 神殺로서 休咎을 定하고 大運과 歲運의 生剋을 대조하여 감정하는 것이 一定한 법칙이다。 이와 같이 하여 神殺이 温和한 者는 吉神이요、 猛烈한 자는 凶殺이 되는 것이다。

第十一節 元 亨 利 貞

貞元者는 生旺死絕하며 絕하면 다시 生하는 四時와 더불어 만물의 生盛循環의 쉬지 않음을 말하는 것이다。 易의 乾에 元、 亨、 利、 貞은 元에서 始하고 貞에서 終하며 貞에서 다시 始하여 순환이 不息하는 것은 한 造化의 기틀이 된다는 것을 논한 것이다。 즉 이 조화의 기틀이 있음으로써 一家 一族이 興하여 開基立業하며 代代孫孫이 連命해 나가는 것인데 이것이 始와 終이 相應하는 元亨利貞의 天理循環의 理致라는 것이다。

第二編　應用과 實證

第一章　應　用

第一節　六　親

육친이란 父、母、妻、子、兄弟와 더불어 自身을 합하여 모두 여섯 층으로 된 것을 六親이라고 한다.

이 육친의 판별법은 전술한 바 있는 육신표출법에서 논하였고, 육친의 사주상 위치 구획에서도 논했다. 그러나 여기서 다시 육친의 판별및 길흉법을 세론코자 한다.

육친이란 위에서 논한 바와 같이 여섯가지를 가리켜 이르는 말이나 단지 이 여섯가지에 국한되는 것이 아니고 祖父母、外祖父母 또는 손자 등의 모든 혈연관계를 통틀어 육친이라고 한다.

이 육친을 판별하는 법은 여러가지로 분류되어 있으니 곧, 사주의 위치상으로는 年柱를 부모, 혹은 조부모로 보고 그 중에서도 年干을 조부 또는 부친의 위치로 정할 때가 있고、年支를 조모 또는 모친으로 보며、月柱를 부모 또는 형제로 보는 수가 있으며、日柱가 自身의 위치요 日支를 배우자로 보며 時柱를 자손으로 보는 것이다. 이것은 사주상의 구획으로 구분할 때이다. 그 다음에 인수를 어머니로 보고 편재를 아버지로 본다。 즉 甲木을 생하는 癸水가 인수이므로 생아자가 어머니가 되고 인수(癸水)와 干合하는 戊土 즉、편재를 아버지로 보는 것은 간합의 배합을 결혼으로 보기 때문이다。 또는 甲과 간합하는 것은 己土이므로 정재를 처로보게 된다。 여자는 남자와 반대로 정관을 남편으로 보고 또 식신、상관을 자식으로 보며 남자는 관살을 자식으로 본다。 이와 같은 이치로 五行上 비견 겁재를 兄弟로 보게 된다。 이와 같이 위에서 논한 두 가지 방법을 종합해서 육친의 판별과 길흉을 보는 것인데、日支가 배우자의 위치이므로 일지에 희신이 있으면 배우자가 양호하다고 판단한다。 그런데 命書 中에는 이 육친 판별법이 위에서 논한 외에도 다른 방식으로 보는 방법이 있다。 즉 重財官이 官으로써 用神이 되면、재생관이 喜神이므로 八字中에 喜神이 妻財가 되어 처가 반드시 賢美하며、內助의 덕을 입는다고 하였다。 이는 一定할 수 없는 것이며、四柱中에 財가 喜神이 되었을 때는 可히 定할 수 있는 것이나 財의 喜神이 없을 때는 다른 방법을 취하지 않으면 아니된다。 또 窮通寶鑑 妻子論에 의하면 用神이 子가 되고、생아 용신자가 처로 된다。 또는 관살이 用神者가 될 때는 財가 妻로 되고、식상이 用이 될 때는 比劫이 妻가 되며 인수가 用일 때는 관살이 처가 되며、財星爲用者는 食傷이 妻가 된다。 그런 후에 그 喜忌를 살펴 內助의 여부를 정하는 것이다。 가령 재관격、재자약살격은 共히 財로써 喜神이 되므로 처궁이 반드시 賢美하고、만약 殺用食制格이면 재당살이 忌가 되므로 처궁이 원만치 못하다는 것이다。 만약 妻星에 一定한 신이 없으면 처궁의 위치 日支를 처궁으로 하여 처궁이 희신이면 처가 현미하고、忌神이 되면 內助의 힘이 결핍되는 것으로 본다。

生我用神者가 喜神이 되고 剋我 용신자가 역시 喜神이 될 때가 있다。가령 殺이 用이 되고 妻宮에 식상제살함이 있으면 吉하고、財黨殺이 있으면 凶한 것이다。妻宮에 忌神이 앉아 있으면 別支와 合化하여 변해야 喜함이 되어 妻宮의 비상한 조력을 얻는다。이와 반대로 喜化한 것이 忌로 되면、처의 조력이 결핍된다。이것은 그 合한 것을 말함이다。만약 충을 만나면 이와 반대되는 것이며 처궁에 坐한 喜神이 冲을 만나면 해로하기 어렵다。처궁 忌神이 충을 만나면 도리어 이익이 되는 것이다。다시 八字가 需要調候인 경우 처궁에 조후에 적당한 신이 있으면 즉 冬令 金水傷官에 처궁에 적당한 官星이 있다든가、夏令 木火상관에 처궁에 적당한 인수가 있으면 역시 비상한 처의 조력이 있는 것이다。이것은 모두 시험한 경험이다。그러므로 妻星을 볼 때에는 처궁을 봐서 파악해야 하는 것이다。따라서 처궁을 볼 때는 재성에 구애됨이 없이 처궁의 생조신은 모두 내조의 징조라 하는 것이다。

一、妻德있는 사주

妻德 있는 사주를 다음과 같이 표시한다。

癸　卯ー　身弱이므로 印綬가 있어야 喜한데、財印이 交叉하였다。그러나 여기에 喜한 것은 妻

丙　辰ー　宮에 卯木이 있어서 化財生印한 것이다。妻宮에 喜神이 있는 까닭에 妻가 賢美하다。

<table>
<tr><td>己卯
壬申</td><td>癸丑壬子의 交入運에 妻財가 활발해졌다. 즉 卯木七殺이 喜神이 된 까닭이다.</td></tr>
</table>

위와 같이 재성이 용신 또는 희신이면 처덕이 있고, 또한 日支에 吉神이 있으면 처덕이 있고,

만약 기신이면 처덕이 없다. 또 재성과 길신이 상극되지 아니해도 처덕이 있고, 신왕사주에 약관

이면 재생관하여 처덕이 있다. 또한 관살이 약하고 식상이 왕성할 경우 재성이 식상을 財로 화하게

할 때, 또는 인수 및 편인이 중첩한 사주에 재성이 있으면 처가 미모요 처덕이 있다. 재성이 약

한데 비겁이 왕성할 때 식상이 생재하거나, 재성이 왕성하고 신약인 때 비겁이 있으면 처덕이

있다. 비겁이 많을 때 지지에 深藏되어 있는 辰戌丑未 등의 육신이 재에 해당되어 있으면 처덕이

있다.

二、 妻德없는 사주

재성이 忌神이거나, 喜神 또는 재성이 파극되면 처덕이 없고, 이별할 수가 있다. 신약 사주에

재성이 왕성하고 비겁이나 관살이 없을 경우, 또는 재성이 미약한데 비겁이 많으면 喪妻한다.

○ 사주에 재성이 없고 비겁과 양인이 많으면 이별하고, 양인과 비겁이 많고 재가 약하며 인수
또는 식상이 있으면 상처한다.

○ 신강하고 재성이 약한 관살을 생조하거나, 또는 관살이 약하고 식상이 왕성한때, 재성이 식
상을 재로 화하게 하면 처가 美貌이다.

三、子 息 宮

자식궁은 남자와 여자가 다르게 되는데, 남자는 관살을 자식으로 보고, 여자는 식신 상관을 자식으로 본다. 그러나 남자는 관살이 없을 때는 식상을 자식으로 보며, 또한 時柱의 동태에 따라 時柱를 자식으로 보는 수도 있다.

자식 덕의 유무는 관살과 식상 등의 왕쇠관계와 시주의 동태여하를 참작하여 결정한다. 또한 위에서 논한 妻財法과 동일하게 보는 법도 있다. 재관격 및 財滋弱殺格은 관살이 用神이므로 관살이 자식으로 되며 그밖의 用神을 자식으로 보는 수도 있다. 또한 時柱의 子息宮을 子息으로 보는데, 만일 日元이 쇠약하고 用神이 旺한데 이를 제지함이 없으면 無子하다. 또는 日元이 旺하고 用神이 미약할 때, 생時가 용신을 제극하여도 無子하다.

四、子息德 있는 사주

○ 用神이 日主를 보조하면 자식이 賢孝하다. 또한 日元이 旺하고 관살이 생왕되며 식상에 의하여 파극, 또는 형충되지 아니하면 자식이 효도한다.

○ 火土傷官에 관살이 조후를 需要할 때 時에 官殺이 투출되면 자식덕이 크다.

○ 日元이 旺盛한데 관살이 있고、식상이 경미하며、인수가 없으면 자식이 많고 덕이 있다。
또한 日元이 왕성하고 식상이 있으며、인성이 있으면 자식이 많다。

○ 日元이 왕성하고 재성이 또한 완성하며 식상과 인성이 경미하면、자식이 많고 덕이 크다。
時柱에 재성 또는 정관이 있으면、자식이 효순 단정하다。또한 時柱에 관살이 있고 月柱에 재
성이 있으며 신왕이면、자식이 효도하여 자식덕이 크다。

○ 日元이 쇠약한데 時柱에 비겁이 있으면 자식이 많다。또한 時柱에 식신이 있고 편인이 없으
며 천월덕이 같이 있으면、자식이 효순하다。

五、어떤 해에 子息이 생기는가?

대개 관살 또는 식상을 만나거나 왕성해지는 해에、또는 用神을 만나거나 왕성해지는 해와 대
운년에 생긴다。

六、子息德 없는 사주

○ 日主를 用神이 누설시키거나 弱化시키면 자식이 불초하다。또는 日主가 약할 때 재관이 왜
왕하면 무자하다。

○ 관살이 없고 식상이 忌神에 해당하거나、식상이 인성에 의하여 파극되면 자식 복이 없다。

○ 日元이 약한데 관살과 식상이 있고 비겁이 없으면 무자하기 쉽고、또는 日元이 약한데 식상이 重하고 인성이 약하면、아들이 적고 덕이 없다。日元이 약한데 인성이 없고 식상만 태왕하면 무자하고、또는 인성이 있더라도 파극당하면 무자하다。

○ 사주가 식상으로만 되어 있든가、또는 日元이 태왕한데 상관과 겁재가 있으며 관살이 공망되면 무자하다。

○ 사주에 관살이 혼잡하면 자식이 요사하거나、허약하고 불효하다。또한 時支가 형、충、파、해、되면 자식과 이별하고 또한 時柱에 편인이 忌神되면 극자하거나 불효하다。

○ 日主가 약하고 식상이 약한데、편관이 중하고 비겁이 있으면、아들은 적고 딸이 많다。또한 재성이 약하고 관살이 중하면、일주가 약하고 인성이 있어도 마찬가지다。

七、父 母 宮

위에서 논한 바 있듯이 편재를 아버지로 보고、인수를 어머니로 보는데、正印이 母요 偏印은 繼母 또는 서모로 본다。그런데 從官殺을 祖와 父로 보는 것이 타당하다는 학설이 있으니 이것이 어느 정도 理想일 것이다。또한 印綬를 父母로도 본다。그리고 위치상으로는 年月을 같이 조부모와 더불어 부모의 위치로 본다。그러므로 부모궁은 위치와 편재와 인수를 종합하여 결정해야 한다.

八、 父母德 있는 사주

부모덕의 유무는 연월주와 인수가 사주상에서 어떠한 역할을 하고 있는가를 살피고、 대운과 세운의 길흉을 종합해서 판단해야 한다。 따라서 부모덕 있는 사주는 정관、 재성、 인수 등이 연월주에 있고 이것이 길신이며、 대운 세운이 좋으면、 부모덕이 있는 것이다。 또는 印綬가 투출되어 我를 생조하면 부모덕이 있고、 身弱에 日主가 年月에 通根하면 덕이 있고、 身旺에 年月이 喜神、 用神이면 부모덕이 있다。

年月柱에 인수와 관살이 상생하고 日時에 상관과 재성이 없으면 부모덕이 있고、 또는 연주에 재성과 월주에 인수가 있고 時柱에 관살이 있을때 인수가 길신이면 부친이 자수성가한 사람이다。

다음과 같이 부모덕 있는 사주를 표시한다。

乙	丁	戊	丙
卯	亥	午	辰

신강 사주인데 연주의 관살이 용신이고 월지의 재성이 희신이다。 따라서 年月柱에 이와 같이 喜用이 있으면 부모덕이 크다。

九、 父母德 없는 사주

○ 사주상 인수가 약하고 재가 강하거나、 인수가 용신과 상극되거나、 월지에 있는 인수가 형충되면 부모덕이 없다。

○ 사주에 인수가 없고、 月柱에 기신이 있으며、 초년대운에 忌神을 만나면、 조실부모하여 고생한다。

○ 신약에다 인수가 많거나 관살이 많으면 부모덕이 없다。 연월주에 기신이 있고、 초년대운이 흉하면 부모덕이 없다。

一〇、 父母先亡을 아는 法

○ 사주에 비견과 겁재가 너무 많으면 父가 선망하고、 재성이 지나치게 많으면 母가 선망한다。

○ 사주에 인수 또는 편재가 있을 때 이것이 길신、 희신인가 또는 비겁 혹은 재성에 의하여 파극되어 있는가、 형충 파해되어 있는가、 絕、 墓、 病、 死 등과 같이 있는가에 의하여 편재가 극해되어 있으면 부선망하나 인수가 극해되면 모선망한다。

○ 연월의 기운이 時干과 상극되면 부선망하고 時支와 상극되면 모선망한다。

戊申
甲寅
辛丑
癸巳

이 사주는 일찍 어머니와 사별한 것이다。年干의 戊土가 인수인데 月干의 財가 인수를 극하고 支에는 寅申相沖되어 있으므로 모선망이다。

癸未
甲寅
乙亥
己卯

이 사주는 비겁이 많고 月干과 時干이 상극되므로 부선망이다。

壬子
壬子
壬子
丙午

이 사주는 비겁으로 일색이 되어 있고 시주에 재가 있을 뿐이다。재가 비겁과 상충되어 있으므로 조실부모에 부선망하고 거지가 된 사주이다。

二、兄弟宮

형제궁은 비견 겁재와 月柱의 동태를 살펴서 결정하는 것이다。이 비겁의 성쇠와 기신인가 희신인가를 봐서 길, 흉을 판단하게 된다.

一二、 兄弟德 있는 사주

○ 비겁이 용신 또는 희신에 해당되면 형제덕이 있다.

○ 재와 식상이 태왕할 때 비겁이 부조해주면 兄弟의 덕이 크다.

○ 신약사주에 재성이 관살을 생조할 때、 비겁이 일주를 생조해주면 형제덕이 있다.

○ 日元이 弱하더라도 月支에 인수가 있으면 형제가 많다.

辛　辛　庚　辛
巳　丑　申　巳

이 사주는 비겁이 중중하다. 그러나 日柱庚金이 唯獨 貴人을 得하였으므로 그 兄弟 數는 많으나 자기 혼자만이 爵位를 차지하였다.

一三、 兄弟德 없는 사주

○ 비겁이 기신이면 형제덕이 없고、 또는 식상이 왕성한 사주에 관살이 미약하고 식상을 비겁

이 생조하면, 형제로 인하여 큰 화를 입는다.

○ 사주에 인성이 없고 식상만 왕성하면 형제덕이 없다。 또는 月柱의 干支에 비겁이 같이 있으면 이복형제가 있다。

○ 비견과 화개(華蓋)가 同住하면 형제가 고독하고、혹은 형제가 없다。

一四、祖 上

조부모는 연주、월주에 의하여 관살로 판단한다。

○ 연주에 관살 또는 재 및 인수가 천을귀인과 같이 있으면、조상이 부귀하고 제왕이 있으면 명문가의 자손이다。

○ 연월주에 정관이 있어서 희신이 되면 조부모가 부귀하였다。 또는 연간이 천을귀인 또는 장생을 만나면 조상이 영화로웠다。

第二節　富 貴 貧 賤

一、富者의 사주

부자 되는 사주는 재운이 통하여야 하는 것이다. 사주에는 부자만 되고 귀히 되지 않는 것과, 부와 귀를 겸전한 것이 있으며 또한 귀하면서도 크게 부하지는 못한 것이 있다. 부자되는 사주는 오로지 同一美格이 되어야 한다. 財通門戶하면 부자는 되어도 귀히는 되지 아니한다.

그러면 어떤 것이 재통인가?

〇 재성이 月令에 當令하며 得氣得地하고 配合이 有情하여야 한다.

〇 재가 용신이 되고 유정하여야 한다.

〇 재성이 태왕하고 신약이면 原局에 祿이 있고, 比劫이 暗藏되어 유정하게 되고, 運이 신왕하는 비겁의 鄕을 行하면 반드시 부자된다.

〇 재통문호한 것이 純粹하면 부귀를 겸전하고, 순수치 않은 것은 부하고 귀하지는 못한다. 대개 부하고 귀하지 아니한 것은 成格中에 貴氣의 결점이 있는 것이다. 가령 재성이 태왕하고 日主가 약하며 혹은 재성에 미약한 氣가 있으면, 원국에 병을 띤 것이므로 귀함이 부족하게 된다.

만일 행운이 병을 없애어 재성이 유정하게 되면 부하게 된다.

○ 만약 상관생재에 관을 띠면, 귀하게 되며 귀함으로 인하여 부하게 된다. 또는 부하므로 인하여 귀하게 된다. 모든 것은 부격이 순수해야 하는 것이다.

○ 身旺 財旺하고 관살이 있든가 또는 식상이 있으면 부귀한다. 日主와 인성이 왕성하고 식상이 경미하며 재성이 있을 때, 또는 신왕사주에 인성이 중하고,

○ 관살이 쇠약할 때에 月支에 재성이 있어서 왕성하면 부자가 된다. 재성통문이란 신약하고 재성이 중하거나, 관살과 인성이 없고 비겁만 있을 때이다.

○ 신왕사주에 비겁이 많고, 재성, 인수가 없으며 식상만 있을 때 부자가 된다.

○ 재성이 용신 또는 희신에 해당되고 재왕생관 하면 부자가 된다.

○ 재성이 용신, 희신에 해당되고, 재성이 비겁에 파극됨을 관살이 막고 있을 때, 또는 재성이 기신인 인성을 파극하면 치부한다. 또는 재성이 희신에 해당할 때, 인수가 길신이 되고 재성이 관살을 생조할 때, 혹은 중첩된 식상을 재성이 누설시킬 때에 치부한다.

○ 재성이 희신, 용신인 때에 식상 재성이 천간에 노출되어 있거나, 또는 사주에 재성이 없어도 암암리에 삼합하여 成局하면 부자된다. 혹 재성이 왕성하고 식상이 적어도 치부한다.

大運		
乙亥	丙子	24
己卯	乙亥	34
戊辰	甲戌	44
癸亥	癸酉	54

丁丑
己酉
丙午
己丑

이것은 富商의 사주이다。乙木官星이 卯令에 得祿하고 月令에 旺하다。그러므로 財가 용신이 되었고 戊辰魁罡이 비겁을 부조하고 있다。

戊癸相合하여 日元이 財에 向하고、재는 日元을 向하여 유정하다。

이것은 어떤 부자의 사주이다。火金相成하여 富格을 이루었다。酉丑이 會局하고 己土가 생재하며 재가 식상을 引하므로 비겁이 爭財 하지 못한다。그러므로 順하고 精粹하여 졌다。

二、貴格의 四柱

사주에 귀히 되는 격은 官星이 理會한 자는 귀히 되는 것인데、重한 것은 財官兩者를 지키는 것이다。즉 財官이 喜神、用神인 者이다。財가 喜神이고 官이 用神이 되며、理會한 者로서 得時得地하고 配合이 유정하며 日元의 需要가 되면 吉한데、무릇 귀히 되는 者는 干支가 順하여 精粹하고 氣勢가 淸純하며 喜神、用神이 時令을 得하여 旺하면、貴하지 않음이 없다。혹은 日主가

得局하여 月令에 旺하고、用神과 需要에 合하여 손상됨이 없으면、반드시 貴히 된다。

다음과 같이 貴格의 사주를 표시한다。

大運		
甲午	戊寅	21
乙亥	己卯	31
庚辰	庚辰	41
己卯	辛巳	51

이것은 財官印三奇格이다。財官에 食神을 갖추어서 또 三奇가 된다。

여기에 또한 묘한 것은 亥宮에 壬水가 得祿하고、乙木財星이 또한 卯

에 得祿하였으며、丁火官星이 역시 午에 得祿하여、三奇를 이루었다。

다시 天干에 乙庚相合、甲己相合하여 土金相生하고、地支의 午亥兩

宮에 丁壬合作、甲己合作하여 貴氣가 서로 얽켜 있어서 어느 모로

보나 三者가 完全하게 이루어졌다。그러므로 財地를 行함에 마땅하고

用神이 食傷生財하여 이 兩者가 모두 三奇格이 되었다。이것은 中國

에서 최고의 財官權威에 臨한 名利彙全한 富貴者의 사주이다。(宋子

文＝宋美齡의 오빠＝의 사주)

三、貧賤한 四柱

빈천한 사람의 사주는 格局配合에 결점이 많으며、또 吉運이 相助하지 못하고 있다。財神이 眞

格에 이르지 못한 것은 반드시 빈한한 것이다。가령 身弱에 財多格은 부잣집에 빈천한 사람격이

되며、財로 인하여 화를 당하는 것이 된다。또는 月柱에 財가 用神이 되더라도 干에 투출되어

비겁에 爭財될 때, 官星이 제지하지 못한 것 역시 財神이 진짜가 되지 못한 것이다. 이런 것은 대개 運에 財旺하면, 반드시 비겁이 일어나 쟁탈하므로 致富하지 못하게 된다.

○ 신약한데 재성만 중첩되고 식상이 경미하거나, 또는 재성이 경미하고 관살만 중첩된 것은 모두 빈천하다.

○ 신약 사주에 식상이 중첩하고 인성이 경미하거나, 또는 비겁이 경미하고 재성만 왕성하면, 빈천해진다.

○ 신약사주에 재성이 희신으로서 다른 육신과 합하여 변하거나, 관살이 왕성하고 인성이 희신에 해당할 때 재성이 왕성하면 빈천해진다.

○ 인성이 희신일 때에 재성이 이를 파극하거나, 신왕이고 인성이 기신이 될 때에 재성이 누출되어 재생관하면 빈천해진다.

○ 비겁이 왕성하고 재성이 경미하며 식상이 없든가, 또는 식상이 길신인데 재성이 경미하고 인성이 왕성하면 빈천하다.

○ 이외에도 사주가 중화되지 아니하든가 용신, 희신이 미약하며 또는 사주가 무정하다든가 대운이 기신에 해당되면 빈천해진다. 다음과 같이 흉한 사주를 표시한다.

乙　癸
卯　卯

이것은 인수가 너무 많아서 忌神이 된다. 이 왕성한 木氣를 누설시켜야 하는데, 관살이 더욱 木氣를 생조하여 더욱 불길해진다. 이런 사주는 丙火의 同氣가 있어서

丙子
乙未 旺木의 氣를 누설시킴이 마땅하나 그것이 없으므로 불길한 사주이다.

四、언제 富者가 될 것인가?

사람은 노력만 한다고 해서 다 같이 부자가 되는 것은 아니다. 大富貴는 역시 팔자에 타고 나야 하는 것이다. 그러나 사주가 좋아도 때가 오지 않으면 안되고, 빈천한 자라도 때가 오면 일시적이나마 작은 부자는 될 수 있다. 그러면 언제 부자가 될 것인가의 시기를 판단하는 것은 다음과 같다.

○ 용신 또는 희신에 해당되는 대운과 年運을 만나면 돈을 벌 수 있다.

그런데 사람이란 빈곤하다고 늘 빈곤한 것이 아니요, 부자라고 항상 부자로 사는 사람은 드물다. 빈한하던 사람이 부자가 되고, 부자가 순식간에 패망하는 수도 있는 것이 인간사회의 현실이요, 이것이 또한 인간운명이다. 따라서 사람은 빈천하다고 한탄 말고 부자라고 뽐낼 것이 못된다. 그러면 여기에서 先貧後富와 先富後貧 그리고 平生富者의 例를 다음과 같이 표시한다.

五、先貧後富의 사주

이것은 先貧後富한 巨商의 사주이다. 時上에 祿이 있고 財가 月令에 得氣하여 旺하다. 그러므로 역시 正財格이다. 戊癸가 相合하여 日主

大運
庚申 28
癸酉

財　　　　　
癸　　戊　　丁
亥　　子　　巳
　　　財　　
己　　戊　　丁
未　　午　　巳
38　48　58

와 유정하고, 또한 財上에 日主가 坐하였다. 또한 酉金이 相生하여 財는 極旺하여졌다. 그러므로 반드시 인수는 겁재가 와서 도와주는 것이 喜한데, 早年에는 대단히 빈곤하였으나 己未의 비겁운을 만나 ── 發如雷로 致富하였다.

六、先富後貧의 사주

丁　　戊　　辛　　己
酉　　申　　丑　　丑

大運　己　庚　辛　壬　癸　甲　乙
　　　酉　戌　亥　子　丑　寅　卯
　　　4　14　24　34　44　54　64

이것은 女子의 사주로서 先富後貧한 것이다. 年干에 丁火가 투출하여 從革格에 결함이 생긴 假從格이 되었다. 運行 辛亥壬子癸丑에 丁火를 제거하여 格의 결함을 보충하였으므로 夫을 보조하여 富貴를 겸전하였다. 그러나 寅運에 이르러 寅申 回冲하므로 富貴겸전하였으나 庚子年에 이르러 子申會局이 冲을 해소하므로 寅宮의 火가 長生을 得하여 다시 格局에 결함이 생기게 되었다. 따라서 剋夫하고 家庭환경이 전락하기 시작하였는데 乙卯運에 卯酉回冲하므로 亡하였다.

七、平生富貴할 사주

大運
壬　乙
寅　巳

이것은 평생을 통해 富와 貴를 겸전한 사주이다. 壬亥水가 甲寅木을 생하고, 木이 日干을 생하고, 火가 土를 생하고, 土가 金을 생하고, 酉金

甲辰　丙午
丁亥　丁未
己酉　戊申
庚戌　己酉

이 水를 生하고 있어서 사주가 生生不息하고 五行이 周流無滯하였다.

재、관、인이 모두 왕성하여 어느 것 하나 꺼림이 없고 탁함이 없다.

그러므로 평생동안 관직의 一品에 있으면서 재산 또한 상당히 축재되어

명실공히 富와 貴를 겸전하였으며 자손에게까지 喜事가 重重하였고 八

十여세의 장수를 누렸다.

위와 같이 사주는 생생 불식하여 어느 하나 버릴 것이 없어야 팔자가 길하다.

第三節　壽夭 및 健康　疾病

一、長壽할 사주

어떠한 사주가 장수하고 또 어떤 사주가 단명한가을 다음과 같이 설명한다. 사람이 첫째로 건강하여야 장수하는 법이니 건강한 것과 장수한 것은 사주에 干支가 서로 상충 상극하여 전쟁을 하지 아니하여야 한다。 즉 體와 用이 通根長生하고 祿이 旺하여야 하며、得時得局하여 干支가 順遂하며 喜가 있고、忌가 없어야 한다。만약 忌神이 있으면 無根이요、역시 평안치 못한 象이다。

가령 乙未、戊寅、乙卯、庚辰의 사주라면 曲直仁壽格인데、乙木이 庚金을 見하면、春木이 忌

金하므로 原局에 火가 없으면 病이 되고 藥이 없는 격이되어、 元氣는 비록 厚하나、 性情이 定하지못하여 빈천하며 반면 壽를 하게 된다。 장수할 사주는 五行이 周流無滯하여 근원이 멀리서 부터 쉬지 않고 長流하는 格이 되어야 한다。 또한 이런 격에 運의 忌神을 만나더라도 原局이 모두 이끌어서 吉神으로 化하게하고 저해를 받지 않는 사주는 장수할 징조이다。 또는 格을 이루어 破함이 없고、 體用이 祿旺하고 運의 忌神을 吉神으로 化得하면 역시 장수의 象이다。 또한 配合이 유정하여 情에 이르면 부귀장수한다。 만일 配合에 결함이 있고、 情에 이르지 못하면 빈천하면서 장수한다。 다음과 같이 장수의 사주를 표시한다。

四柱	甲子	丙寅	己巳	辛未
大運	丁卯　戊辰　己巳　庚午　辛未　壬申			

이것은 九十여세까지 장수한 사주이다。 이 사주는 年干에서부터 時支에 이르기까지 세로(縱) 가로(橫)의 어느 편으로 보나 하나도 극협이 없고 모두 상생으로 이루어져 있다。 이와 같이 五行이 木生火、火生土 하여 막힌데가 없어야 한다。 그러므로 벼슬이 극품의 지위에서 평생을 지냈으며 자손들도 귀히 됨이 그치지 아니하고 장수하였다。

장수하는 사주의 要件을 다음과 같이 열거 해 둔다。

○ 사주에 五行이 모두 구비되어 균형을 이루고 충극이 없는 것。

○ 사주에 충거하는 것은 모두 기신이고、 한신이 합이 되거나、 또는 합이 되어 희신으로 변화한 것。

○ 신왕사주에 관살이 약하고 재성이 있는 것, 또는 일주가 왕성하나 태과하지 아니한 것.

○ 대운이 용신 또는 희신과 상극되지 아니한 것, 또는 일주가 약할때 인수가 있는 것.

○ 신왕사주에 식상이 있어서 수기를 漏洩시킨 것, 또는 신왕하고 재성이 약하더라도 식상이 있어서 생재하는 것.

○ 사주가 주류무체하여 막힘이 없어서 생생불식하는 것.

위와 같이 구비된 사주는 장수할 뿐 아니라 부귀한다.

二、 短命할 사주

단명할 사주는 氣索神枯한 것인데 索者는 蕭索한 것이다. 즉 사주가 탁하면 빈천하고 단명하다.

○ 日主가 旺한데 그 기를 누설시키지 아니하거나, 혹은 日主가 弱한데 剋을 만난 것, 配合이 無情한 것, 體와 用이 상처를 입은 것, 生剋을 제화함이 없는 것, 生氣가 끊어진 것 등을 기색신고된 것이라 한다. 이런 경우 대운, 연운이 불길하면 夭死短命하고, 行運 연운이 부조해 주면 수와 더불어 吉하다.

○ 忌神이 轉輾하여 공격하면 長壽하기 힘들다. 특히 喜神、用神이 상처를 입으면 풍파를 당하여 起伏이 많다.

○ 體와 用이 무정하고 이것을 引化하여 生해주는 用神이 없으면, 幼年에 外出하여 사고를 당

하며 단명하기 쉽다。

단명할 사주의 要件을 다음과 같이 열거한다。

○ 日主가 대단히 약하고 생조함이 없는 사주、 또는 月支와 時支、 年支와 日支가 서로 충한 것、

○ 용신、 희신이 미약하고 기신이 왕성하거나 기신이 심장되어 있는 것、 또는 용신、 희신이 합거되어 약해지고 기신이 충거되지 아니한 것。

○ 초、 중년의 대운이 용신과 대단히 상극되거나、 또는 신약사주에 식상이 중첩되어 있는 것。

○ 사주가 木火로만 되어 심히 마른데 濕潤시키는 대운이 없는 것、 또는 金寒水冷하여 냉습하고 조후가 이루어지지 아니한 것。

○ 신약한 사주에 인수、 용신이 재성에 의해 파극된 것、 또는 신왕을 누설시키지 아니한 것으로 외격에 속하지 아니한 것 등은 단명한다。

三、 凶死할 사주

○ 역마와 陽刃이 같이 있으면 객사한다。

○ 편관이 태왕한데 식상이 견제하지 못한 것、 또는 사주에 양인이 많을 때는 흉사한다。

○ 양인과 관살이 同住하거나 사주에 괴강살이 많은 것、 혹은 양인과 상관이 동주한 것、 또는 月支에 상관이 충극된 것。

○ 사주에 형충이 많거나、 왕성한 오행을 충극하거나、 충극당할 때、 혹은 신약사주에 재성이 태왕하고 인성이 약한 것 등은 모두 요사 흉사하기 쉽다。

다음과 같이 단명의 사주를 표시한다。

丙申
乙未
甲戌　　丙申　6
乙亥　　大運

甲木이 六月에 生하여 土는 건조하고 木은 枯焦되어 있는데、 인수가 없으면 不能하다。木火상관이 印을 佩함이 되었다。未는 夏의 끝이요、 申은 秋의 시초되며、 戌은 秋의 끝이 되고、 亥는 冬의 시초가 되는데 이 四字가 모두 四時의 代謝의 方이 된다。孤辰寡宿의 位로서 生機가 끊어졌다。運行이 申에 이르러 甲木은 絶地이므로 촉명하였으나 十四歲에 死亡하였다。

乙丑
甲寅
壬寅　　大運
丁酉　　辛丑　7
　　　　庚子　17

甲木이 寅月에 生하여 兩地에 祿을 만났다。春木이 喜하는 것은 火로써 그 생기를 화창하게 함인데 忌하는 것은 관살이 尅伐하는 것이다。丑酉는 멀리서 合하나 丁火가 있어서 制金洩木하고 있고 壬水는 可히 洩金生木할 수 있으나、 壬丁合하므로 兩쪽의 其用함을 잃은 것이 되었다。運行辛丑은 陰濕함이 重함으로 병이 많았고、 庚子運 庚申年에는 庚金이 尅木하므로 死亡하고 말았다。

四、死亡의 時期

사람의 사망시기는 사주의 격국에 의하여 수명 장단을 정하고 어느 해, 여느 달에 죽느냐 하는 時期는 대운과 연운, 그리고 月運 등을 종합 대조하여 정한다. 사주의 용신을 대운과 연운이 심히 극해하면 그해에 생명의 위험성을 받게 된다. 그러면 어떠한 시기에 사망하느냐의 시기를 다음과 같이 열거한다.

○ 대운과 연운이 용신을 극해할 때, 특히 연운이 강하게 충격을 할 때 상극되는 月에 사망한다.

○ 사주에 忌神 또는 忌神을 生助하는 仇神이 있으면, 그 흉신들이 왕성하는 대운에 생명이 위험하다.

○ 신약사주에 식상, 재운, 관살운 등을 만나면 위험한데, 이런 때 용신이 비겁이면 관살운, 용신이 인수 및 편인이면, 재운을 만나는 대운의 연운이 위험하다.

○ 日主가 태왕한 사주에 인성운을 만나면 불길하다.

○ 신강사주에 재성이 약할 때 사주에 비겁이 있으면, 비겁운을 만날 때에 위험하다.

○ 사주의 天干이 一氣로 되어 있고 식상이 왕성하지 못할 때 재운을 만나면 비겁이 쟁재하여 생명이 위험하다.

사주에 五行이 조화되어 있으면 평생에 큰 질병 없이 건강하게 지낼 수 있고、五行이 부조화하면 終身的인 중병으로 고생하는 수가 많다。즉 그것은 宇宙 사이에는 五氣가 있고 땅에는 五行의 질이 있어서 만물과 더불어 인간의 인체구조와 生長盛衰 하는 五行의 원리에서 이루어지기 때문이다。

五、疾　病

사람의 五臟에 忌神이 入하면 병이 생기는 바、이것은 原命에 병이 있음을 말함이다。또는 客神이 六經에 놀면 병이 있게 된다。객신이 六經에서 논다 함은 歲運에 병이 있음을 말한다。즉 위에서 논한 것은 忌神 入五臟者는 四柱原命에 忌神이 흥동하여 평생 숙명적인 병이 있게 되고、客神游六經者는 세운에 忌神이 흥동하여 원명과 자극할 때에 병이 발생하게 되는 것을 뜻함이다。병이 세운에 있는 자는、세운이 같아 들게 되면 병이 治愈되게 되고、병이 원국에 있게 되면、종신계통의 병에 걸리게 되는 것이다。이 종신계통의 병은 만일 세운이 吉神에 해당되면 잠깐동안은 병이 치유되나 뿌리를 근절할 수는 없게 되는 것이다。그러므로 병흉할 때에 가령 사주가 身弱인데 인수가 용신인 경우 殺이 化한 格局에는 印運이 最吉하고、比劫이 부조화하면 비록 발전은 없을지라도 건강을 可期할 수 있으나、재운이 인수를 파극할 때는 흉하게 된다。또한 식상이 日主를 누설시켜서 약할 때、또는 겨살할때 병이 되는데 이런 것은 그 운이 지나면 병이 낫게 된다. 만약 원국의 병이 氣가 탁하고, 편고하게 되면 병이 치유되기 어렵다.

그러면 五行의 자극을 받게 되면 어떠한 병에 걸리게 되는냐에 대해서 다음과 같이 열거한다.

○ 木不受水者는 木이 水를 누설시키지 못하는 것이요, 土不受火者는 土가 火氣를 누설시키지 못하는 경우를 말함인데, 金水傷官에 火가 없을 때는 寒氣가 過하므로 「냉기침」을 하게 된다.

○ 火가 旺하면 水를 끓이므로 火痰을 이루게 된다.

○ 火土인수는 火炎으로서 風痰病이 되고, 土가 燥하면 피부병에 걸리게 된다.

○ 木火의 병은 火痰이 생기게 되고, 火金의 병은 瘡毒에 걸리게 된다.

○ 金水의 병은 腎經에 장해를 받고, 水木의 병은 脾胃病에 걸리게 되다.

위와 같이 五行의 相勝으로 병이 되는 것은 사주의 五行作用에 의하는 것이다. 다시 이에 대해서 증험한 바를 논한다면 金이 약한데 火가 태왕한 行地에는 血病이 틀림없고, 土가 寒한데 木旺의 鄕을 만나면 脾가 상하며, 筋疼骨痛 등은 모두 木이 金에 依하여 被傷된 것이다. 또한 눈이 어둡게 되는 것은 火가 水에 의하여 극을 당하게 되는 까닭이다.

다음과 같히 오행의 인체상에 소속됨을 표시한다.

○ 甲乙=간장(肝臟)、담(膽)、심경계통(神經系統)、정신(精神)、두면(頭面).

○ 丙丁=심장(心臟)、안목(眠目)、소장(小腸).

○ 戊己=위장(胃臟)、비장(脾臟)、피부(皮膚)、복부(腹部).

○ 庚辛=폐(肺)、근골(筋骨)、사지(四肢)、대장(大腸).

○ 壬癸＝신장(腎臟)、 혈액(血液)、 방광(膀胱)。

위와 같이 五行이 인체에 속하여 작용되는 것은 즉 사주의 오행이 태과 또는 不及하거나、日主 또는 用神이 자극을 받을 때는 그 五行에 해당하는 병이 생기게 된다。즉 예를 들면、日主가 金으로서 신약이거나 금이 용신인데 이 용신 금이 쇠약하거나、火가 왕성하면 그 운에 이르러서 폐병에 걸리게 된다。또한 사주에 金木이 相爭하면 骨折하게 되며、日主土가 쇠약하든가 용신인 土가 木運을 만나 극을 받아 쇠약해지면 위장병에 걸리게 된다。

다음과 같이 사주로 질병관계를 표시한다。

				大運
丁	癸	丙	癸	乙 甲 癸 壬 辛 庚
巳	亥	辰	酉	卯 寅 丑 子 亥 戌

이것은 재가 많아서 신약인데 月支辰土가 火를 누출시키고 金을 생조、하여 日主를 생조하므로 길신이 된다。乙卯 甲寅 대운은 旺木과 亥中의 甲木과 辰中의 乙木을 인출하여 용신인 辰을 극하고 水를 누출시키며 火를 生하므로 위장과 신경계통의 질병으로 고생하였다가 癸丑운에 치유되었다。

第三節　性　情

사람의 성정도 五行으로 판단하는 것이니 人品이 五行으로 因하여 생기는 연고이다。따라서 五

行이 균형되면 그 인품이 순정하고、五行이 부조화하면 성정이 거칠게 되는 것이다。 가령 四柱가 純陰이면 其人의 城府가 深冥하고 陰柔濡滯(음유유체)하며、四柱가 순양이면 其人의 성정이 中正 담백하고 陽剛하며 燥急하다。 그러나 위와 같은 것은 국한되어 있는 것은 아니다。 즉 運에 관련이 많은데 예를 들면 幼年에 놀기 좋아하고 글에 취미를 갖지 않는 것 등은 行運이 거슬리는 탓이니 억지로 교육한다 해도 큰 이익을 거둘 수 없고、 다만 運이 順利하면 자연히 好學하게 되는 것이다。

또한 사람의 성정을 오행의 속성으로 논하면 仁義禮智信을 金木水火土에 配屬함이니 즉 金性은 義에 속하고、木性은 仁에 속하며、水性은 智에 속하며、火性은 禮에 속하며、土性은 信에 속한다。

가령 傷官格은 모두 聰明하고 學問秀拔하며、事業에 이름을 떨치는데、대개 金水傷官은 主로 智慧가 많고 木은 主로 仁壽하고 金은 主로 果敢하며 결단성이 있고、火는 主로 剛正하며、土는 厚重하다。또한 예를 들면 水는 主로 智慧인데 土가 混濁하면 되레 우둔하고 木은 主로 仁壽인데 春木이 見金하면 되레 夭折하므로 역시 그 배합여하를 살펴야 하는 것이다。

다음과 같이 五行으로 그 성정을 살펴본다。

○ 金性은 義이니 日主가 金이고 사주에 金氣가 왕성하면 성정이 강직하며 의로운 일에 용감하고 명예를 소중히 여기며 위엄성이 있고 결단 결백하다。 만일 금수가 같이 있어서 왕성하면 智慧와 勇敢性이 있으며 金氣가 약하면 결단심이 없게 된다。

○ 本은 仁이니 日主가 木이고 木氣가 왕성하여 성질이 仁慈하여 자비심이 많으며 절도가 있다. 그러나 木氣가 약하면 절도가 없고, 성질이 유약하다. 또한 木氣가 태과하면 마음이 인자하지 못하고 질투심이 많게 된다.

○ 水는 智이니 日主가 水이고 水가 왕성하면, 총명하고 지혜가 투출하여 多能多藝하다. 만일 태과하면 動的이어서 활동적이나 냉정하고, 또한 水가 不及하면 되레 총명치 못하고 용감성이 없다. 만일 水가 日主에 왕성하고 이를 누설시키면 지혜 있고 성정이 仁厚하다.

○ 火는 禮이니 日主가 火이고 왕성하면 성격이 민활하고 명랑하며 예의가 바르다. 만일 火가 태과하면 성격이 너무 조급하고 독한 성질을 가진다. 또는 火가 불급하면 결단심이 적다. 혹은 日主의 火旺氣를 누설시키면 예의가 바르고 온후하다.

○ 土性은 信이니 日主가 土이고 土가 왕성하면 心柱가 깊고 信義가 있으며 효성심이 있다. 만일 태과하면 우둔하고 고집이 세다. 또한 土가 부족하면 인색하고 성격이 온후하지 못하다. 만일 土日主에 火가 용신인 때 水運을 만나면 재앙을 면키 어렵다. 그리고 火土食傷格일 때는 성정이 총명하고 온후 독존하다.

第二章　出身과　職業

第一節　出　身

사람은 누구나 출세하여 명예를 날리고 싶고 권세를 부리고 싶지 않은 자 없으며 혹은 致富하여 향락하려 원하지 않는 자 없는 것이다. 즉 인간으로서 부귀영화를 마다 할 자가 몇이나 있겠는가? 그러나 사람마다 그것을 바란다고 다 되는 것이 아니요, 달음박질 친다고 해서 모두 달성되는 것은 아니다. 그것은 오로지 선천적으로 타고난 운명의 기국에 있으며, 때가 있으니 모름지기 大富, 大貴는 先天命 機局에 있고, 언제 어느 때에 빈부귀천이 닥쳐올 것인가는 기국과 상응하는 대운 연운의 조화여하에 달려 있는 것이다. 따라서 大貴, 大富者는 그 기국이 크고 조화를 잘 이루어서 맑고 순수해야 하는 것은 물론이다. 만일 大기국자라도 사주의 원국에 탁함이 있으면 맑아질 때가 와야 하며 맑은 기국이 대운, 연운에 의하여 탁하게 되면 큰 발전은 바라기 어렵게 된다. 또한 사람의 직업도 역시 그러하다. 만일 先天命局에 농업이나 상공업으로서 성공할 사람이 고관대작의 벼슬을 바라도 아니될 것이요, 고관대작의 기국자가 일개의 공업기술자를 희망해도 발전성이 없게 되는 것이다. 그러므로 사람마다 자기가 품수한 命運에 의한 길을 밟아 나간다

고 하면 비교적 成功率이 빠를 것이요 순탄할 것이다。 그러면 어떤 사주는 어떤 방면에 적당한가

또는 언제 성패가 있을 것인가를 다음과 같이 사주의 원리에 의하여 五行의 작용여하를 분석하

며 왈가왈부를 논코자 한다。

一、貴顯格

무릇 부귀할 자는 사주가 一淸到底하고 吉神이 暗藏되어야 귀현하게 되는 징조이다。 다시 귀격

중에도 맑음을 得하고 乾淨하며 秀氣가 流露되면 科擧하여 出世하게 되는 것이다。

대개 八字에 財官印의 배합이 整濟하여야 하는데 이것이 外로 노출된 자는 極貴品이 아니다。

만일 淺濕이 간단하고 一見하여 알 수 있는 것과 四柱에 拱合之情의 廻護함이 없는 자는 비록 귀

히 되나 평평한 것이다。 오직 四柱 기국을 처음 봐서는 平淡無奇하나 元機에 吉神들이 暗伏되어

暗中에서 곳곳(處處)에 廻護함이 있으면 그 귀함이 非常한 것이다。

그러면 우선 귀격의 사주를 다음과 같이 예를 들고 그 다음에 직업과 관록 등을 설명한다。

이것은 貴格의 사주이다。 辛金이 九秋에 生하고 그 餘氣가 水를 만나

進氣하여 平淡無奇하다。 그러나 月令에 印綬가 秉令하고 天干金水가

流露하여 金水傷官이 官星을 喜見하였으며 日坐巳宮에 丙火官星이 得

大運
壬 子　23
癸 丑

[四柱 一]

庚	辛	壬
戌	巳	辰

大運： 甲寅 33　乙卯 43　丙辰 53

祿했으므로 이것이 用神인데 吉神이 暗藏되었고 子戌은 拱亥하여 巳宮과 正對天門하였으므로 巳火의 근원이 되어 火土金水의 生意가 어지러지지 않았다。 그러므로 科甲으로 出身하여 太平宰相으로서 富貴壽를 모두 누렸다。

[四柱 二]

辛	己	丙	己
未	亥	辰	亥

大運： 丙申 26　乙未 36　甲午 46　癸巳 56

天干에 火土金으로써 傷官生財하고 地支에 亥未辰으로 食傷殺印이 雜出하여 好處가 一見하여 나타나지 아니하였다。 그러나 亥未一合하고 식상 칠살이 印으로 化하여 탁한 가운데 맑아졌다。 그러므로 地支四字가 모두 인수의 地이다。 故로 玄機가 暗藏하였고 天干火土가 秀氣 流行되어 大貴의 格이 되었다。

二、官祿

직업에는 여러가지가 있겠으나 우선 여기에서는 관운이 있느냐 또는 어떤 관록이 적당하냐 하는 것을 본절에서 다음과 같이 열거한다。

○ 사주에 관살이 왕성하고 식상이 있거나 또는 관살이 없어도 吉神이 暗藏되어 三合 및 六合하면 관운이 있다。

○ 日主와 관살이 왕성하고 재성이 경미하거나 또는 재성이 왕성하고 관살이 왕재를 누설시키면 관록운이 있다.

○ 日主가 왕하고 약한 관살을 재가 있어서 재생관하거나 또는 신왕하고 관살이 왕할 때에 인성이 왕한 관살을 누설시키면 관운이 있다.

○ 사주의 비겁이 용신, 희신인 경우에 관살이 인성을 생조하거나 또는 비겁이 많고 재성이 약할 때에 관살이 비겁을 억제하면 관록을 먹는다.

○ 관살과 인수가 天干에 노출되거나 또는 관살과 재성이 지장간에 있으면 관록운이 있다.

○ 인성을 재성이 억제할 때에 관살이 이사이를 통관하거나 또는 신약한 사주에 왕성한 관살이 인성으로 생화하고 재성이 없으면 관운이 있다.

다음과 같이 관록사주를 표시한다.

사주				大運	
己未	庚午	甲辰	壬申	己巳	11
				戊辰	21
				丁卯	31
				丙寅	41

甲木이 仲夏에 生하여 인성을 찾고 있다. 상관이 秉令하고 財星이 透出하여 상관생재함이 用이 된다. 庚金은 비록 申에 得祿하였으나 午月에 生하였으므로 약하여 剋木함에 不足하다. 그리고 申辰會合하여 壬水로 하여금 살을 印化하고 있으며 坐下辰宮은 蓄水하여 培木하므로 사주가 맑아졌다. 그러므로 乾淨한데 戊運에 進士하여 若冠 二二歲에 관명이 현달하였다. 위와 같이 원국이 맑고 대운이 부조하면 관

록이 양양하게 된다。

三、官祿의　等級

관록에 그 층계가 있으니 즉 위로는 군왕(오늘날에는 大統領)、장관을 위시하여 밑으로는 下級 공무원에 이르기까지 그 지위의 고하가 있게 되는 것이다。그러면 사주로써 어떻게 그것을 가릴 수 있는가를 다음과 같이 대략적으로 논하고 그 다음 細部的인 것은 차차 설명해 나가기로 한다。

관록에 고관 대작의 사주는 모두 純粹하고 용신 및 희신이 왕성하며 有情하고 精氣가 맑아 있다。 사주가 精粹하고 맑을수록 고귀하게 되고 잡하고 탁할수록 底級하게 된다。따라서 옛날부터 오늘 날에 이르기까지 군왕、재상 등의 고관대작의 사주는 淸氣가 충족하고 순수하며 용신 희신이 모두 생화 유정하여 精氣가 맑아 있다。八字中에 어느 한자라도 옮겨 놓을 수 없을 정도로 잘 짜 여져 있으며 용신 희신이 모두 眞神으로 되어 있다。그러므로 관록의 등급은 사주의 맑음의 程度 如何에 따라 결정되는 것이다。또한 원국이 맑고 대운이 응하여 相助되어야 하는데、貴格사주에 도 어느 一面에 잡함이 있으면 급수가 낮아지게 된다。

그러면 다음과 같이 관록의 귀격과 종별을 가려 사주로 표시하여 논한다。그런데 관록의 종별 에는 행정관、사법관、무관등의 文武 종별이 있으니 그 종별을 다음에 하나씩 설명해 나가기로 한다。

四、行政官의 四柱

행정관의 사주는 재、관이 和한 者로서 用神이 有情하여야 한다。또한 神、氣가 모두 구비되어 있어야 하는데 神은 정신이요、氣는 氣勢이므로 이것이 모두 구비하여 用神이 羈絆(기반)됨이 없어야 한다。즉 사주가 순수하여 맑으며 格局이 淸純하며 用神이 인수가 왕성하고 재성이 있든가 혹은 재성과 관살이 왕성하고 인수가 있든가 또는 生助 協情하거나 또는 日主와 관살이 旺하면 행정관으로서 출세한다。

다음과 같이 행정관들의 사주로 유명한 것을 표시한다。

乙卯	庚辰	庚申	丁丑

大運

戊寅 13	丁丑 23	丙子 33	乙亥 43

庚金日元이 坐祿하고 三月에 生하여 財星이 有氣하다。財旺生官하므로 이를 用하는데 時上에 一位貴格이 있어 吉하다。寅運에 驛馬가 冲하므로 遠走京師하였고 丁運에 官星이 用事하므로 一進하였으며 丑運에 宰相이 되었다。

이것은 행정관으로서 명성 있는 사주인데 曲直仁壽格이다。地支에 亥卯未三合하고 乙木이 寅月에 生하여 왕성하다。時上에 己土가 투출하였으나 甲木이 제지하고 있

乙亥
己卯

어 인수가 상하지 않으며 水木相生하여 格이 순수해졌다。印이 透出하였으므로 行運金에 官殺이 생인하고 金氣로써 生木하므로 官印의 權이 된 것이다。따라서 最高의 官祿을 享受하게 되었다。

甲子　甲戌　丁未　甲辰

大運　戊寅 40　己卯 50　庚辰 60

火土傷官인데 비록 年支에 子水가 있으나 甲木이 누설하므로 喜하고 戌土가 극하므로 傷官이 傷盡되었다。그러나 甲木이 制傷扶身하므로 用神이 되는데 寅運에 이르러 일약 최고관이 되었다。위와 같이 사주가 흐린 것 같아도 기국이 크고 맑아 있으면 고관이 될 수 있다。

壬子　庚戌　辛巳　壬辰

大運　癸丑 23　甲寅 33　乙卯 43　丙辰 53

日柱辛巳는 辛과 더불어 巳宮內의 丙火와 相合하여 官星이 有情하여졌다。이것은 吉神이 암장되어 日主와 相合하므로 精氣가 단결되었다。또는 地가 旺하며 靜하여 있고 어느 하나 흉신이 發動함이 없다。運行이 南方이어서 더욱 吉하게 되었다。따라서 太平宰相으로 富貴榮華를 享受한 것이다。

五、司法官의 사주

사법관의 사주는 다음과 같은 格이 있어야 한다。

○ 月支에 旺刃이 있고 재관 및 식상이 왕성하든가 또는 편관이 재성에 의하여 재생관되어야 한다.

○ 사주에 三刑이 있고 格局이 순수하며 精氣가 맑아서 淸氣가 강하여야 한다. 예를 들면 庚午、辛巳、壬申、壬寅의 사주는 三刑이 있고 순수하다. 따라서 사법관으로서 명성이 있었다.

六、武官의 사주

무관으로서 兵權을 통솔하는 사주는 貴格에 다시 陽刃과 官殺神이 있어서 맑으면 반드시 병권을 장악하여 生殺權을 갖게 된다. 또는 사주에 金氣와 火氣가 많고 精氣가 特異하며 또한 편관이 왕성하고 양인이 있어서 精氣가 강하면 무관으로서 명성을 떨치게 된다. 그러면 다음과 같이 무관의 사주를 표시한다.

壬申　辛亥　丙午　丙寅

大運
甲寅 29　乙卯 39　丙辰 49　丁巳 59

이것은 兵權을 장악하여 극귀한 사주이다. 丙午日元이 刃上에 坐하고 年上에 七殺이 干透하였으며 寅午戌이 會局하여 火局을 이루고 七殺은 得祿하여 逢生하므로 刃殺이 맑아졌다. 따라서 眞神을 得하여 用하므로 運行의 甲寅乙卯에 陽刃이 起助하여 兵權을 장악하여 威鎭하였다.

丁卯　丙午　丙子　壬辰
　　　大運
　　　癸卯 26　壬寅 36　辛丑 46　庚子 56

이것 역시 병권을 장악하여 용맹을 떨친 무장의 사주이다。丙이 五月에 生하고、陽刃이 干透하였으며 子辰이 會局하였고 七殺이 透干하였으며 殺과 刃이 모두 淸하다。또 丁壬相合하여 殺刃이 有情하고 子辰相合하여 子午의 冲을 解消시켜 殺刃이 不戰이다。다시 卯木을 得하여 殺刃의 氣를 通하였으며 癸卯壬寅運에 殺印相生되어 兵權을 장악하고 그 위세가 赫赫하였다。

癸未　乙丑　壬戌　庚子
　　　大運
　　　甲子 2　癸亥 12　壬戌 22　辛酉 32

이것은 武官으로서 都督이 된 사주이다。壬水가 十二月에 生하였고 時子에 陽刃이 있으며 劫印이 並透하여 日主가 강하다。土旺之時에 生하였고 丑戌未가 전부 있어서 三刑有氣이다。따라서 殺刃으로써 용신이 되는데 戌運에 이르러 일약 도독이 되었다。

乙亥　甲申　己卯　乙亥
　　　大運
　　　丁丑 16　丙子 26　乙亥 36　甲戌 46

이것은 文武를 겸비한 最高官級의 사주이다。月令에 陽刃이 있고、申金亡殺로 制刃하므로 用神이 된다。申中의 庚金은 卯中乙木과 暗合하여 正符로 甲과 乙이 姉妹 庚이 妻가 되는 것이다。따라서 凶이 吉로 변했다。그러므로 貴格이 되는데 乙亥十年에 벼슬이 올랐고 甲運에 이르러 文武를 겸전한 最高官이 되었다。

七、政客의 사주

庚辰
己卯
丙申
戊戌

大運　癸未 39　甲申 49

이것은 政客、行政官으로서 명성을 떨친 사주이다. 申卯暗合하고 또 申暗寅冲하고 寅卯辰으로서 東方局을 이루었으며 戌과 寅이 暗合하고 丙火로써 拱하였으며 丙申、戊戌이 丁酉의 璇珠를 拱하여 大貴格이 되었다. 印으로써 用神을 삼는데 運行癸未는 印綬와 合局하여 더욱 吉하게 되었다. 따라서 入閣하여 政治的 中心人物이 되었다.

丁亥
庚戌
己巳
庚午

大運　丁未 28　丙午 38　乙巳 48　甲辰 58

이것은 中國의 蔣介石總統의 사주이다. 土金傷官格인데 秋季에 金神이 乘令하여 土旺用事하고 있다. 支의 午戌은 會局하여 火로 변하였는데 또 丁火가 투출하여 강한 金神을 제지하고 있어서 스스로 一種의 威武不屈하는 精神이 되었다. 이것이 所謂 金神入火鄉하여 武貴格으로 된 것이다. 그 다음에 土가 本氣인데 金이 餘氣가 되고 火가 墓神이 되어 體用이 다같이 戌宮月令을 가지고 있다. 또한 이것이 같이 透干하여 天覆地載가 되었으므로 眞神이 되었다. 運入南方에 成功하여 全國의 領袖로 된 것이다.

이것도 蔣氏와 같은 土金傷官格인데 體用이 同一하나 前者는 丁火로
써 制傷力이 강했고 此者는 制傷力이 不足하다. 前者와 此者의 등급
차이는 여기에 있는 것이다.

大運
壬午 癸丑 21
庚戌 甲寅 31
己酉 乙卯 41
庚午 丙辰 51

第二節 職 業

一、職業의 種類

직업의 종류에 있어서 適否의 분별은 用神과 격국을 종합해서 결정해야 하는 것인데 다음과 같
이 열거하여 참고로 한다.

○ 사주에 **正官**이 많으면 학자 또는 기술계통에 적합하며 또는 정관격 혹은 정관이 용신인 경
우에는 교육계 또는 행정공무원에 적당하다.

○ **편관**은 건축업, 광산업, 청부업 등의 대인관계의 직업이 적당하다.

○ **인수**는 교육가 학자 또는 사회 자선사업 혹은 생산업 등에 적합하다.

○ **편인**은 의사, 변호사, 평론가, 언론가, 운명가, 技士 등의 편업에 적당하다.

○ **정재**는 은행업, 상업, 공업, 등에 적당하다.

○ 편재는 무역, 은행, 상업, 소개업, 청부업 등에 적당하다.

○ 식신은 교육계, 학자, 주선업(周旋業), 요리업, 행정공무원 등이 적당하며 식신생재격은 산업에 대성한다.

○ 상관은 교육가, 변호사, 학자, 흥행업 등에 적당하다.

○ 사주에 **비겁**이 많거나 또는 비겁이 용신 희신이면 독립적인 직업이 적당하고 동업은 불리하다. 의사, 기사, 변호사, 기자, 재단사, 등의 독립업에 적당하다.

二、 高等考試合格者

고시에 합격할 사주는 淸氣가 왕성하여야 한다. 이 청기가 왕성하거나 대운이 청기에 해당되고 연운이 또한 청기를 받침해 주어야 하는 것은 물론이다. 그리고 용신 희신이 忌神에 극해되지 않아야 하며 지장간에 용신 희신이 심장되든가 또는 길신이 심장되어 용신 희신을 부조해주면 고시에 합격할 수 있다. 다음과 같이 고등고시에 합격한 사주를 例示한다.

四柱	大運
辛巳	己未 59
乙丑	戊午 49
癸丑	丁巳 39
壬申	丙辰 29

乙木이 十二月에 生하여 氣候가 嚴寒하므로 生機가 창달치 못하다. 그러나 時에 巳宮을 만났는데 巳宮에는 丙火가 암장되어 있으므로 寒谷에 回春한 형상이 되었다. 辛金七殺은 비록 투출되었더라도 우선 調候됨이 急한데 殺과 印이 退하여 暖和함을 作하고 있다. 乙卯丙辰에 木生火旺하여 少年으로서 考試에 合格하였다.

第三章 女子의 四柱

여자의 사주와 남자의 사주와의 보는 관점은 다를 바 없겠으나 분석하는 방법에서 약간 차이점이 있는 것은, 남자는 관살을 자식으로 보나, 여자는 식상과 用神을 자식으로 보는 점이 다르며 또는 남편을 관살로만 보는 것이 아니라 用神에 生我者를 남편으로 보는 점이 다르게 된다. 그 밖에 大運法에 있어서 남자와 반대로 보는 법이 다른 점이다. 옛날에는 사회제도가 男尊女卑時代여서 女子의 運命에 대해서 별로 중점적으로 논한 것이 없었으나 오늘날 男女平等權時代에는 女性도 男性과 같이 社會的으로 활동범위가 넓어졌으므로 운명의 길흉관계도 남성과 동등한 방법으로 분석 감정하지 않으면 아니되는 것이다. 따라서 사회적인 운격에는 역시 남성과 같이 성공 실패의 길흉을 면밀히 분석해야 할 것이다. 다만 가정면에 있어서 부부운, 자식운에 대해서 육신으로 기준하는 구별이 다를 뿐이다.

그러면 여자의 운명에 대해서 남성과 區別되는 差異點과 여자의 운명이 어떠한 경우에는 어떠한 운명으로 작용되는가를 사주에 의하여 다음과 같이 논해 나가고자 한다.

○ 여성의 사주도 中和된 것을 존중히 하며 사주가 맑으면 존귀하게 된다.

○ 여성의 사주도 생화제극하여야 하며 식상관살 등의 성쇠여하에 따라 夫와 子의 길흉이 달라지게 될 뿐 아니라 자신의 운명도 좌우된다。따라서 중화되어 청순하여야 수복을 누릴 수 있다。

○ 남자는 용신을 처와 동일시하지 아니하나 여자는 반대로 용신을 남편과 동일시하며 남자들보다 더욱 중화되어야 한다。

○ 여성의 사주에서는 관살과 용신 그리고 日支의 배우자 위치를 참작하여 남편궁을 판단한다。

第一節　男便宮

○ 용신이 회신에 의하여 생조되면 남편덕이 있고 기신에 의하여 파극되면 남편 복이 없다。

○ 여성의 사주에 청탁、순잡 등의 차이에 따라 남편의 빈부여하가 구분된다。그리고 관살이 나타나 있으면 관살의 동태를 참작하여야 한다。그러나 원칙적으로 용신을 남편으로 표시하는 것이므로 용신에 중점을 두어야 한다。

○ 사주에 관살이 태왕하여 식상이 용신인 경우는 식상이 남편이므로 식상의 旺衰 有力 無力에 따라 남편의 덕이 좌우되는 바 유력하고 왕성하면 남편덕이 있다。

○ 사주에 관살이 미약하면 재성이 용신이 되며 이것이 남편덕을 표시한다。

○ 인성이 왕성하고 관살이 미약하면 재성이 용신이 되며 재성이 유력하면 남편덕이 있다。또

한 日支가 용신을 생조하면 남편덕이 있고 이것이 파극당하면 남편덕이 없게 된다。

○ 비겁이 없고 관살이 왕성하면 인성이 용신이 된다。 또한 상관이 태왕하고 재관이 없으면 인성이 용신이 된다。

○ 연월은 조상의 터요, 일시는 본신이 되는데 희신, 용신이 연월에 있어서 왕하면 초년(幼時)에 친정이 양호하였고, 용신 희신이 日時에 있으면 中晩年에 부귀하며 夫家가 富하게 된다。

○ 관성은 재가 생하여야 길한데 관이 왕하는 行地가 있으면 유정하게 되고, 또는 재가 왕하여 관을 생하는 격에는 신약 하여도 꺼리지 않는다。 여자의 사주에서 가장 길한 것은 식신이 왕하여 재로 화한 것이다。 그리하면 관이 약해지지 않으므로 길하다。 그러므로 兩者가 완전한 이것 가장아름다운 것이다。

○ 만약 관인으로써 用神이 된다면 인이 태왕하지 않아야 한다。 인이 왕성한즉 식신을 겁탈하기 때문이다。 식상이 겁탈 되면 자손이 해롭게 되기 때문이다。

○ 日主가 왕성하면 자기가 사업을 창설하게 되는데 그것은 이른바 여자가 남자의 권을 장악하게 되는 경우이다。 혹은 남편을 剋하게 된다。

○ 만약 祿刃에 臨하여 재성을 用하면 반드시 剋夫한다。 또한 月令이 休囚한즉 신약이 되는데 자기의 지분을 평안히 지키게 된다。

○ 관성이 夫일 때는 관성이 한개 있어야 可하고, 두개가 있으면 不可하다。 또는 관살혼잡격도

不可하다。그러므로 중관 중살을 忌한다。다음과 같이 여자의 사주를 예로 들어 표시한다。

甲寅
戊辰
甲寅

이것은 兩神成象으로서 身强하고 殺이 旺하다。만약 이 사주가 남자의 것이라면 功名을 이룰 것인데、여자는 비록 이름을 떨친다 하더라도 화류계나 또는 첩으로 되고 혹은 唱妓로 된다。따라서 이 사주의 주인공은 관리의 첩으로 되었다。

○ 사주에 二德과 三奇가 결합되어 있으면 錦上添花格이 되는데 소위 虛하게 좋은 것이다。여기에 二德을 말함이요、三奇란 甲戊庚、혹은 乙丙丁을 말 함이다。

第二節　貴格과　凶格

○ 재왕생관의 格에 傷官이 剋함을 보지 아니하면 반드시 貴格이 된다。

○ 식신제살의 격은 日主가 너무 약하지 아니하고、日主가 通根하여 칠살이 제지하고 있으면 역시 귀격이 된다。

식신 상관은 능히 제살하는데 상관은 夫를 剋하는 도기(盜氣)가 있고、식신도 역시 그러하다。또 제살함과 더불어 생재하는 것은 병용할 수 없는 것이다。그리고 官星을 用할 때 식상을

見하는 것은 不可하다。식상을 만나면 재로 化하게 함이니, 즉 식상생재하는 것이 되고, 다시 生官하게 되는 것이다。또한 七殺을 用할 때는 식신으로써 제지함이 喜하게 되는데、재성을 見함은 不可하다。만일 재성을 만나면 식신이 재로 化하여 식상의 기로써 조실하게 된다。다시 日主가 이럴 경우 통근해야 하는데 그렇지 아니하면 관살이 극신하게 되어 식상의 盜氣를 극류교집하여 夫를 극하든가 또는 短壽하게 된다。

○ 신약에 인성이 용신、혹은 官殺太旺에 인성이 用神일 경우 재가 있으면 탐제하여 인을 파하게 된다。비록 신약이라도 본분을 지키지 못하는 사람이 된다。

○ 日主가 휴수되는 것은 不可하다。그리고 官이 用神일 경우 관살이 있는 것은 不可하다。

○ 日主가 旺地에 있으면 富하더라도 日主가 弱하면 빈한하더라도 夫와 子를 끝까지 지닌다。그러므로 여자는 夫와 子가 중한 고로 복이 된다。

○ 日主가 秉令하여 用神에 통근하면 喜하고、혹은 用神이 秉令하고 日主가 통근하면 모두 북이 된다。여자는 모름지기 喜用이 秉令함이 길하다。여자사주에 陽刃은 권리를 장악하며 建祿이 있으면 祖業을 갖기 어려우며、또는 건록이 生月에 있고 재관이 투출한 것이 喜하고、身이 다시 旺한 것은 不宜하다。

○ 여자사주는 오직 재원이 무성하고 비록 재관을 喜하더라도 그것은 自身이 가서 用財用官하는 것이며 재관이 따라와서 旺하는 것이 아니므로 자기가 創業하는 것이다。

○ 남자의 사주에 陽刃이 重重하면 극처하고、여자사주에 양인이 중중하면 剋夫剋子한다。건록

○ 역시 그러하다。

○ 身旺이 아니면 富하게 된다。가령 사주로 표시해 보면 다음과 같다.

甲　寅
丁　卯
乙　巳
庚　辰

○ 이 사주는 日主가 태왕하고 祿刃이 있으므로 과부로서 평생을 지내게 되었다。

○ 辛卯、乙未、丙午、丁酉의 사주는 陽刃이 倒戈하므로 剋夫한다。

○ 여자의 사주는 日主가 旺하면 精神이 밝으며、日主가 쇠약하면 유약 우둔하다。그러므로 日主가 너무 강하면 剋夫하고 너무 약하면 治家함에 우둔하다。따라서 여자사주는 중화됨이 가장 길하다。

○ 여자사주에 貴神이 官星이면 貴格이므로 富貴의 징조이다。관성이 합함을 꺼리는데 만일 관성이 합하면 貴를 망각하는 것이 된다。그러나 日主와 합하는 것은 無妨하다。

○ 官이 많이 있고 日元과 爭合하는 것도 역시 꺼린다。

○ 무릇 用神은 모두 맑고 투출되어야 하며 한신과 相合하는 것은 不可하며 絆合은 견제함이 可하다。여자사주에서는 官이 夫가 되는 고로 다른 干과 합하면 夫가 없고、多官이 爭合하면 多夫 또는 妓生이 된다。

여자사주에 貴人이 官星이고 驛馬가 財地일 경우 寅午戌火人은 申宮의 庚金이 財地가 되고, 甲子辰水人은 寅宮의 丙火가 財地가 되고, 巳酉丑金人은 亥宮의 甲木이 財地가 되며, 亥卯未木人은 巳宮의 戊土가 財地가 된다. 官이 財地에 臨하면, 自己가 威風이 있다. 桃花가 印地일 때는, 寅午戌火人은 卯가 印地가 되고, 亥卯未木人은 子가 印地가 되고, 申子辰水人은 酉가 印地되며, 巳酉丑金人은 午宮의 己土가 印地가 된다. 官이 印地에 臨하면 貴重하게 된다.

○ 도화살은 寅午戌年生人은 干支納音의 火에 속하여 卯方을 見한즉 도하살이 되고, 또 卯年生人은 寅午戌을 見하면 桃花殺이 끼게 된다.

○ 식상은 자식으로 보는 것이며 또는 壽星으로도 되는 것이다. 따라서 식상이 결손됨이 없으면 수명이 장수하다. 用神이 모두 결손함이 없고 다시 透淸하며 羈合이 되지 않으며 식신이 투출하여 用神이 되면 반드시 子孫이 많고 장수한다.

○ 여자사주에 사맹(四孟), 사중(四仲)이 있어서 戰局을 이루면 풍파가 많고 不吉하며 오로지 안정해야 吉하다. 여기에 四仲이란 子午卯酉를 말함이요, 四孟이란 寅申巳亥를 말함인데 子午卯酉가 沐浴 또는 咸池(함지란 桃花殺을 말함)의 鄕이 되어 氣勢가 專一하든가 만일 四仲이 全備하면 酒色, 淫亂하다. 이것은 男女 同一하다.

○ 또는 寅申巳亥의 四孟이 長生祿旺의 地가 되고, 支中에 장간된 人元(인원은 지장간을 말함)(四仲이란 地支에 전부 갖춰있는 것)이 상호생극하면 聰明이 발생한다. 그러나 三刑이 全備하면 八字가 佳한 자리도 역시 貴氣를

損하는 것이니 刑과 冲을 겸하면 禍가 많이 발생된다。 이런 것은 合格하여 福과 壽가 있는 자가 적고 一律的으로 論하기 不能하다。 그런데 丑戌未에 만일 辰을 見하고 刑冲을 겸하면 善良한 사람이 못된다。

○ 夫星이 用神인데 用神이 月令을 乘令하고、 喜神이 用神을 相生하여 사주가 中和되면 貴히 된다(中和란 너무 旺하지 아니하고 너무 약하지도 아니한 것을 말함 녀)。

○ 子星은 곧 식신인데 식신이 刑되면 不可하다。 그리고 長生의 地에 臨하면 가장 吉한 것이다。

○ 인수가 一位만 있어서 生身하면 中和되나 인수가 많으면 태왕하는 것이니 財가 旺하여 암암리에 生官하면 財가 많아도 꺼리지 아니한다。 만약 신약한데 재왕하면 아니된다。

○ 여자의 사주에 신약이고 재가 많을 때 비겁이 많으면 群比爭財하므로 吉하다。

○ 官星이 용신일 때 식상이 중하면 剋夫하고、 식신이 용신일 때 印星이 중하면 剋子한다。

月令이 陽刃이고 身이 旺地에 臨하면 무식한데 刑冲이 加해지면 악인이 된다。 金神者는 暗金的殺인데 子午卯酉生人은 殺이 巳에 있으며 主로 刑獄의 災禍가 있고、 呻吟殺은 寅申巳亥生人에 殺이 酉에 있으며 主로 腫氣病의 災가 있고、 破碎殺이라는 것은 辰戌丑未生人은 丑에 殺이 있으니 主로 喪服의 哭事가 있으며 白衣殺이란 것은 總名이 暗金的殺이다。

神殺이 일어나는 數는 四仲은 子에서 順行하여 三十位의 見巳가 正殺이 된다。 즉 예를 들면 甲子는 癸巳를 만나면 이것이 살이 된다。 四孟者는 子에서 順行하여 二十二位에 見乙酉가 殺이

된다。또 辰戌丑未는 子에서 順行하여 二十六位에 見己丑이 곧 正殺이 된다。모두 이와 같이 계

산하면 된다。위의 살은 主로 夭喪刑傷이니 剋子、惡死、질병지액이 있게 된다。만약 吉神이 서

로 救助하여 貴格에 들면 無害하다。

○ 夫星은 用神인데 官星만이 夫星이 된다고 고집되어서는 아니된다。用神이 空亡 또는 殺에

빠지면 寡婦를 면하지 못한다。

第三節　夫를 剋하는 사주

위에서 논한 여자의 사주에 귀격과 흉격을 다시 세분하여 남편궁의 길, 흉을 대략 다음과 같

이 열거한다。즉 여자는 남편궁과 자손궁이 가장 중하기 때문이다。

○ 여자사주의 日支에 관살이 있고 이것이 冲剋을 당하면 夫를 剋하게 된다。

○ 日主가 왕성하고 관살이 미약하며 인성이 중첩되고 재성이 없을 때는 夫를 剋한다。

○ 식상과 日主가 왕성하고 재성이 없으며 관살이 없거나 미약할 때는 夫를 극한다。

○ 용신을 충극하면 부부해로를 못한다。

○ 신약사주에 관살이 미약하고 재성이 태왕하거나 혹은 인성이 경미하고 관살이 태왕해도 부

부 해로를 못한다。

○ 비겁이 왕성하고 관살이 미약하며 재성이 없을 때、 또는 비겁이 왕성하고 식상이 미약하고 관살이 없으며 인성이 왕성하면 극부한다.

○ 사주에 비겁과 양인이 많거나 또는 간합 혹은 육합이 있어도 부부해로 못한다.

○ 사주에 관살이 있고 비겁이 많든가 또는 관살과 비겁이 많으면 부부해로 하기 어렵다.

○ 일주가 태왕하고 관살이 없든가 또는 관살이 충거되면 극부한다.

○ 일지의 용신이 入墓되면 극부한다.

第四節　子　息　宮

여자의 사주에서 자식은 식상과 희신 그리고 時柱의 동태를 보아 자식의 길, 흉을 판단한다.

○ 식상과 日主가 왕성하고 재성이 있으며 식상이 형충와해 되지 아니하면 자식이 많다.

○ 식상 또는 희신이 미약하거나 형충되면 자식에게 해롭다.

○ 관살 日主가 같이 왕성하면 자식이 많다.

○ 日主가 왕성한데 재성과 인성이 없고 식상이 왕성하거나、 또는 日主가 왕성하고 재성도 왕성하면 관살과 식상이 없어도 자식이 많다.

○ 신약이라도 인성이 있고 식상이 왕성하며 재성이 없으면 아들이 있다.

○ 일주가 약하고 재성과 관살이 없으면 식상만 있어도 자식이 있다.

○ 日主가 왕성하고 재성이 없으며 인성이 많으면 자식이 없고、 또는 신약하고 인성이 없으며 식상이 왕성하면 자식이 없다.

○ 관살이 왕성하고 신약인데 인성이 없거나、 또는 일주가 약하고 재성이 많으면 인성이 있어도 자식이 없다.

○ 일주가 태왕、 태약하거나 사주가 過濕、 過燥 또는 인성이 태과하거나 식상만 태과해도 자식이 없다.

○ 신왕에 비겁이 많고 관살이 없으며 인성이 있으면 자식이 없거나 적다.

第五節　結婚

결혼시기는 남편을 표시하는 용신이 왕성한 대운과 연운 또는 관살이 왕성하는 대운과 연운에 있게 되며 또는 日支와 연운이 삼합 육합하는 해에 결혼하게 된다.

여자의 사주에 관살이 초년대운에 왕성하거나 연월주의 天干에 있거나 또는 일지에 있어서 용신을 생조하면 조혼하고 또 합함이 많아도 조혼하게 되는데 이것은 이혼하기도 쉽게 된다.

또는 사주에 관살이 없거나 혹은 초년대운에 관살이 용신을 생조함이 없거나 또는 비겁이 많으면 늦게 결혼하게 된다. 여자의 사주가 순수하여 청기가 있으면 비교적 명망있는 남편을 만나서 부귀하게 된다. 또한 일지에 正官이 喜神、用神일 때 혹은 丙子日生 戊午日生은 좋은 배우자를 얻어 남편덕이 있다.

○ 여자사주에 천월덕이 정관에 해당되면 인자한 남편을 얻어 귀히 된다. 또는 용신이 정관이거나 희신이 정관이고 지지와 충거함이 없으면 좋은 배우자를 만난다.

○ 여자사주에 정관이 희신 혹은 길신이고 장생을 만나면 유식한 남편을 만난다. 여자의 사주에 용신이 다른 육신과 合이 되면 남자가 첩을 둔다.

第六節　小兒의 사주

小兒의 사주도 어른들의 사주와 그 理致는 同一하게 보는 것이 되나、어른들과 달리 보는 방법이 있게 되니 원래 소아들의 사주는 보지 않는 것이 원칙이겠으나 그러나 부득불 운명을 감정할 때는 다음과 같은 방법으로 보지 않으면 아니되는 것이다.

○ 소아가 부모의 비호 아래에서 자라날 때는 본신의 운명이 뚜렷이 발휘되지 아니하므로 부모 사주와 대조하게 된다.

○ 부모가 부유하게 지내는 집의 자손인데 그 아이의 사주가 심히 박복하게 태어났다면 요사하

거나 부모와 이별하게 되고 또 부모가 심히 빈곤한 팔자의 집에 태어났는데 그 아이의 사주

가 부귀한 격으로 되어 있어도 요사 또는 부모와 이별하게 되는 수가 있다.

○ 어린아이의 사주가 너무 신강하거나 너무 신약 하면 키우기 어렵고 또 재가 많아도 키우기

어렵거나 또는 어머니가 여럿 있게 된다.

○ 어린아이의 사주는 오로지 和溫하여 中和되면 長壽하고 인수가 喜用神이면 키우기 쉬우나

만일 인수와 용신, 희신이 재에 의해서 파극되면 어려서 재액이 있고, 正官, 七殺, 陽刃,

傷官등이 고르지 못하고 태왕하면 不吉하니 세운의 도움을 만나야 길하게 된다.

○ 사주에 재가 많아서 印綬를 파극하면 부모를 극하게 되며, 유년의 運行이 財旺이라도 역시

그러하다.

○ 재관이 淸正하여 연월에 있고, 日主가 통근하여 有氣하면 부귀한 家庭에 태어났고, 편관은

平常한 가정에 태어났으며, 傷官 비겁에 生하였으면 빈천한 가문에 태어났다.

○ 편관, 편인, 편재 등은 主로 後母에 태어나게 되거나 또는 계모의 손에서 자라게 된다. 이

와 같은 것은 日主를 中心하는 것이다.

○ 소아의 사주는 처음에 殺 관계를 보고 그 다음에 格局을 봐야 하는데 살이란 즉 財殺, 편관

등으로 편재가 살이 되며 年이나 時柱에 있음이 중하다. 다시 말하면 水一、火二、木三、金四、

土五인데、가령 甲日에 庚金을 見하면 四歲、九歲에 관계되고、丙日生에 壬水를 見하면 一歲、六

歲에 관계되고、戊日生에 甲木을 見하면 三세、八세에 관계되며、庚日生에 丙火를 見하면 二세、

七세에 관련되고、 壬日生에 戊土를 見하면 五세、 十세에 관련된다。陰干도 모두 이런 방법으로 헤아려 보면 된다。

○ 소아의 大運이 交入하기 전에는 小運을 推理하는 것이니 보통 時柱를 위주로 하되 陽男陰女는 順行하고 陰男陽女는 逆行하므로 상세히 살펴본다。또한 小運을 보는 법은 男一세는 丙寅에서부터 丁卯까지를 二세의 순으로 셈하고 女는 一세에 壬申 二세에 辛未로 하여 陰干陽干을 논하지 아니하고 男順女逆으로 行하여 大運 小運 流年太歲를 참작한다。

○ 또 한가지 運을 보는 방법은 가령 甲午生은 四八期가 되는데 四八이란 三十二로서 此年의 太歲가 乙丑이 되고 小運이 丁酉가 되는데 金人이 見乙丑이면 正印이 貴人이고 丁酉天官이 暗印이다。乙亥生은 三十二세의 太歲가 庚午、小運이 丁酉이며、木이 午에 이르러 死가 되고、酉에 絕이 되니 조심해야 한다。또한 예컨대 癸亥生으로서 辛酉月 壬戌日 庚午時라면 四十歲에 大運이 丁巳、小運이 乙巳、太歲가 壬寅이 된다。또는 一세에 丙寅에서 起하여 丁酉에 이르면 三十二세가 되며 乙巳에 이르면 四十이 된다。太歲가 甲午生人이 三十二세면 乙丑이 되고、己亥生人이 三十二세에 이르면 庚午가 되고、癸亥生이 四十에 이르면 壬寅이 된다。위의 방법은 처음부터 논한 것을 계산하여 大小運과 歲를 合해서 참작한다。따라서 小兒는 大運이 交入前에는 小運、流年、太歲를 合하여 결정하는 것이다。

○ 男子의 行年表의 行年에 이르는 宮(小運)을 다음과 같이 표기한다。

○ 丙寅一、 丁卯二 、戊辰三、己巳四、庚午五、辛未六、壬申七、癸酉八、甲戌九、乙亥十、丙子十一、丁丑十二、戊寅十三、己卯十四、庚辰十五、辛巳十六、壬午十七、癸未十八、甲申十九、乙酉二十、丙戌廿一、丁亥廿二、戊子廿三、己丑廿四、庚寅廿五、辛卯廿六、壬辰廿七、癸巳廿八、甲午廿九、乙未卅、丙申卅一、丁酉卅二、戊戌卅三、己亥卅四、庚子卅五、辛丑卅六、壬寅卅七、癸卯卅八、甲辰卅九、乙巳四十、丙午四一、丁未四二、戊申四三、己酉四四、庚戌四五、辛亥四六、壬子四七、癸丑四八、甲寅四九、乙卯五十、丙辰五一、丁巳五二、戊午五三、己未五四、庚申五五、辛酉五六、壬戌五七、癸亥五八、甲子五九、乙丑六十。

○ 女子行年表（小運）는 壬申一세、辛未二세 庚午三세 己巳四세의 역수로 셈하여 行하면 된다。

第四章　運　行

第一節　大　運

사람의 四柱八字는 부귀빈천의 定命 定局이요, 그 운이 언제 작용될 것인가의 궁통은 행운에 있다。四柱격국이 비록 大富大貴格이라도 행운이 부조하지 아니하면 평범하게 지내고, 만약 사주격국이 약간 불길해도 대운이 잘 부조해주면 비교적 좋은 운을 타게 된다。그렇다고 행운에만 치우쳐서는 아니된다。어디까지나 사주격국이 좋아야 하는 것이다。만일 사주가 大貴大富格에 행운이 부조하면 크게 발전하고 사주격국이 不善하면 비록 행운이 부조하여 성공할지라도 크지 못하며 오래 가지 아니 한다。

그리고 대운의 길흉을 볼 때 대운의 干支中 어떤 것을 표준하느냐 하는 것은 즉 여기에 대해서 여러가지의 논점이 있겠으나 가장 정확한 것은 干支를 종합하여 판단하되 앞의 五年은 干을 중점하고 뒤의 五年은 支를 중심함이 可하게 된다。그러면 행운의 작용을 다음과 같이 열거한다。

○ 행운이 용신 및 희신을 생조하거나 합해서 길신으로 化하면 길운이 되는데 만일 다른육신과 합하여 흉신으로 변하거나 사주의 다른 육신에 의하여 극되면 불길해진다。

○ 행운이 용신 및 희신을 漏洩하거나 또는 파극, 충거하면 흉해지고, 만일 사주의 흉신을 충거하면 길해진다.

○ 사주에 용신이 미약하거나 용신, 희신이 작용을 못할 때는 행운이 용신、희신으로 화하거나 생조하면 길해진다.

○ 사주의 지지의 대부분을 차지하고 있는 同一한 五行을 충하면 흉해진다.

○ 사주에 비겁이 천간에 많고, 식상이 없거나 적을 때에 행운이 재운에 해당되면, 군비쟁재되어 죽는다.

○ 대운의 지지가 각육신의 十二運星의 墓에 해당되면 入墓라 하는데, 식상 관성이 入墓하면 자식, 여자는 자식과 남편이 해롭다. 정재는 처, 편재는 父親인데 이것이 입묘하면 처와 부친에게 해롭다.

○ 사주와 관살이 혼잡 되거나 인성이 교접하여 관살, 인성이 흉신된 때는 흉하다.

○ 신약 사주는 인성운 또는 비겁운을 만나면 길하고, 재운을 만나면 불길하다. 만일 신왕인데 재관살이 사주에 있을 때는 재관운이 길하고, 사주에 재관이 없으면 식상운이 길해진다.

○ 外格사주는 조후, 통관사주는 조후 또는 통관에 해당하면 길하고, 이 용신과 반대되는 운은 불길하다.

○ 行運이 日支와 형충 파해되거나 입묘하게 되면 부부가 해롭고, 연월지와 형충 파해되면 육친에게 해롭다.

○ 행운의 지에 길신이 암장되어 용신을 부조해주면 길하게 된다.

第二節 年 運

사람의 四柱八字에 격국이 잘 짜여져 있고 대운이 吉하더라도, 연운의 작용함이 역시 큰 것이니 연운이 흉하게 되면 그해는 소흉을 당하게 된다.

그러면 연운과 사주와 대운관게를 다음과 같이 논한다.

○ 大運과 연운이 좋으면 그해는 대길하고, 연운과 대운이 흉하면 대흉하다.

○ 대운이 길하고 연운이 흉하면 길중흉소하고 대운이 흉하고 연운이 길하면 흉중에 소길하다.

○ 연운이 좋고 행운이 이를 생조하면 길하고 연운이 불길한데 대운이 이를 생조하면 더욱 불길해진다.

○ 연운이 용신을 생조하면 길하고 열운의 간지가 용신을 파극하면 그해는 흉하다. 그리고 연운은 역시 간지를 종합하되 干은 前半節 支를 後半節로 감정함이 타당하다.

○ 연운의 지지와 사주의 月支 日支가 형충파해되면 그 육신이 표시하는 육친 또는 위치가 표시하는 육친에 해당되는 자와 이별, 변동, 구설 등이 있게 된다.

○ 사주의 八字와 행운과 연운이 상합되면 모든 일이 잘 이루어지며 타인과 타협함이 잘 달

성된다.

○ 당년 天干이 접재에 해당되면 손재, 투쟁, 구설, 배우자와의 이별 등이 있다.

第三節　月運 및 日辰

월운과 일진도 역시 연운을 보는 것과 마찬가지로 용신에게 利로우면 吉하고 용신에게 해로우면 불길하다. 그리고 天德 月德 貴人日 또는 月德貴人日이 길하고 德合日(천덕일 또는 월덕일과 干合 또는 六合되는 日字)이 길하다. 천 월덕 貴人法은 본서의 기초편에서 논하였으므로 참조할 것.

第四節　사주를 綜合判斷하는 方法

사주를 추명하는데 있어서 지금까지 논해온 사주원리는 심히 복잡하고 해석하는데 어려운 문제가 많으므로 사람의 八字 吉凶을 판단하기란 심히 힘든 문제라고 생각하게 된다. 사실상 그러한 것이 사주 추명학이다. 그러나 다음과 같이 순서를 정하여 하나하나 추려서 분석하면 어느 정도 용이하게 판단할 수 있다.

그러면 그 순서를 다음과 같이 표시한다.

一、사주를 푸는 순서

1、四柱의 네 기둥을 정확하게 정한다.

2、四柱의 대운과 행운 세수를 정확하게 산출해서 정한다.

3、日主의 강약과 旺衰를 오행의 생극과 월령과의 관계에 의하여 정확하게 파악하여 정한다.

4、사주의 격국의 종별을 월지에 기준하여 外格 또는 어떤 格에 속하는가를 판별한다.

5、용신과 희신 그리고 기신, 한신 등을 찾아 내어 정한다.

6、사주의 기국의 순수, 청정 등을 가려서 청탁 관계 등을 살펴 격국의 貴賤高底를 파악한다.
(여기에는 길신, 기신의 암장을 철저히 조사해야 한다).

7、十二운성과 제살, 제성 등 각육신에 해당되는 것을 찾아 붙인다.

8、각육신과 위치에 의하여 표시되는 육친관계도 찾아서 정한다.

9、行運과 연운, 월운을 대조하여 감정한다.

10、감정순서를 정한 후에 다음과 같은 것을 사주전체에서 분석해야 한다.

관운, 재운, 건강, 질병, 천궁, 자손, 남편, 형제궁, 부모궁, 직업, 성격 등을 하나하나 사주

에서 표시하는 제반작용을 분석 판별하는 것이다.

위와 같은 순서로 분석해 나가면 비교적 용이하다. 그러나 원래 사주추명학은 복잡한 것이므로 위와 같은 순서로 하더라도 많은 정력이 필요하게 되므로 침착하게 정력을 기울이지 않으면 아니되는 것이다. 그리고 여기에서 몇가지 어려운 문제는 사주의 격국과 용신, 희신을 가려내려는 것이니 이것이 추명하는데 있어서 가장 중요하고 어려운 문제이다. 용신, 희신, 신강, 신약, 격국만 잘 가려내면 명확하게 운명을 판단 적중할 수 있는 것이다.

사주의 추명학은 원리에 있어서 적중되게 되어 있으나, 실제로 적중 불적중되는 것은 解理判斷 如何에 달려있는 것이니 적중되고 불적중되는 것은 백지 한장 사이에 달려 있는 것이다. 따라서 독자 여러분은 사주추명학을 열독하여 깊은 연구와 철저한 분석방법을 수련하지 않으면 추명하기 어렵다는 것을 참고로 부연해 두는 바이다.

正統秘傳 四柱寶鑑

重版 印刷●2002年　12月　5日
重版 發行●2002年　12月　10日

著　者●金　栢　滿

發行者●金　東　求

發行處●明　文　堂
서울특별시 종로구 안국동 17~8
대체　010041-31-001194
전화　(영) 733-3039, 734-4798
　　　(편) 733-4748
FAX 734-9209
Homepage www.myungmundang.net
E-mail mmdbook1@myungmundang.net
등록　1977. 11. 19. 제1~148호

●낙장 및 파본은 교환해 드립니다.
●불허복제●판권 본사 소유.

값 15,000원
ISBN 89-7270-451-2 13140

明文堂의 易書는 格調가 높습니다.

手相術　白雲松著　四·六版　三二〇面

手相秘訣　白雲松著　四·六版　二〇二面

手相寶鑑　佐藤六龍著·安志永譯　四·六版　三三六面

現代手相術　大和田齊眼著·尹泰榮譯　四·六版　二三二面

手相術入門　淺野人郎著　金炳大譯　四·六版　二六二面

詳解手相大典　曹誠佑著　菊版　三九二面

秘傳四柱精説　白靈觀著　菊版　二八八面

秘傳自解四柱大觀　金于齋著　菊版　三二六面

地理八十八向眞訣　金明濟著　菊版　四三四面

玉衡韓國地理總覽　池昌龍著　菊版　四九六面

風水地理萬山圖　金榮昭著　菊版　三四六面

萬方吉凶八字要覽　金赫濟·金于齋編纂　菊版　二八六面

自解八字大典　金于齋著　菊版　二二〇面

開運大道家相學入門　全泰樹著　四·六版　三二四面

地理明鑑陰宅要訣　金榮昭譯編　菊版　八七二面

懸吐註解麻衣相法(全)　金赫濟校閱　菊版　一七四面

相法精説　金世一編著　四·六版　二七八面

秘傳詳解相法全書　曹誠佑編著　菊版　四三四面

周易希望의 門을 열어라　金雲山著　四·六版　三六二面

原本青烏經　金天熙編著　菊版　六八面

新編百方秘訣　李晃字編述　菊版　二二〇面

眞本皇極策數祖數　邵康節遺編　菊版　五二二面